外国语言·文化·传播系列丛书

丛书总主编　胡正荣　李佐文

编委会成员（按拼音排序）
　　陈明珠　洪　丽　胡正荣　黄美华　李　众
　　李佐文　梁　岩　阮宇冰　舒笑梅　吴敏苏

非通用语特色专业
教学与研究（第3辑）

[主编] 洪 丽 黄美华 凡保轩

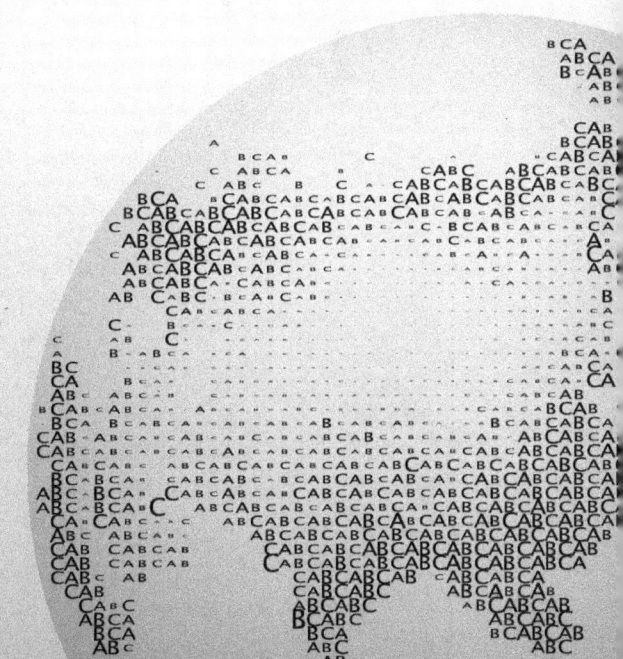

中国传媒大学出版社

目录
CONTENTS

《道德经》在泰国的翻译与传播 　　　　　　　　　　　陈　利/1
欧盟译员培训方法对中葡口译教学的借鉴作用 　　　　　颜巧容/16
葡语翻译课堂教学的策略探析 　　　　　　　　　　　　张方方/27
大学葡语笔译课堂互动教学模式初探 　　　　　　　　　高静然/38
从"归化"与"异化"看中意谚语翻译 　　　　　　　　　朱益姝/43
意汉习语隐喻翻译的认知解读 　　　　　　　　　　　　郭彬彬/51
论汉语—斯瓦希里语修饰语序差异及翻译技巧 　　　　　李坤茗楠/59
试论语法翻译教学法在孟加拉语专业教学中的应用 　　　于秋阳/66
接受美学视阈下的译者主体性
　　——以《追风筝的人》两个中文译本为例　　　　　李　媛/75
后殖民翻译范畴内语言、文化和权力三者关系的探讨
　　——从印度英语文学谈起 　　　　　　　　　　　张潇予/88
普列姆昌德的文学生涯及其译介简述 　　　　　　　　　车子龙/95
韩中翻译中的省略现象研究
　　——以《韩国语 4》课文翻译为例 　　　　　　　　范　柳/103

觉训撰《海东高僧传》影响研究
　　——以内典出源关系为中心　　　　　　　　黄美华　马　骏/113
浅谈日语新闻中同形汉字词汇的翻译　　　　　　　　　　李立军/122
日本人姓氏考　　　　　　　　　　　　　　　　　　　　王玉霞/132
功能翻译理论及在新闻翻译中的应用　　　　　　　　　　段　然/140
中日对比视角下的"时间"隐喻研究
　　——以"时间是物理实体"为例　　　　　　　林茜茜　韩　涛/149
功能翻译理论下的德语委婉语翻译策略　　　　　　　　张世佶/157
基于中国传媒大学"3+1"背景下的法语翻译课程体系建构　尹明明/168
浅析法语电影片名的汉译策略　　　　　　　　　　　　徐海燕/176
试析法语习语汉译过程的概念整合　　　　　　　　　　张　戈/182
浅谈俄汉翻译中的语用问题　　　　　　　　　　　　　徐洪征/192
"危机事件"中的新闻记者　　　〔俄〕B. M. 阿尔洛夫著　谢飞译/201
人类的尺度　　　　　　〔荷〕Salomon Kroonenberg 著　蒋加惠译/206
暴风雨之前
　　——甲板上的谈话　　　　　　　　〔俄〕赫尔岑著　凡保轩译/211
跨文化视阈下的口译浅谈　　　　　　　　　　　　　　洪　丽/229
从传统到现代
　　——翻译研究的三大发展趋势　　　　　　　　　　唐惠润/235

《道德经》在泰国的翻译与传播

○ 陈　利

摘　要　道家学说是中国古代主要哲学派别之一,也是中国传统文化代表,主要代表人物有老子、庄子等,主要著作有《道德经》《庄子》《列子》等。随着全球化发展的脚步,各地区的文化交流越来越频繁,中国的哲学思想开始逐步走向世界。《道德经》以其极具诗性的语言风格以及蕴含的博大精深的哲学理念成为中国典籍外译数量最多的作品,目前国外译介已达40多种语言文字,1000多部。同样在泰国,自20世纪60年代道家思想被引入泰国后,陆续出现很多《道德经》和《庄子》的泰译本,据初步统计,《道德经》有29个译本,成为泰译本最多的中国典籍,反映出泰国学术界和读者对道家文化的关注度。本文首先对道家核心词汇"道"(เต๋า)的概念在泰国的翻译与接受进行重点分析,其次重点介绍《道德经》具有代表性的泰译本情况,以此探究道家学说在泰国的传播与接受。

关键词　《道德经》；泰国；翻译；传播

《道德经》或称《老子》成书于两千多年前,为春秋时期老子所作,全书五千余言,内容涵盖天地、宇宙、人生、政治、道德等多个方面,文字淡雅如行云流水,却蕴含深奥的道理。《道德经》共81章,前37章为卷上《道经》,后44章为卷下《德经》。[①]　全书围绕"道"这一哲学概念,阐述了世界万物的起源、存在、发展、矛盾与解决方法等,涵盖了人生论、政治论、军事论、认识论乃至

---

① 　1973年长沙马王堆出土的帛书版《老子》甲乙本,《德经》在前,《道经》在后。

人生哲学、自然哲学、宇宙哲学等深层次的内容,是中国最古老的哲学典籍之一①,也是中国道家思想的重要来源。道家思想以"道"、"无"、"自然"、"天性"为核心理念,认为"天道无为"、"道法自然",据此提出"无为而治"、"以柔克刚"等政治和军事策略,对中国乃至世界的文化都产生了较大的影响。道家思想典籍除了《道德经》以外,还有《庄子》和《淮南子》等。

作为中国本土哲学思想的典范,《道德经》已成为全人类共有的文化财富,对世界的影响也日渐凸显,从古至今吸引着国内外学者不遗余力地进行翻译研究,探究其魅力。早在唐朝,高祖李渊就曾派遣道家学者前往高丽国讲授《道德经》,高僧玄奘也受命翻译《道德经》为梵文。美国著名汉学家维克多·梅尔(梅维恒)在其《道德经》译本的前言中就指出:"《道德经》是世界上仅次于《圣经》和《薄伽梵歌》被译介的经典。"②根据丁巍的《老学典籍考》考证,目前《道德经》的国外译介已达 40 多种语言文字,1000 多部,居外译汉籍之首。在泰国,《道德经》也是泰译本最多的中国文化典籍,据笔者不完全统计,有 29 个泰译本,反映出泰国学术界和读者对道家文化的关注度。

本文针对《道德经》在泰国的翻译和道家思想在泰国的传播,主要探讨两个方面的内容:第一部分是"道"(เต๋า)的概念在泰国的传播和接受;第二部分介绍具有代表性的《道德经》泰译本。

一、"道"(เต๋า)的概念在泰国的传播和接受

中文的"道"、"道家思想"在泰语中被翻译成"เต๋า"、"ลัทธิเต๋า"已是不争的事实,同样在和泰国民众提起"เต๋า"这个词时,大部分人首先想到的也是中国的道家思想。在我们的印象中,"道"(เต๋า)的概念在泰国由来已久,应该和《三国演义》一样深入人心,然而,笔者在研究中发现情况并非如此,"道"的概念正

---

① 张岱年:《帛书老子校注》序,中华书局 2007 年版,第 1 页。
② "Next to the Bible and the Bhagavad Gita, the *Tao Te Ching* is the most translated book in the world. Well over a hundred different renditions of the Taoist classic have been made into English alone, not to mention the dozens in German, French, Italian, Dutch, Latin, and other European languages." Victor H. Mair (trans.), *Tao Te Ching: The Classic Book of Integrity and the Way*, New York: Bantam Books, 1990.

式翻译为"เต๋า"并被泰国官方承认收录词典还是近几十年的事。泰国虽然是一个佛教国家,但长期以来也受到中国文化的影响,特别是从拉玛一世开始的对中国文学的几次翻译热潮,极大地促进了中国文化在泰国的传播。但是作为中国传统文化代表的道家思想,真正引起泰国学者的关注进而进入民众视野,却是20世纪五六十年代的事。下面简单梳理一下作为异域文化概念的道家思想在泰国的传播脉络。

(一)第一次中国文学泰译高潮未能促进道家思想的传播

从历史上看,中国文学的泰译过程经历了四次高潮:第一次为以《三国演义》为代表的"历史小说时期";第二次是以鲁迅作品为代表的"现代小说时期";第三次是以金庸、古龙作品为代表的"新派武侠小说时期";第四次是全面发展时期。[①] 在这里我们主要讨论第一和第三时期。

中国文学的第一次翻译高潮是19世纪至20世纪"二战"前,大致是从曼谷王朝拉玛一世至拉玛六世时期,主要是针对中国历史演义小说的翻译;第一次翻译浪潮从1802年完成的《三国演义》算起,持续了一个多世纪。泰国将《封神演义》《西游记》等神魔志怪小说乃至《水浒传》等也归入历史演义小说的范畴。20世纪初,报纸在泰国出现后,许多报纸都设有连载中国历史演义小说的专栏,以招揽读者,一时洛阳纸贵,甚至出现了泰国作者的仿写之作。这次翻译高潮可以说是中国文学的第一次经典化时期,其中涉及道家思想并产生一定影响的文学作品有《三国演义》《封神演义》和《西游记》。

《三国演义》被译介最早,影响也最大。但是《三国演义》里对于道家的描写并不多,泰译本中更是将不多的几处关于道家的描写掩饰掉了,在提到"道观"这个词时只是用了"วัด"这个表示佛教寺庙的词来解释。也就是说,《三国演义》虽然在泰国影响巨大且延续至今,但在道家思想的传播方面却没有起到任何作用。这也不足为奇,因为对于当时的译者来说,翻译的目的是为了介绍《三国演义》这部中国经典小说的整个故事情节,读者对于故事情节的追求远远大于小说所蕴含的文化概念的表达,加之当时中国儒家、道

[①] 栾文华:《泰国文学史》,社会科学文献出版社1998年版,第56页。

家思想均未在泰国得以传播，译者所处的社会背景又是以南传佛教为主的佛教国家，因此借用有关佛教的表达也就理所当然了。

《封神演义》翻译于拉玛二世时期，首次出版是在1876年，是较多体现道家思想的小说。在泰译本"ห้องสิน"里面，涉及道家的基本都采用了音译，比如"道人"都被译作"โตหยิน"。《西游记》的第一个泰译本翻译于1898年拉玛五世时期，这部小说大抵被认为是"扬佛抑道"的，但里面也不乏关于道家的描写。比如，第二十五回"镇元仙赶捉取经僧 孙行者大闹五庄观"里的镇元大仙以及道观都是道家的体现，泰译本里将"镇元大仙"译作"ฤๅษีอาจารย์ใหญ่"，完全借用了泰语解释，"元始天尊"译作"หงวนซุยเทียนจุนพรหมใหญ่"，音译加上泰语翻译，"道观"译作了"สำนัก"，纯泰语翻译；在第四十五回"三清观大圣留名 车迟国猴王显法"中，三位道士都音译作了"เต้าหยิน"。

这三部经典的翻译实践从19世纪初一直延续到19世纪末，这是中国经典译介的第一个高潮时期。在碰到代表中国传统文化的道家概念时，多采用了格义（借用佛教概念）或弱化的方式翻译，音译也和今天流行通用的"เต้า"不同，加之这些概念在这三部历史小说中可谓昙花一现，因此可以推断：早期经典翻译没有对道家思想和观念在泰国的传播起到任何作用。但同时我们也应该意识到，这是对异域文化概念翻译的必经之路，就好比"道"在西方世界的翻译也经历了从"God"到"Way"最后定格为"Tao"的历程。

对于泰国社会来说，中国的道家思想和概念不同于本国的异域文化，泰国学者在翻译道家概念的时候，必然带有自己的"前见"（他们所处社会的南传佛教文化背景是他们最大的前见），因此在最初翻译这个"道"的概念时，都不约而同地用佛教的词汇来解释道家概念，也可以说是译者对自己文化的固守。随着社会的发展与文化的交流，泰国学者也意识到用泰语已无法完全表达出"道"这个中国独特的传统概念，于是开始用音译法，无论是"โตหยิน"还是"เต้าหยิน"，至少承认了这是中国文化的独特范畴，给予读者揣摩、想象的余地，但是依然没有形成统一的观点，因此出现了根据当地华人不同方言发音而来的不同音译。

(二)"เต๋า"的出现以及接受

第三次翻译高潮是20世纪50年代末开始的对金庸和古龙新派武侠小说的翻译,从1957年占隆·披萨纳卡将金庸的《射雕英雄传》译成泰文算起,一直持续到20世纪90年代。这本小说的泰文译名为"มังกรหยก"(意思为"玉龙"),出版后成为泰国当年的畅销书,然后不断被改编,搬上电影银幕和电视荧屏,其影响深入泰国家庭,风靡大众。从此,金庸和古龙的其他武侠小说也陆续被翻译成泰文,各种文艺报刊纷纷刊登转载,深受泰国读者的喜爱。1985年4月9日泰国《民意报》文章说:"武侠小说成了书店里、书摊上不可缺少的书籍,武打题材充斥了文坛和影视界。"①因此,人们称这一时期为中国武侠小说时期,又称为"金庸—古龙时期",这也是中国文学在泰国翻译和传播的第三次高潮。

就是在这个《射雕英雄传》的泰译本里面,当丘处机出场的时候,运用了"นักพรตลัทธิเต๋า"这个词,可以说是最早将"道"译成现在通用的"เต๋า"的正式文本,或者我们可以推测,那个时期泰国译者们基本达成一致将"เต๋า"作为中国本土的道家思想的专用词。让我们再来看一下"เต๋า"这个词条是何时被泰国官方接受并收录泰语词典里的:

1. 泰华大辞典(1946年)②:"เต๋า"的解释是"骰子"。

2. พจนานุกรมไทยฉบับราชบัณฑิตยสถาน พ.ศ. 2493(《泰语词典》,泰国皇家学术院1950年版)③:"เต๋า"的解释是"ลูกบาศก์สำหรับทอดนับแต้มเล่นการพนัน",也就是"骰子"。

3. ปทานุกรมจีน–ไทย โดยชวน เขียวโชลิต(《汉泰字典》,萧元川主编,南美出版社1962年版):"道"的解释,其中一个为"เต๋า";"道教"的解释为"ลูกบาศก์สำหรับทอดนับแต้มเล่นการพนัน"。

4. พจนานุกรมไทยฉบับของแพร่พิทยา รวบรวมโดยมานิตย์ มานิเจริญ(《泰语词典》,玛尼·玛尼伽楞主编,普莱披特亚出版公司1964年版):"เต๋า"的解释有两个,第一个是

---

① 何芳川:《中外文化交流史》,国际文化出版公司2008年版,第338页。
② 这个版本辞典未查到出版社信息。
③ 皇家学术院版本的《泰语词典》是泰国官方最权威的泰语词典。

"ชื่อลัทธิหรือศาสนาหนึ่งของจีน ตั้งขึ้นโดยเล่าจื๊อ"（中国的一种学说或教派名字，由老子创立）；第二个解释是"ลูกบาศก์เล็ก ๆ ... ใช้ทอดนับแต้มเล่นการพนัน"（骰子）。

5. พจนานุกรมไทยสมบูรณ์ทันสมัยที่สุด（《现代泰语大词典》，伦萨股份出版公司 1974 年版）："เต๋า"的解释有两个，第一个是"ชื่อลัทธิหรือศาสนาหนึ่งของจีน ตั้งขึ้นโดยเล่าจื๊อ"（中国的一种学说或教派名字，由老子创立）；第二个解释是"ลูกบาศก์เล็ก ๆ"（骰子）。

6. พจนะ–สารานุกรมฉบับทันสมัย（《现代泰语词典》，泰瓦塔纳帕尼出版社 1977 年版）："เต๋า"的解释有两个，第一个是"ลัทธิอันหนึ่ง ซึ่งเล่าจื๊อเป็นศาสดา เต๋าหมายถึงสภาวธรรมทั่ว ๆ ความเป็นไปทุกอย่างขึ้นอยู่กับสิ่งที่เรียกว่าเต๋า"（一种学说，老子是创始人，"道"的意思是世间万物都按照"道"在运行）。这个词典里不仅解释了"道"，还简要介绍了老子"道"的含义。第二个解释仍然是"ลูกบาศก์เล็ก ๆ"（骰子）。

7. พจนานุกรมไทยฉบับราชบัณฑิตยสถาน พ.ศ. 2525（《泰语词典》，泰国皇家学术院 1982 年版）："เต๋า"的第一种解释是"ลูกบาศก์สำหรับทอดนับแต้มเล่นการพนัน"（骰子）；第二种解释是"ชื่อศาสนาสำคัญศาสนาหนึ่งของจีน"（中国的一种教派名字）。

总结以上对文本和词典的考察我们可以看到，泰国最权威的皇家学术院版《泰语词典》1950 年版"เต๋า"的解释只是"骰子"，而在 1982 年版本则很明确地收录了"เต๋า"作为"道家思想"的解释。纵观 20 世纪四五十年代，华人编著的各汉泰词典中也都没有收录"道"这个词条，但却收录了"孔子"、"仙"等中国传统文化词条，足见直至 20 世纪 50 年代，"道"作为一个异域文化的概念并未在泰国（包括华人社会）得以普及。我们发现的最早收录"道"（เต๋า）的泰文工具书是 1962 年萧元川主编的《汉泰字典》（ปทานุกรมจีน–ไทย โดยชวน เขียวโชลิต）以及随后 1964 年出版的玛尼·玛尼伽楞主编的《泰语词典》。同时根据文献考察，我们知道，1957 年在泰国翻译出版的《射雕英雄传》是引入"道"最早的且影响广泛的文本，而 1962 年出版的沙田·菩提南塔的《东方哲人》一书又是泰国学术界最早全面介绍道家思想且影响流传至今的学术书，并且有了《道德经》40 章的翻译，这也和我们对于泰文工具书的考察结果是相吻合的。因此，我们可以初步判定，现在泰国流行的"道"的概念是在 20 世纪 50 年代末随着武侠小说的兴起而首次在泰国大众中引起广泛关注的，并且鉴于其在泰国社会的影响，在 20 世纪 50 年代末至 60 年代初，又被学术界和辞书学者所接受,纳入规范的泰语话语系统。另一个值得关注的现象是,道家经典和儒家经典的译介晚于中国大乘佛教经典的译介(从 1953 年佛使比丘翻译《坛经》算起),作为佛教国家的泰国从文化心理上先关注中国佛教,再转而延及其他,也是合情合理的。从客观上讲,中国佛教文化经典的泰译在一定程度上为道家思想的传播奠定了基础。

因此,真正意义上的中国思想文化经典和文学经典的翻译始于 20 世纪下半叶。1953 年,佛使比丘翻译的《坛经》在泰国出版,开始了该书长达半个多世纪的流传历史。几乎是同时期开始关注并译介汉传佛教经典的沙田·菩提南塔也开始把注意力移向道家、儒家等传统思想文化领域。因此 20 世纪五六十年代才是中国本土思想文化中的经典真正被介绍并翻译成泰文的时期,并一直延续到 21 世纪。虽然在文化经典的翻译和传播过程当中,不会出现读者对通俗作品那样的趋之若鹜,但真正优质的译本,无论是《道德经》《论语》或是《庄子》,都能够有机会不断重印再版。

二、具有代表性的《道德经》泰译本简介

根据笔者的不完全统计,泰国现有《道德经》的泰译本 29 个版本,是被译成泰语最多的中国典籍。下面就选取具代表性的 6 个版本进行简单介绍。

(一)《东方哲人》(เมธีตะวันออก)

根据现已掌握的资料显示,沙田·菩提南塔(เสถียร โพธินันทะ)是第一位将《道德经》介绍给泰国民众的学者。他出生于 1929 年,享年 37 岁,其短暂的一生始终致力于泰国佛教的研究,是泰国佛教文化专家。沙田·菩提南塔对中国宗教的研究颇有造诣,他 19 岁时就被誉为"宗教哲人"、"移动的三藏经",同时精通中文,是泰国汉学领域的重要学者之一。

《东方哲人》一书的首次出版是在 1963 年,至今再版 7 次。作者沙田·菩提南塔写作此书的主要目的是为了介绍中国传统文化与哲学体系,包括诸子百家中的孔子、孟子、老子、庄子、孙子等学说。在涉及老子学说时他翻译了《道德经》中的 40 章,由于成书的主要目的并非为了翻译《道德经》,因此

有些章节也不是完整的翻译,只是为了配合道家思想的介绍。在翻译时作者主要采用了意译的方法,用简单、易于理解的语言呈现给读者,整个译文行文流畅、语言优美,同时为了便于读者掌握,作者在翻译过程中还加入了自己的理解,以配合原文对道家学说的阐释。虽然此书不是《道德经》全译本,但却是第一本全面介绍道家思想的译本,具有里程碑式意义。

(二)《道》(เต๋า)

《道》是泰国第一个《道德经》的全译本,于1973年5月首次出版,译者陈壮(จ่าง แซ่ตั้ง)是著名的泰籍华裔作家、画家和诗人,他用7年的时间(1966~1972年)对《道德经》进行了翻译和注释。陈壮于1990年去世,享年56岁。他的后代为了纪念他,在2010年5月对他的旧书进行重新整理后再版,其中就包括《道》,再版后改名为《道德经》(เต๋าเต๋อจิง),并加入了译者自己创作的17幅极具中国特色的山水花鸟画,显示了作者对中国文化的深深热爱。

译者在书的前言中提到,《道德经》中文原文语句精练、意深难懂,加上中国每个时代的学者对于《道德经》的理解各有不同,也出现了很多不同版本的《道德经》注释,所以译者在翻译时结合了自己的理解,给原文添加了注释。但是译者并没有指名自己是参照中文哪个版本的《道德经》翻译的。全书共分为三个部分。第一部分名为"短篇"(บทเขียน),包括29篇小文章,分别介绍了《道德经》的含义、道家学说的主要内容、有关老子和孔子其人、道家思想的哲学影响等等。第二部分是对《道德经》81章的翻译,每篇译文后都有对这一章的补充阐释以及译者自己的体会。从译文中可以看出,作者竭力想保留住原文的句式,尽量采用精简的泰语来翻译原文。第三部分为"短篇 演讲稿"(บทเขียน บทปาฐกถา),共有7篇文章,其中4篇主要叙述了译者在翻译过程中遇到的问题,1篇介绍老子生平,同时收录了译者本人针对老子道家学说的1篇演讲稿和全书的后序。

在书的最后自我介绍中,译者陈壮谦虚地表示,无论泰语还是中文,都可以说未得到过真正的系统性的教育,对这两种语言基本是自学的结果。但是巴贡·林巴努颂(ปกรณ์ ลิมปนุสรณ์)评价道:"从译文的字里行间我们还是能看出,陈壮的中文水平是不错的,对中国古文的理解有一定的水平。"①而且通过阅读译文可以发现,译者是全身心投入到这个翻译工作中的,在每一章译文的补充解释段落,他常常能将原文中所体现的哲理与现实生活相结合。

这个译本的不足之处在于,译者为了使译文更接近原文,使用词汇精简,句式简短,几乎是逐字逐句对应翻译,这就使得一些原文中意义深刻的词,译者用简单的泰语加以解释,无法表达出中文原文的意境(比如:原文中的"玄"、"神"和"天"都被翻译成"ทิพย์"),也给读者理解译文的含义带来了一定的困难。同时有些词语的翻译过于直白,例如"牝",字面的含义是女性或者雌性动物的生殖器官,在文中指"道"是万物起源。陈壮将其翻译成"ตัวเมีย",泰语含义是"雌性",显得过于简单直白。

陈壮的《道德经》译本,虽然在语言上没有此后一些译本来得优美,但是作为泰国第一个《道德经》的全译本,有力地推动了道家思想在泰国的传播,也为后来的众多译本提供了借鉴和参考,其重要意义是不言而喻的。

(三)《道家之法》(วิถีแห่งเต๋า)

该译本由泰国知名的作家、学者及翻译家珀扎纳·占塔腊汕迪(พจนา จันทรสันติ)翻译,首次出版于1978年,出版社为克利可泰出版社。该书先后共出版15次,从目前收集到的资料来看,第15次再版印刷于2001年。这是目前为止所有《道德经》泰译本中出版次数最多的一个译本,由此可见该译本在泰国广为流传,并得到了泰国读者的一致喜爱,对道家思想以及《道德经》在泰国的传播起到了非常大的促进作用。

在第一版的序言中,译者珀扎纳·占塔腊汕迪提到,自己早在1975年2月中旬就已经完成了对《道德经》的翻译工作,当时译者还是泰国法政大学(มหาวิทยาลัยธรรมศาสตร์)在校一年级的学生,主要参考了《道德经》的英译本来进行翻译工作的。译者主要采用以下3个译本为参考:(1)由林语堂翻译的《中国的智慧》(*The Wisdom of China*);(2)由亚瑟·韦利(Arthur Waley)翻译的

---

① ปกรณ์ ลิมปนุสรณ์ คัมภีร์เต๋าของเหลาจื่อ สร้างสรรค์บุ๊คส์ 2553 หน้า 253.

《道之力量》(The Way and Its' Power);(3)由初大告(Chu'u Ta-Kao)翻译的《道德经》(Tao Te Ching)。翻译完成后,译者将泰文译稿送给自己的老师审阅,最后还将自己的译稿与理雅各(James Legge)翻译的《道之文本》(The Text of Taosim)进行对比,对译文中的一些不妥之处做出了修改,此过程前后共进行了4次。

根据译者回忆,在20世纪70年代初期,当时道家学说只是在泰国很小的范围内流传,已经翻译成泰语的道家思想作品只有陈壮(จ่างแซ่ตั้ง)和劳·萨田拉素(ล. เสถียรสุต)对老子《道德经》的全译本以及索·希瓦拉(ส. ศิวรักษ์)翻译的《庄子》节选本。译者在翻译完后并未及时出版,译本被搁置了将近两年。在此期间,这本译作被连载在《拉拉纳》(ลลนา)杂志上。之后德乌东(เดชอุดม)家族的后代请求节选译本中的部分内容收录在《查琳·德乌东悼念词》一文中,以表示子女对父母的孝顺之情。

1978年,该译本第一次正式出版时,采用油印机蜡纸印刷,只印了300本,在小范围内流传。书中内容包括5个部分:第一部分介绍了老子其人;第二部分是对《道德经》的简介;第三部分是前言;第四部分是《道德经》正文,其中又分为"道"和"德"上、下两卷,上卷"道"是原著中的第1~37章,下卷"德"是原著中的第38~81章;第五部分是附录,共收录了译者自己创作的5篇文章,分别是《道家与孔子》(เต๋ากับขงจื๊อ)、《道与仙》(เต๋ากับเซน)、《道与创造》(เต๋ากับสร้างสรรค์)、《道与绘画艺术》(เต๋ากับศิลปะการวาดภาพ)和《道与诗》(เต๋ากับกวีนิพนธ์)。前两篇文章主要作为译本铺垫,讲述道家、孔子、仙三者之间的关系及其对中国文化产生的影响;后三篇文章讲述的是作者在实际生活中对道家的亲身感悟。作者认为,生活中的真切的"道",不是随风飘荡的华丽辞藻,也不是我们无法进入的高深境界,可谓"此中有真意,欲辨已忘言",更多含义留给读者自己细细品味。

在第二版的序言中,译者介绍到,由于首次出版的《道德经》译本在短短两个月内就销售一空,所以出版社请求再版,并将采用胶版印刷系统进行印刷。译者亲自参加了此次再版工作,并在附录里加入了《道与美学》(เต๋ากับความงาม)一文。在这次出版时,出版社还挑选了中国各个时期与道家文化有关的精美水墨画作为书中的插图,旨在进一步提高整本书的质感。

该译本第十版的序言是由当时克利可泰出版社的主编妮兰·素佤（นิรันดร์ สุขวัฒน์）撰写。她在序言中对该译本作出了积极肯定的评价，并赞誉该书是"20世纪80年代泰国文学界和哲学界中的一颗璀璨的宝石"。

总之，这个译本的排版精致美观，从第二版开始书中增加了中国水墨画，契合道家的理念。此外，译文整体上语言精练灵动，语句流畅，句型编排犹如诗歌，富有生命力，易于理解，符合译入语习惯。即使是从英文转译成泰文，译者也参照了多个英译本，最后又经过反复校对，大大减少了译文中误译、错译的现象。虽然译文中有增译和漏译的现象，但译者能够保留住《道德经》原文所蕴含的神秘气质和美感，使译文有自己的独特风格，吸引着读者阅读下去。最后译者在附录中的短文也是使译本得以广为流传的因素之一，通过附录中的文章给第一次接触道家思想的泰国读者一种辅助阅读，能帮助读者从广义上去理解"道"为何物。因此，自1978年问世以来到2001年，此译本前后再版15次，可以说明该译本在文学界旺盛的生命力以及在读者心目中的价值。

（四）《道德经全译本及注释》（คัมภีร์เต๋าฉบับสมบูรณ์พร้อมอรรถกถา）

此译本译者为查素曼·咖毕行（ฉัตรสุมาลย์ กบิลสิงห์），他是泰国著名的佛教专家、作家，曾出版过20本有关佛教和宗教类著作，并有译著14部，多与佛教有关。译者表示自己于1971年开始着手翻译《道德经》，直到1976年才完成翻译工作，正式出版的时间是1986年，至今共再版4次。

该译本是参照陈荣捷（Chan Wing－tsit）的《道德经》[①]英译本而转译成泰语的。在当时，陈荣捷的《道德经》英译本可以说是拥有注释最详细、最系统化的版本，并且译者对于每个章节的翻译还有自己的学术性分析。译者查素曼·咖毕行在翻译时并没有将原著中所有的注释都翻译出来，只是做了选择性翻译。可能是译者认为原著里面的一些注释包含的信息量太大，或者内容太深奥，不必全部介绍给泰国读者，以免降低阅读的流畅性。而陈荣捷对原著中每章的分析文本也没有完全翻译出来，而是结合自己的观点

---

① Chan Wing－tsit：*The Way of Lao Tzu*，NY：Bobbs－Merrill Company，1963.

加以总结阐述。由于译者身为佛教专家的背景，在某些章节中我们可以明显看到，译者将道家学说与佛教理念进行对比，有时也会运用佛教上的观点来解释《道德经》里面的内容，这是这个译本的一大特点，也是译者"前见"的集中体现。对于南传佛教文化背景下的泰国读者来说，由于佛教教义深入人心，这样的译文一方面可以帮助泰国读者更好地理解《道德经》，但另一方面也限制了《道德经》内容的广度和深度，使读者无法真正了解道家思想这个异域文化的精髓。

《道德经全译本及注释》除了有对《道德经》81 章的翻译以外，在正文译文之前还收录了三篇文章，分别是《老子所说之"道"》（เต๋าในความหมายของเล่าจื๊อ）、《老子是否是历史人物》（เล่าจื๊อเป็นบุคคลในประวัติศาสตร์หรือ）以及《谁创作了道德经》（ใครแต่งคัมภีร์เต๋า）。此外，在该书附录里还收录了译者此前在《法政期刊》上发表过的一些学术文章，如《道家思想中女性象征的重要性》（ความสำคัญของสัญลักษณ์เพศหญิงในปรัชญาเต๋า），这些文章为读者更好地了解道家思想做了铺垫，在一定程度上提升了译著的重要性。

（五）《道德经》（คัมภีร์เต๋าเต็กเกง）

这个译本的作者是佟田·纳章侬（ทองแถม นาถจำนง），但译者在出版这个译本时使用了笔名卓创·纳东（โชติช่วง นาคอน）。此书首次出版是在 1994 年，先后共再版 4 次，主要参照版本为张松如的《老子说解》（齐鲁书社 1987 年版）。

佟田·纳章侬和《道家之法》的作者珀扎纳·占塔腊汕迪（พจนา จันทรสันติ）属于同一时期的知名学者，受到过高等教育，毕业于清迈大学。他精通中文，并且能用中文创作诗歌，所出版的著作及文章都与中国历史文化有关。早在 1987 年，佟田·纳章侬便出版了一本《道德经》的泰译本，书名为《老子说》（เหลาจื๊อสอนว่า）。但这个版本是配合台湾蔡志忠的漫画版《道德经》所做的翻译，虽然翻译了整个《道德经》81 章，语言流畅，但是由于整本书的重点放在了漫画上，图画的地位高于文字，其译文只是作为辅助放在书的第二部分，因此《老子说》并未在当时的泰国学界引起太大的反响。但是由于译者深厚的中文功底，能在自行理解原文的基础上，用泰语准确地表达出其内在含义，因此从语言角度来说，《老子说》对后人翻译及研究《道德经》提供了一定的借鉴意义。

1994年，佟田·纳章依将《老子说》里面的《道德经》译文经过重新修改后出版。这次修改，不仅将原文的语言提炼得更加流畅，而且译者还根据自己的理解，同时结合中国学术界关于《道德经》的一些新发现，对译文内的部分内容作出了新的阐释。最重要的是，译者受到《道德经》帛书本的影响，没有按照以往由"道篇"到"德篇"的编排顺序，而是将第38~81章节的"德篇"放在前面，第1~37章节的"道篇"放在后面，并给每一章节标明了对应原文的序号，以便读者对比阅读。

该译本是众多《道德经》泰译本当中唯一一本将"德篇"放在前面的译本，译者给出的理由是，根据自己对《道德经》的认识和体会，他认为对于初接触《道德经》的读者来说，先阅读"德篇"里面的内容，再阅读"道篇"里面的内容，能帮助读者更好地理解什么是"道"。巴贡·林巴努颂（ปกรณ์ ลิมปนุสรณ์）评价此书无论从语言还是篇章安排上都可以作为《道德经》泰译本中的一个典型版本，可以与其他译本进行对比研究。

在进入《道德经》译文正文前，译者还写了三篇小短文。第一篇是《〈道德经〉翻译中的问题与研究》（การศึกษาและปัญหาการแปลเต้าเต็กเก็ง），主要介绍了作者自己当时学习《道德经》的经验、翻译过程中的难点以及对其中所蕴含的哲学思想的理解；第二篇是《翻译艺术》（ศิลปะการแปล），译者表示在翻译过程中，尽量做到忠实于原文，但《道德经》写于2000多年前，即使是在中国，也有不同版本的注释和理解，因此译作中或多或少也会渗入自己对《道德经》的理解，通过阐释性的语言来进行翻译，体现了译者在翻译过程中的主体性；第三篇是《词语释义》（อธิบายศัพท์บางคำ），译者主要列出了《道德经》中的部分核心词汇以及富有中国文化内涵的文化负载词，对此进行专门的翻译和解释，给读者阅读前做一个铺垫，便于更好地理解译文。该书除了译文之外，也配有少量的水墨画，而且译文排列整齐、美观，在一定程度上提高了读者的阅读兴趣。

（六）《老子经典》（คัมภีร์เต๋าของเหลาจื๋อ）

《老子经典》的译者为巴贡·林巴努颂（ปกรณ์ ลิมปนุสรณ์）。巴贡2010年获朱拉隆功大学比较文学博士，现为泰国法政大学人文系副教授。他是一位勤于译述的学者,曾有专著译介孔子、孟子、韩非子的思想,道家更是他重点关注和研究的对象,他以一己之力完成了《老子》、《庄子》(内篇)和《列子》道家三大经典的翻译。巴贡翻译的《庄子》(内篇)于 1997 年出版;从中文翻译的全本《列子》于 2002 年出版。《列子》译本虽然只有 230 页,但书中出版社前言、译者前言和朱拉隆功大学哲学系教授的序言一应俱全,显示了出版方的重视。这个译本是泰国第一个《列子》全译本,随后 2004 年巴贡又翻译了《道德经》并付梓出版。

巴贡对道家思想的研究是深入和客观的,在《庄子》泰译本前言中,巴贡有一段论述评价《庄子》在中国文化中的地位,他认为"如果没有《庄子》,中国人的思想、信仰、灵感乃至生活方式都会不同于今。《庄子》也许算不上是中国最重要的思想著作,但还没有读过《庄子》的人显然不能宣称自己已经领略到了中国人的精神"[①]。巴贡还指出,中国文化不仅仅限于儒家思想中维护社会秩序、社会利益,严守伦理道德的一面,也有追求自我、向往心灵的安适、要求摆脱俗务的一面,道家典籍正是引导出世的思想著作。译者还指出老、庄之间的区别,《老子》多是治国谋略,而《庄子》则强调对人世与社会的摆脱。

巴贡是在北京大学教书期间着手翻译《道德经》的。之所以在北京进行翻译,主要在于:首先,尽可能摆脱已经出版的《道德经》泰译本的影响,其次是在北京便于查找更多关于《道德经》的中文注释,资料更丰富。译者从众多《道德经》注释中,挑选出两本注释本作为主要参考,即张松如的《老子说解》(齐鲁书社 1998 年版)和陈鼓应的《老子注译及评介》(中华书局 1999 年版)。

巴贡在翻译时也非常重视语言的运用。应该说,巴贡的语言是几个泰文译本中较为典雅的。译者指出,泰国人的性情在一定程度上与道家思想是相契合的,泰国人可能很自然地喜欢或接受道家的思想。对文中一些与其他译本翻译不同的重要词组和语句,译者还作出了详细的解释。在译文

---

① ปกรณ์ ลิมปนุสรณ์ คัมภีร์จวงจื่อ เคล็คไทย 2540 หน้า 8.

编排上，我们也可以看出作者的用心，译文和中文原文并没有统一左对齐，而是前后有序、参差排列，增添了译文的诗感。除此之外，在书中也适当配有中国水墨画，给读者营造了中国古典的意境。

《老子经典》这本译著的语言平实而不失典雅，文字阅读起来十分流畅，能够在一定程度上体现文辞的经典性。在译者序中巴贡也指出，翻译的目的是为了客观地介绍《道德经》的内容，让泰国读者领略中国道家思想的内涵以及《道德经》优美的语言，并非为了传播道家教义，因此在翻译的过程中尽量忠实原文风格，避免加入自己的感情色彩。译者对南传佛教用语或源于梵语巴利语的词汇的运用也非常审慎，避免轻率采用佛教用语来解释中国道家思想的现象。书中常用的某些梵语巴利语词汇也是因为这些词汇早已成为泰国人日常交流的一部分，而不会轻易引发对佛教等泰国本土文化概念的联想。例如，把"无形"译作"ความไร้รูป"这样的新词，避免直接使用"อรูป（无色）"这样会引起误解的佛教词汇。再如，"无为"译为"นิรกรรม"这一新词，避免采用带有明显印度文化色彩的词汇。涉及"阴"、"阳"等在文化上属于空白的概念，译者也遵从传统采用了音译的方式。在翻译较为复杂的思想或概念时，由于注解纷呈，译者不得不选取一种解释作为自己的解读判断。这种选择有时虽然不无可商榷处，但译者仍然竭力保持译文的逻辑与辩证，能够做到让译文自圆其说。

译者不仅用心研究、翻译《道德经》，而且在书中最后的附录里，还汇集编写了有关《道德经》泰译本的资料，内容翔实，并附有译者对各版本的点评，对于今后学者继续研究《道德经》泰译本的概况有一定的借鉴作用。

以《道德经》为代表的道家思想是中华传统文化中的瑰宝。在当今"中国文化走出去"以及"文化外交"、"文化外传"的大背景下，对中国典籍外译的考察无疑将扩大我们的研究视野。《道德经》在泰国的译本，笔者搜集到的有29个版本，但相信除了正式发行出版的译本以外，在泰国还有很多宗教机构和团体自行进行翻译的译本。本文笔者只是选取了具有代表性的6个版本进行了简单的介绍，希望可以为今后进一步的研究作出有益的探索。

（陈利，北京外国语大学亚非学院副教授）

欧盟译员培训方法对中葡口译教学的借鉴作用

○颜巧容

摘 要 欧盟口译总司在会议传译译员培训方面有着成熟的经验,但国内鲜有文章对其进行详细系统的介绍,感兴趣者只能从中方学生总结的培训心得中略窥一二。同时,欧盟译员培训的先进经验如何与我们的口译教学相结合也是有待探讨的问题。作为葡语教师,笔者有幸于2010~2013年连续三年参加了由欧盟口译总司和澳门理工学院联合主办的"会议传译教师培训"、"交替传译译员培训"以及"同声传译译员培训",对欧盟译员培训的理念及课堂组织方法有了深入的了解。

本文旨在探讨将欧盟译员培训经验引入本科口译教学的可行性。文章回顾了葡萄牙语本科口译教学的现状和问题,梳理了欧盟译员的教学理念、课程安排、课堂组织形式等方面的特点,并以此为基础,对如何在中葡口译教学中应用欧盟培训的理念和方法提出了建议。

关键词 欧盟口译培训;口译教学;葡语教学

一、葡萄牙语本科口译教学的现状和问题

我国葡语教学始于上世纪60年代。1960年中国传媒大学(即当时的北京广播学院)建立了国内第一个葡萄牙语本科专业。1961年北京外国语大

学也开设了葡语本科课程。虽然葡语教学在中国已有50余年的历史,但在2000年之前,只有北京外国语大学及上海外国语大学开设并延续着葡萄牙语本科课程①,基本维持每两年或四年一次的招生频次,且每个班20人左右(吴新娟;2013)。随着1999年澳门回归祖国,以及进入新千年我国与葡语国家关系的迅速升温,葡语人才的需求呈井喷态势。与之相对应,中国的葡语教学也有了"爆炸式"发展,开设葡萄牙语的高校从2000年的3所发展到目前的21所(其中内地18所、澳门3所)。

短短的十余年间,许多学校的葡语专业从无到有,经历了一段时间的艰苦努力,部分高校已在教师队伍、教材建设、教学改革等方面取得了很大的进步。其中比较突出的有中国传媒大学、天津外国语大学、大连外国语学院、北京第二外国语大学和西安外国语学院等。虽然多数学校仍面临教师队伍年轻、缺少教学经验、缺乏适用和实用的教材等问题(赵鸿玲、赵京剑:2013),但许多教师已通过继续深造,在语言学研究或教学法研究方面取得了突出成绩,整体教学水平也有了很大的提升。然而,在中葡口译教学和研究方面却是刚刚起步,困难重重。目前,中葡口译教学存在的主要问题有:

(一)缺少合格的口译师资

赵鸿玲和赵京剑(2013)对全国葡语专业发展情况的调查报告指出,大部分葡语专业课程聘用的教师虽然学历多为本科或硕士,但2005年以后本科毕业的教师占总数的66.7%,相当年轻。在所有攻读硕士或博士学位的教师中,并无一人攻读口译相关学位,也无一人从事过与口译相关的研究。吴新娟(2013)指出,大多数教师缺乏足够的口译实战经验,参加口译培训和口译教学法培训的机会更加不足。Gil(2010)指出,如果口译课授课教师本身不是译员,不了解市场对职业译员的需求,就无法对学生给予职业化的口译策略及口译行为上的有效建议。虽然有的学校外聘具有口译实战经验的葡语前辈专门教授口译课,但从口译员转变为口译课教师,还需要克服许多

---

① 中国传媒大学的葡萄牙语专业由于某种原因于1966年停止招生,虽然60年代仅招收5名葡语班学生,但培养了第一代葡萄牙语人才,为祖国的政治外交及新闻传播等领域作出了巨大的贡献(李长森;2013)。2000年中国传媒大学恢复葡萄牙语专业招生。

困难。

(二) 缺乏好的教学方法

由于缺乏口译理论及方法指导,使得口译课的教学方法和手段相对单一。在口译课上,教师通常准备一些主题不同的素材,要求学生先学习主题词汇,再听录音或由教师朗读逐句逐段做口译,"把口译课上成专题口语训练课"(卢信朝;2006)或者"口头形式的笔译课"(王阿晶;2008)。这样的口译训练通常侧重于字词及语言结构的翻译,而忽视或弱化了口译的核心,即"传译内容(包括事实上的、情感上的或其他内容),以实现在特定交际情境中说话人/听众的目标,达到预期效果"(Gile;2010)。因此,这样的口译练习与真实的口译任务相差很远,无法为口译实战中的内容分析、信息加工、即时记忆、笔记处理、组织表达等进行有效的训练和提高。此外,许多教师准备的是中葡对照的书面材料,虽然选择的是口头朗读的形式,但与真实口译任务中的口语化表达相差甚远,造成学生对"脱稿"口译任务产生畏难情绪。

(三) 教学时间过短,缺乏明确的教学目标和指导性大纲

根据吴新娟老师(2013)的调查,各校葡语专业在大学三、四年级都安排有一定课时量的口译课,通常为每学期36课时,持续两个学期。然而,由于大部分学校实施的是"3+1"项目,将大三学生送往葡萄牙、巴西及国内澳门交流而未能在三年级开设口译课程,使得口译课压缩为大四上学期的36课时。许多学校虽然也开设了葡语口译课程,但教学目标并不明确,也没有成熟的教学大纲,教学内容及教学方法全靠任课教师的个人摸索。

(四) 学生的语言水平及知识面均有待提高

葡语专业学生入学后大都从零开始学葡语,进入大学三、四年级口译训练阶段,虽然已经有了一定的语言基础,但存在"中葡双语水平不平衡,主要是葡语的听力以及与听力有关的信息分析能力不足和作为母语的汉语口头表达能力的不足,以及同时能力不足这三大困难"。(吴新娟;2013)如何在有限的时间内克服上述困难,需要教师在教学方式、教学内容和教学步骤等

方面进行有效、合理的安排,制定适合学生的训练课程,将语言、知识和技法三大要素融入口译教学中。

虽然葡语口译教学目前仍处于起步阶段,但市场对葡语毕业生的口译水平提出了较高的要求。由于葡语专业口译人才匮乏,许多葡语本科毕业生一踏上工作岗位就要承担商务谈判、高层访问、大型会议交替传译或者同声传译的任务。如果没有接受过系统的口译训练,他们将很难圆满地完成任务。由于口译是葡语毕业生必备的主要职业技能之一,因此,许多学生对口译课有着很高的期待。如何使学生通过课时不多的口译课有效地掌握口译的基本理念和训练方法,更好地模拟多题材口译实战,提高学生的口译水平,以更加适应未来职业的发展需要,成为许多高校口译课教师亟须解决的一大课题。

在此背景下,澳门理工学院与欧盟口译服务总司(SCIC)分别于2010年、2011年和2012年联合举办了面向高校葡语教师及政府口译员的"会议教师培训班"、"交替传译译员培训班"和"同声传译译员培训班"。每期培训为期两周,全国共有10所高校的18名葡语教师参加了培训。这三期培训有效地扩大了教师们的视野,使其对口译教学和方法有了深入理解,也有几名参与培训的教师开始将欧盟的译员培训方法带入口译课堂。

二、欧盟会议传译培训的模式和特点

(一) 欧盟口译培训的教学理念

"欧盟口译培训项目其实是创造性地运用著名翻译理论家达妮·赛莱斯科维奇的'释义理论'来设计培训课程的。"(齐艳和李晓峰;2010)欧盟口译服务总司培训讲师佩德罗·埃尔斯顿(Pedro Elston)和费尔南多·雷涛(Fernando Leitão)是两位具有20多年口译实践经验,同时又具有丰富口译教学经验的职业译员。他们在三次翻译培训中皆强调,口译是一种复杂的交际行为,是通过口头表达的方式,准确、流利地为听众揭示和说明讲话人的意思。口译员的任务是处于讲话人和听众之间,通过口头表达的方式,在交际现场将源语用目的语准确、流利、及时地传递给接收者,以促成双方的沟通和交流。口译的过程不是简单的一种语言的输入和另一种语言的输出,而是理解、分析和重述。因此,在口译教学中,应该重视通篇话语结构与内容的分析,明确主次信息,重视记忆的分配和笔记的有效辅助;在重述阶段,应该以整体表现(包括与观众的目光交流、语流语速、音量控制等)、准确度和逻辑上的连贯性作为评价标准。口译是一种社会互动活动,因此,在设置口译任务时,应该尽量模拟真实的口译场景,设置讲话人、口译员、客户(评价者)等相关角色。

(二)欧盟口译培训的课程设置

1. 交替传译培训课程的内容设置及教学步骤

(1)课程内容基本介绍

介绍口译活动的基本原理、合格译员的基本特征、培训目标,通过口译模拟练习,介绍口译的评价标准。

(2)无笔记传译

此环节要求学生在不做笔记的情况下,集中精力分析和领会所听内容,然后统一成文,着重训练学生的记忆能力。琼斯(Jones:2008)指出,口译中的"记忆"指的是在听的同时,在脑中分析、组织语篇的主要观点,并可以在讲话结束后记起并以有逻辑的方式重新表达的过程。这一练习有助于锻炼学生的注意力及逻辑分析能力,培养学生对主要和次要信息的区分和把握。

无笔记传译的训练可以先易后难:先对 5 分钟左右的即兴演讲进行口头概述或复述训练(先源语语篇,后目的语语篇),然后进行翻译。素材可以为议论性讲话或叙事性讲话,逻辑主线明晰,内在联系紧密,段落鲜明,不涉及或少涉及人名、地名及国家名称等需要笔记辅助提示的内容。

这一阶段的演讲素材最好由教师自己准备,以控制难度,将重点放在信息分析及重组这一技巧上。讲话主题可以先从学生熟悉的到陌生的。这一环节,教师可以在学生进行口头复述的同时,将语篇的结构在黑板上展现,使学生对语篇的主要内容有更直观的把握。同时,在此阶段,培训教师介绍欧盟口译服务总司的视频资料库,通过资料库中的演讲范例,教授学生如何组织演讲。演讲应该主题鲜明,态度明确,逻辑主线清晰,有始有终。为了使演讲内容更为丰富,演讲者应该进行资料收集,然后将书面阅读材料转变为带有个人风格的口头演讲。学生通过演讲的准备,丰富了知识面,也扩大了某一主题的词汇量,锻炼了口头表达能力。

(3) 有笔记传译

此环节重点解决口译中应该记什么和怎么记的问题,以及如何在理解和分析的基础上,使笔记作为一种辅助工具,帮助完成口译任务。为完成这一目标,首先,在口译材料的准备上,先使用无笔记传译阶段的演讲的"升级版",即在不破坏逻辑主线的基础上,增加描述性细节或数字、地名、人名等。通过这一练习,让学生体会无笔记传译与有笔记传译的不同,使之明白虽然有了笔记的辅助,但分析和记忆仍然有着不可替代的作用。然后,教师要将自己的笔记与学生的笔记进行对比,告诉学生:笔记虽然没有规范和不规范之分,个人化色彩很浓,但也应该使笔记体现出讲话的主线和架构,并抓住一段信息与另一段信息之间的联结点。这些联结点可以有效地提示讲话的逻辑组织,如转折、因果、举例等等。同时,笔记也应该记录下其他重要信息,如数字、日期、名字等,缓解记忆的压力,以免造成信息错漏。教师也可展示所使用的缩写符号,为学生的实际操作提供参考。

(4) 模拟口译实战

这一阶段,教师可以在曾经经历过的口译任务中寻找素材,尽可能模拟真实的口译环境(如会场设置、参与人员角色等),提供真实的辅助材料(比如,如果是两个机构会谈,就提供有关会谈内容的相关材料,包括机构的相关介绍、前期往来文件等)。口译任务开始前,教师可对相关背景进行介绍,并分配角色,如代表团成员、记者、译员、观察员(对口译表现进行评价)等。学生可以根据角色准备相关发言或翻译。

2. 同声传译教学内容设置及步骤

(1) 从"交传"到"同传"的过渡

这一阶段,教师首先通过与学生讨论的形式分析两种传译方式的不同以及同声传译的难点。同声传译是一种受时间严格限制的难度极高的语际转换活动,它要求译员在听辨源语讲话的同时,借助已有的主题,迅速完成对源语信息的预测、理解、记忆、转换和目的语的计划、组织、表达、监听与修正,同步说出目的语译文。(张吉良;2004)因此,在同传时既要解决不适应听说同步的问题,又要解决理解分析等信息处理的困难。为了使学生循序渐进地解决这些难题,教师做了如下安排:

首先,教师在语音教室设置了"影子训练"(Shadowing),要求学生在听源语的同时,边听边说,如影随形地用同一种语言将内容完整地复述出来。这种练习有助于学生找到、跟踪目的语与源语之间的"距离",在理解语义单位的基础上,尽快跟上录音的速度,是在体会听辨、理解、记译、复述等多重任务的同时进行的感觉训练。"影子训练"可以从学生最熟悉的母语开始,再用目的语进行练习。

其次,经过"影子训练",学生开始进入"熟悉语篇同传"阶段。此阶段按以下步骤循序渐进地进行:①让学生对某一素材做交替传译练习,然后在不看交传笔记的情况下,再做一次同声传译练习;②让学生听讲话素材,允许做相关笔记,先理清主要内容,然后不看笔记,做同传练习;③让学生听一遍演讲素材,不做笔记,然后再做同传练习。

这一阶段的练习,使学生逐步适应同传难度,建立起同传的信心,不至于对同传"望而却步"。

(2) 陌生语篇的同声传译练习

这一阶段主要训练的是同传技能,如语句简化、话语预判、数字处理等口译员在同传室中遇到的常见问题。教学步骤如下:①教师先概述讲话内容,然后请学生做同传练习;②教师或演讲人提供主题及其关键词,学生可以就相关词汇或概念提问,尽可能多猜测相关信息,然后学生进入同传室进行同传练习;③教师或演讲人仅提供讲话主题,学生随即进行同传练习。这一阶段的口译练习通常在同传室进行,培训教师讲解并示范同传设备使用的注意事项。

(3) 真实同传任务模拟训练

此阶段的教学目标是使学生在模拟真实大会传译的环境中得到综合锻炼。在欧盟培训中,培训教师们模拟了"中国—葡语国家经贸合作论坛"工作例会，根据会议议程，设置了主持人发言、秘书长发言、葡语国家代表发言、讨论表决工作计划等环节。所有参会角色均由教师及学生扮演，大家需要提前熟悉、了解会议背景材料并根据相关会议资料准备发言；同时由于议程中有讨论表决环节，也决定了口译任务中有一部分是即兴发言。担任同传译员的学生可以像在真实环境中一样提前拿到议程或相关演讲稿，但也要有对会议讨论环节或突发事件的临场应变。

3. 欧盟口译培训的课堂组织特色

(1) 充足的师资设置和三位一体的组合评估方式

澳门理工学院和欧盟口译服务总司组织的几次培训都由欧盟2名葡语组培训讲师及澳门理工学院的2~3名中国教师共同组成教学团队。因为欧盟讲师主要从事葡语到其他欧盟语言的传译任务，不懂中文，因此在做中文到葡文的口译练习时，先由1名中方教师作葡文演讲，由学生翻译后，两名欧盟培训员主要从整体表现、表述的逻辑连贯性以及语言的准确性等方面对学生的口译表现进行评价，而另外的中方教师则负责对译文对原文的忠实度、准确度进行评价。而从葡文到中文的翻译，中葡双方教师则对换评价重点。为了更有效地组织口译练习，培训中进行分组练习，八九名学生为一组，每组配备中葡教师各一名，以保证精准的评价。当学生练习时，教师记下学生在上述三个评价要素中的具体问题（即学生的不恰当表述），评价时言之有物。同时，口译的评价标准在培训之初即已教授给学生，在每位学生翻译之后，先请学生对口译表现进行自评，然后请其他学生也参与评价，最后由教师进行总结性评价。这种自评、学生互评和教师反馈相结合的"组合式评估方式"（Pochhacker；2009），既能使实施口译任务的学生有机会对讲话难度及口译时遇到的问题进行表达和总结，也可以给其他学生提供参与讨论的机会，最后教师总结性及专业性的评价也可以使全体学生皆有收获。

(2) 重视参与和互动的课堂建构

从上述评价机制的介绍中我们可以看出，欧盟培训非常重视课堂上学生的参与和互动。除了评价环节，我们还可以从课堂座位安排、演讲素材准备、互动任务设计等方面看出教师对参与和互动的重视。从课堂座位安排上,在交传阶段,教室座位皆会摆成U形,构建便于互动交流的环境;从演讲素材的准备上,无论是交传还是同传,都要求学生按照要求提供口译素材,因此,在课堂上,学生通常可先后或同时扮演演讲者、译员、受众及评价者等多重角色,增加参与的机会。

三、欧盟口译培训对中葡口译教学的借鉴作用

通过对欧盟口译培训的理念、内容设置、教学步骤以及课堂组织形式的梳理与回顾,笔者认为,中葡口译教学,特别是本科阶段教学,应该在以下方面做出改善:

(一) 建立适应学生水平的会议传译体系化课程

从欧盟会议传译训练模式可以看出,整套训练体系对记忆、分析、笔记、重述等口译基本技能的训练积极有效,同时也可以对真实环境下的口译任务有最大限度的模拟和训练。虽然学生普遍存在双语水平不平衡、葡语听说能力亟待提高等问题,但在课程安排中,教师可以通过布置课前阅读任务,循序渐进、由浅入深的口译任务安排,以及课后复习等,要求学生以中、葡双语复述课堂口译素材,从而迅速提高学生的语言能力。在课程内容安排上,受目前葡语专业普遍存在的口译课时有限及学生语言水平的限制,课程仍以交替传译为主,设置无笔记传译、有笔记传译、真实任务模拟等教学单元,并根据学生的掌握情况,适当进行同声传译入门训练,帮助学生熟悉同声传译设备及工作原理,指导学生在条件允许的情况下,坚持进行交传及同传训练。

(二) 打破单一的教学方法,建立学生多方位参与模式

从欧盟培训的课堂组织形式来看,并没有逐字逐段的翻译及讲评,而是把讲话语篇视作一个传译任务单位,围绕语篇的口译任务进行翻译前讨论,翻译后分析、讨论与评价。在分析、讨论与评价中,教师与学生共同探讨口译的常用技巧以及对语言表达的纠正与强化。同时,模拟真实口译环境中

的角色设置,把口译教学与实战训练结合起来,使学生在演讲者、译员、听众及评价者等多重角色身份中转换,提供不同的参与角度,提高学生学习的积极性。

(三) 在口译教学中应重视公共演讲技能的训练

国内对公共演讲技能在口译训练中的重要作用已有了不少研究(王阿晶,2008;杨柳,2012;高巍,2012;宋菁,2011),但在中葡口译教学中,仍缺乏对演讲技能的训练。王阿晶(2008)认为,公共演讲中的每一个环节无不体现在口译的表达阶段,无论是从演说者的语篇逻辑结构、语言,包括副语言的运用与表达,还是心理素质以及对现场全局的把握都是如此。在口译教学中,应该将记忆训练与演讲结合,笔记训练与演讲结合,利用口译训练和笔记训练中的信息逻辑分析,提高语篇组织能力和演讲表达能力。在教学中,可以让学生提前收集资料,撰写演讲稿或演讲提纲,在课堂上扮演演讲者以脱稿形式演讲,由其他同学扮演译员。演讲与口译相结合的训练方式,锻炼了学生收集处理信息的能力、综合归纳能力和流利表达的能力。

四、结语

中国的葡语教学虽然在迅速扩张和发展中遇到了许多困难与挑战,口译教学也还处于初步探索阶段,但葡语教学界已看到中葡口译人才的匮乏及口译教学的重要性。澳门理工学院与欧盟口译总司合作举办的四届口译培训班为从事中葡口译教学的教师带来了全新的视角和理念,然而,将欧盟的培训方法融入实际教学中却并不多见。本文对几次口译培训的理念、课程设置及教学步骤等进行了总结、梳理并提出了具体建议。事实上,这些理念已融入本人的口译教学实践中并取得了良好的教学效果,相信可以为葡语界同行提供借鉴。随着社会对中葡口译人才的专业性要求日益提高,以及对会议传译人才培养的迫切需要,笔者相信葡语教学界也会结合各校的课程特色及学生水平,探索积极有效的口译人才培养模式及设置系统性的课程体系,培养更多高水平的口译人才。

参考文献

高巍:《大学英语口译课堂公共演讲教学模块的构建》,《英语广场》2012 年第 9 期,第 56—57 页。

李勇:《在口译教学中引入演讲课程训练》,《湖北经济学院学报(人文社会科学版)》2013 年第 9 期,第 107—108 页。

卢信朝:《中国口译教学:现状、问题及对策》,《山东外语教学》2006 年第 3 期,第 50—54 页。

齐艳、李晓峰:《由欧盟同声传译培训项目看我国高校口译教学存在的问题》,《黑龙江教育学院学报》2011 年 4 月第 30 卷第 4 期,第 170—172 页。

宋菁:《从交际视角谈演讲策略在口译实践中的整合应用》,《大家》2011 年第 2 期,第 178—179 页。

吴新娟:《中葡口译教学的困难和对策》,《非通用语特色专业教学与研究(第 2 辑)》,中国传媒大学出版社 2014 年版。

杨柳:《口译实践中的公众演讲策略初探》,《海外英语》2012 年第 4 期,第 250—252 页。

张吉良:《同声传译的自我训练途径》,《中国翻译》2004 年第 9 期。

赵鸿玲、赵京剑:"*Ensino de Português na China: da explosão ao amadurecimento*",第二届中国葡语教学国际论坛,2013 年 7 月,澳门。

Gile, D. *Teaching Conference Interpreting: A Contribuition* [A]. In: Tennent, M (eds.) Trainning for the New Millennium: Pedagogies for Translation and Interpreting. Shanghai: Shanghai Foreign Language Education Press, 2010. pp. 127—152.

Jones, R. *Conference Interpreting Explained* [M]. Shanghai: Shanghai Foreign Language Education Press, 2008.

Pochhacker, F. *Introducing Interpreting Studies* [M]. Shanghai: Shanghai Foreign Language Education Press, 2009.

(颜巧容,中国传媒大学外国语学院欧洲语系讲师)

葡语翻译课堂教学的策略探析

○张方方

摘 要 现下,葡萄牙语翻译教学存在诸多问题,仅从课堂教学来看,教学方式方法较为陈旧,学生主动参与课堂教学活动不足,学生学习的积极性、创造性没有充分调动起来,导致教学效果欠佳。造成这样的状况,主要是由于教师缺乏先进的教学理念、理论的指导,对葡语翻译教学的方式、方法探索不足,教学艺术水平有待提高。为此,我们提出葡语翻译课堂教学的基本策略:坚持以学生为主体的课堂教学理念,以建构主义等理论为指导,积极探索和运用WORKSHOP、研究学习、交流互动等教学方式、方法,培育学生的学习兴趣,提高教师在情境创设、互动教学等方面的能力。

关键词 葡萄牙语;翻译教学;课堂策略;探析

现下,葡萄牙语翻译课堂教学存在诸多问题,制约着课堂教学的实施与成效。因此,认真查找葡语翻译教学存在的问题及成因,探讨相应的教学策略,从而提高葡语翻译教学的实效,是当前我们所要面对的重要课题。

一、当前葡萄牙语翻译课堂教学存在的主要问题

在我国,葡萄牙语是非通用语种,总体来看,从教队伍规模小,教师资历浅,教学艺术水平不高。特别是葡语翻译教学,不论是教材、教学理论、教学方式,还是学生翻译实践的环境、条件等,都存在一些问题。仅从葡语翻译教学运用最多的形式——课堂教学来看,我们认为,存在的主要问题有:

(一)课堂教学方式方法较为陈旧

现在葡语翻译课堂上基本沿用的是较为陈旧的教学方式、方法,这主要表现在:

1. 以教师为课堂教学的中心

当前的葡语翻译课堂教学,一般是按照这样的步骤进行:教师依据教科书选择教学内容,对教学内容中的重点、难点进行强调、讲解,整体进行翻译,询问学生有什么问题,然后给学生布置课前设计好的练习;学生完成练习,教师进行评判;教师安排学生课后翻译作业。这基本是以教师为课堂教学的中心,也可以说是"灌输式"的课堂。

2. 以口授为主要的教学方式

现下的葡语翻译课堂教学,较多是由教师讲解翻译的重点、难点,介绍翻译文本的语言和文化背景,评判、指导学生的课堂练习等。教师主要以口授教学为主。虽然在翻译教学特别是口译教学中,口授具有重要的作用,但是,在教学方式、教学手段多样化,许多新的思想观念,特别是新的教学理念和教学理论丰富而多样化的今天,单纯以口授为主显然很难受到学生的青睐,也难以取得好的教学效果。

(二)学生参与课堂教学活动的积极性不足

以教师为课堂教学的中心和以口授为主要的教学方式,导致学生参与课堂教学活动的积极性不足,主要表现在:

1. 学生的主要活动还是听、说、记

在葡语翻译课堂上,学生的学习活动主要是:听——听教师讲解、讲述;说——回答教师提出的问题,或简短的口语翻译练习;记——记录教师讲解、讲述的内容,记录课后作业等。课堂上学生参与教学活动的方式应该是多种多样的,如听、看、思、说、记、查、练、判、评等。特别是对翻译的学习,学生应较多地观察——仔细观察语言所表达的事物、现象,以及事物、现象所处或者所面临的具体条件、场景,学生应较多地模仿、练习,即在具体的翻译情境中学习翻译,而不是仅凭耳朵听、简单的应答和记忆学习翻译,这样学生学习翻译的兴趣将大减,特别对学生翻译能力的培养效果将是很差的。

2.学生参与课堂教学活动基本上是被动的

现在的葡语翻译教学,课堂上几乎所有教学活动都是由教师预设并安排实施的,受活动内容、形式所限,学生基本上是被动的。这导致学生参与课堂教学活动的兴趣和热情不高,活动的成效也较差。

(三)没有充分调动学生学习的积极性和创造性

陈旧的教学方式方法,被动地参与教学活动,导致学生学习的积极性和创造性难以充分调动起来,主要表现在:

1.学生的学习积极性不高

现在的葡语翻译课堂上,一些学习积极性较强的学生还能忙着听与记,而相当一部分学生懒洋洋、晕乎乎的,不愿意听,也不愿意记,一副心不在焉的样子。有的学生直愣愣地观望着老师,似乎很难理解老师哪来的兴致,那么投入;有的学生则干脆呼呼大睡。

2.学生学习的方式、效果鲜有创新

好的学习是富有创造性的学习,即学生不论在学习的方式、方法上还是学习的内容上都能有所创新。但是,现在的葡语翻译课堂,学生机械地跟随教师,他们已有的知识、技能以及他们的情绪、状态不能活跃起来,因此,不论是学习的方式方法还是学习的内容,学生都在照猫画虎,鲜有创新。

(四)课堂教学效果欠佳

以上种种原因决定了现下葡语翻译课堂教学效果欠佳,主要表现在:

1.面对翻译操练,学生往往手足无措

学习翻译离不开翻译的操练。但是,现在学生不论在课堂上还是课后,特别是当面对实际的翻译任务,学生往往紧张、恐慌、呆滞,张不开口,哼哼唧唧,语无伦次,好像把已经学习、掌握的词汇、语法、句法都忘记了。每当面对这样的状况,不仅令教师、学生难堪,也招致其他学生的诸多抱怨。

2. 学生翻译习作漏洞百出

本来一些较为常见的知识内容,或者经常运用的沟通语言,在日常的翻译习作中也漏洞百出。

二、葡萄牙语翻译课堂教学问题的成因

上述葡萄牙语翻译课堂教学问题的成因是多方面的,具体如下:

(一)缺乏先进的教学理念、理论的指导

理念、理论是行为的先导。没有先进、正确的理念、理论的指导,就难以有先进、正确的行为。葡萄牙语翻译课堂教学中存在的上述问题,从理念、理论上看,主要是由以下两个方面原因造成的:

1. 以学生为主体的教学理念、理论还未支配课堂

现代教学倡导以学生为主体的理念。因为,建构主义、认知结构和认知同化、信息加工等学习理论认为:学生在学习中要经历运用既有的知识、技能等对新学习的知识、技能进行解构、建构、加工等活动过程,或者说要经历辨识、分析、认同、接受等活动过程,而不是简单、机械地装下教师传授给自己的知识、技能。因此,教学中必须将学生的积极性、主动性激发、调动起来,让学生成为学习的主体,让他们真正动起来,即让他们进行解构、建构、加工,或者辨识、分析、认同、接受等活动,而不能作为教学的客体,被动、机械地接受知识、技能。现在的葡语翻译教学还未能让学生为主体的教学理念、理论支配课堂。

2. 葡语翻译教学囿于一般课堂教学的理论和经验

课堂教学具有一般的理论和经验,如教师讲授、引导启发、温故知新、学练结合等,葡语翻译教学也应该借鉴上述理论和经验。但是,葡语翻译是一

门独立的学科,它有自身的特点和学习目标,如:它是一门语言课,是实现语言转换的课;在语言的转换中包含丰富的、多种多样的转换——文化、习俗、习惯、思维方式、礼仪等等。所以,葡语翻译教学除了应运用一般课堂教学的理论和经验外,更要研究自身独特的教学理论、方式、方法、技巧等,否则,难以有好的课堂教学气氛,特别是好的教学效果。

(二)对葡语翻译课堂教学的方式、方法探索不足

不同的学科有各自不同的教学内容和教学目标,理应有不同的教学方式、方法,但当前葡语教师对翻译教学的方式、方法探索不足,未能开拓新的适应葡语翻译教学的方式、方法。

1. 当下葡语翻译课堂教学的主要方式、方法

前面已谈到,当下葡语翻译课堂教学的主要方式、方法有:教师讲授、师生简单问答、学生练习、教师评判。总的来看,这些教学方式、方法是陈旧的。特别是这些教学方式、方法以教师为教学中心,导致学生缺乏主体积极性。

2. 适应葡语翻译教学的新的方式、方法未应用于课堂

当今世界,人们倡导和推行了许多新的教学理念、理论,依据这些理念、理论探索和实施了许多有效的教学方式、方法。仅适用于葡语翻译教学的方式、方法就有很多,如合作学习、研究学习、案例教学、情境教学、角色扮演、WORKSHOP模式学习等。但由于种种原因,这些新的教学方式、方法还未完全或部分应用于葡语翻译教学的课堂。

(三)教师对学生的研究不够

学生是学习的主体,是重要的教学资源。好的教学必须以熟知学生为前提。但从现实来看,葡语翻译教师对于学生的研究和把握是不够的。这主要表现在以下两个方面:

1. 教师对学生学习葡语翻译的动机和需要不了解

"动机是激发和维持个体进行活动,并导致该活动朝向某一目标的心理

倾向或动力。"①"需要是有机体内部的某种缺乏或不平衡状态,它表现出有机体的生存和发展对于客观条件的依赖性,是有机体活动的积极性源泉。"②可见,不论是动机还是需要,对人的活动都非常重要。教师要引导、指导学生学习葡语翻译,必须清晰把握学生学习葡语翻译的动机和需要。但现实状况是,除了课堂外,教师与学生接触很少,缺乏沟通,导致教师对学生学习葡语翻译的动机、需要知之甚少,或者根本无知。

2. 教师对学生学习葡语翻译的有效策略研究不足

葡语翻译是一门独立的学科。对它的学习,除了要掌握翻译的基本理论、翻译的常用方法和要求之外,还需掌握葡语文化和历史背景知识以及葡语的语法特点等,而当今教师对学生学习葡语翻译的有效策略研究略显不足。

(四)教师对葡语翻译教学的认识与教学艺术水平有待提高

把握学科教学特点,提高学科教学艺术水平,对于搞好课堂教学非常重要。目前葡语翻译教师在这两个方面都明显不足。

1. 教师对葡语翻译教学的独立学科性认识不足

葡语翻译课"涉及许多专业翻译技巧与方法的学习,如音译法、意译法、直译法、分译法、合译法、增译法、省译法及长句的翻译方法学习,包括定语从句的翻译、状语从句的翻译等"③。"翻译教学已逐渐成为区别于语言学的独立的翻译学科,因此,翻译教学应该树立自己的学科意识,探索翻译教学的最佳的教学模式和教学方法。"④但是,现在相当数量的葡语翻译教师的学科意识不强,没有认真探索葡语翻译课的特殊性,没有依据其特殊性进行教学。

2. 教师的教学艺术水平有待提高

教学是科学,也是艺术,这已是对教学的一种较为普遍的认识。有的教学研究专家更看重教学是艺术,认为"教学是一门艺术而不是科学……一个

---

①② 黄希庭:《心理学导论》,人民教育出版社1991年版。
③④ 李文革:《西方翻译理论流派研究》,中国社会科学出版社2004年版。

被'科学地'培养出来的儿童将是一个可怜的怪物"[①]。目前葡语翻译教师的教学艺术水平普通不高,特别是在激发、启发、调动学生的学习积极性方面,在教学情境的创设上,在师生交流互动以及各种教学方式、方法的创新使用等方面,都亟待提高。

三、葡萄牙语翻译课堂教学的基本策略

针对目前葡语翻译课堂教学存在的各种问题及其成因,笔者认为,搞好葡语翻译课堂教学,提高葡语翻译课堂教学的成效,需采用以下基本策略:

(一)秉持先进的教学理念,运用先进的教学理论

随着社会的发展,许多先进的教学理念、理论逐渐被人们所认知,这些理念和理论对于推动教育和教学的发展具有重要的作用。对于搞好葡语翻译课堂教学,笔者认为,最重要的是秉持以学生为主体的课堂教学理念,运用建构主义和功能翻译理论指导教学。

1. 秉持以学生为主体的课堂教学理念

学生是教学中的主体,这已成为教学理论中的共识。这是因为,学习是不可替代的,是学习者的学习;学习需要学习者多种、多方面的活动,如回忆、思考、分析、比较、区分,或者解构、编码、建构、认同、接受;学习需要学习者的多要素参与,如知识、情感、意志、技能等。因此,教学中教师必须秉持以学生为主体的教学理念,让学生真正成为教学中的主体,让他们充分地参与教学活动,将自身的多种要素都激发、调动起来,让他们自主、积极、主动、创造性地学习,唯此才能有好的课堂教学气氛和教学效果。

2. 运用建构主义和功能翻译理论指导教学

皮亚杰建构主义认识论认为:"知识既不是客观的东西(经验论),也不是主观的东西(活力论),而是个体在与环境交互作用的过程中逐渐建构的

[①] Gilber Highet, *The Art of Teaching*, Methuen & Co. Ltd. 1951.

结果。"①有鉴于此,建构主义主张:在教学过程中,教师和学生是合作者的关系;学习者的学习是运用已有的知识和经验进行建构的过程。

功能翻译理论产生于20世纪70年代的德国,代表人物有:凯瑟琳娜·赖斯(Katharina Reiss)、汉斯·弗米尔(Hans Vermeer)、贾丝塔·霍尔茨·曼塔利(Justa Holz Mantarri)以及克里斯蒂安·诺德(Christiane Nord)。功能翻译理论的核心内容包括目的法则、连贯性法则、忠实性法则。目的法则强调,翻译行为所要达到的目的决定整个翻译行为的过程。连贯性法则和忠实性法则是紧密相连的。连贯性法则有两层含义:一是要求译文必须符合语内连贯的标准,即译文必须能让接受者理解,并在目的语文化及使用译文的交际环境中有意义;二是要求原文与译文之间应该存在语际连贯一致,即忠实于原文——忠实性法则。②

运用建构主义理论,在课堂教学中就要充分发挥学生的主体作用,杜绝教师的越俎代庖。运用功能翻译理论,在教学中师生要遵循目的法则、连贯性法则、忠实性法则,杜绝翻译的随意性。

(二)积极探索和运用适于葡语翻译课堂教学的方式、方法

1. 探索和运用WORKSHOP教学模式

基拉利(Kiraly)在《象牙塔的逾越:重思翻译教学》一书中提出了WORKSHOP这一理念。WORKSHOP基本模式为:教师先对某项任务进行简略的说明与讲解,然后将班级分成几个小组,每个小组就是一个独立的WORKSHOP。小组成员要在共同的努力下,经过讨论完成翻译任务。讨论结束后,每个WORKSHOP派一名代表向全班讲解自己小组的作品。最后教师对每个WORKSHOP的作品进行点评与分析。在经过译文比较与总结的过程后,每个小组再对自己的作品进行加工,然后上交最后的成品。在WORKSHOP模式中,由于每个小组的所有成员得到的成绩都是一样的,所以从很大程度上保证了每位学生都会尽心尽力地参与讨论。而小组的参与

---

① 施良方:《学习论·学习心理学的理论与原理》,人民教育出版社1992年版。
② 陶友兰:《翻译专业笔译教学的功能主义模式探讨》,《上海翻译》2010年第2期。

可以让学生们在自由的环境中发现问题、解决问题。在这种氛围下,学生的能动性与学习积极性得到了很大程度的发挥。这是传统翻译课堂教学所不能比拟的。①

2. 探索和运用研究学习教学方法

广义上,研究学习泛指学生主动探究的学习活动;狭义上,研究学习指在教学过程中以问题为载体,创设一种类似于科学研究的情境和途径,让学生通过自己收集、分析和处理信息来实际感受和体验知识的生产过程的学习方法。② 在葡语翻译课堂教学中,运用较多的应是广义上的研究学习,因为,课堂上经常要面对翻译中一些小的或较为具体的问题。但是,狭义上的研究学习也可在葡语翻译课堂教学中运用,因为,对于葡语翻译中一些较为重要的、难度较大的问题,可交由学生研究。不论广义上的研究学习,还是狭义上的研究学习,都是让学生主动探究,让学生自己找到问题的答案,彻底改变学生被动学习的状况。

3. 探索和运用交流互动的教学方法

交流互动教学即教师与学生或者学生与学生之间互相交流、促动。交流互动本质上是民主教学,即师生互相讨论、切磋、启发,大家畅所欲言,在自由轻松的气氛中完成教学任务。交流互动的教学方法是最受学生欢迎的教学方法,学生可以积极地参与教学,课堂上出现活跃的教学气氛,能够取得良好的教学效果。

(三)培育学生学习葡语翻译的动机、策略

葡语翻译对学生而言是一门新学科、新知识,对它的学习,学生一开始很可能感到茫然和不知所措。因此,应注重培育学生学习葡语翻译的动机和策略。

---

① 邓静、穆雷:《象牙塔的逾越:重思翻译教学介绍》,《外语教学与研究》2005年第4期。
② 霍益萍、张人红:《研究性学习的特点和课程定位》,《课程·教材·教法》2000年第2期。

1. 培育学生学习葡语翻译的良好动机

动机并不是与生俱来的,特别是关涉人生发展、人生价值的动机,是需要培育的。学生对于葡语翻译学习的动机就需要教师有意识地引导、培育。教师可以从职业和人生发展规划,从人生价值实现,从国家和民族利益等方面,培育学生学习葡语翻译的良好动机。一旦学生具有了学习葡语翻译的良好动机,他们也就相应地具有了学习的积极性、主动性和自觉性。

2. 培养学生掌握葡语翻译的有效策略

学习策略对于学习来说至关重要。一旦掌握有效的学习策略,学习效果可事半功倍。学习葡语翻译的有效策略有很多,如尽可能多给学生介绍、补充葡语区的历史和文化,特别是人文知识;给学生讲授、充实一些翻译理论;让学生牢固地掌握葡语翻译的技巧;鼓励学生多掌握一些葡语词汇;引导学生增强语言比较意识,注重掌握葡语和母语表达的不同;让学生养成即时翻译的习惯——每逢听到语言、看到情境和现象就试着进行语言翻译或葡语表达,等等。

(四)提高教师葡语翻译课堂教学的艺术水平

教学艺术存在于课堂教学的方方面面。对于葡语翻译课堂教学而言,教师必须提高以下诸方面的教学艺术水平:

1. 提高教师创设教学情境的艺术水平

课堂教学中教师要不断地创设教学情境,以增强教学的吸引力、感染力,引导学生进入和保持良好的学习状态。创设教学情境的方法、手段是多种多样的,但要展现出教师良好的教学艺术水平,在创设教学情境时要注重突出情感性、趣味性、适应性、启发性、激励性等。

2. 提高教师激发学生参与教学的艺术水平

从本质上讲,学生是愿意参与教学的,因为人都有求知的本性。之所以在课堂上学生没有完全融入教学中,主要是教师没有给学生提供机会,没有激发出学生参与教学的热情和积极性。激发学生参与教学的策略有很多,如提出问题、制造矛盾、给学生安排活动、假装糊涂、故意出错,等等。激发就是刺激,就是给学生制造需要,以使其欲罢不能。

3.提高教师引导学生交流互动的艺术水平

交流互动做得好,关键是学生愿意说、愿意做,即学生愿意表达自己的观点和主张,愿意展现自己的技艺和才能。引导学生与教师、与其他学生交流互动的技巧有很多,但要注意:尊重学生;让学生充分表达、表现;创设问题;多种引导——引起、引申、引向反面、引入误区;留有余地,等等。

4.提高教师指导学生知识与能力建构的艺术水平

建构即形成系统或体系。不论对于知识还是能力学习,都应形成系统或体系。孤立的知识、技能、能力很容易被遗忘,其价值也是非常有限的。指导学生建构知识与能力要注意:从已知到未知;借助、运用已知已能获取新知新能;不断地梳理已获取的知识和能力;迁移已知已能;将已知运用于实践中,等等。

参考文献

黄希庭:《心理学导论》,人民教育出版社1991年版。

李文革:《西方翻译理论流派研究》,中国社会科学出版社2004年版。

Gilber Highet, *The Art of Teaching*, Methuen & Co. Ltd. 1951.

施良方:《学习论·学习心理学的理论与原理》,人民教育出版社1992年版。

陶友兰:《翻译专业笔译教学的功能主义模式探讨》,《上海翻译》2010年第2期。

邓静、穆雷:《象牙塔的逾越:重思翻译教学介绍》,《外语教学与研究》2005年第4期。

霍益萍、张人红:《研究性学习的特点和课程定位》,《课程·教材·教法》2000年第2期。

(张方方,中国传媒大学外国语学院讲师)

大学葡语笔译课堂互动教学模式初探

○高静然

摘　要　笔译课是外语专业学生的一门必修课,也是培养学生综合运用语言的重要途径。传统的笔译教学通常注重教师对于翻译理论和翻译方法的讲解,而忽视了学生的互动与反馈,难以培养学生的交际能力和学习能力。笔者通过葡萄牙语笔译课堂教学实践,试图探索以学生为主体、重视师生互动和学生反馈的教学模式,分析其中的利弊,以寻求培养学生综合能力的教学方法。

关键词　葡语教学;笔译课;互动教学

传统的外语教学强调"听、说、读、写、译"五项基本技能的培养。在笔译课教学中,一般只注重翻译理论和翻译方法的讲解和练习,而忽视了学生的互动与反馈,难以培养学生的交际能力、自主学习能力和研究能力。如今的外语教学以语言综合运用为方向,这就要求外语笔译课堂摆脱传统单一的教学模式,通过有目的的课堂任务设置,充分进行互动交流,注重学生的反馈,培养学生的综合素质。

一、交际能力与大学外语教学

(一)交际能力

交际能力(Communicative Competence)由海姆斯(Hymes,D.,1972)提

出,是一种语言交际的综合能力。根据《欧洲语言共同参考框架》(*Quadro Europeu Comum de Referência de Línguas*)给出的定义,交际能力主要包括以下几个方面的能力:

• 语言学能力,即通过语音、词汇、语法等表现出的语言表达技能;

• 社会语言学能力,即在不同的社会背景下,充分考虑场合、文化、性别等因素,恰当运用语言的能力;

• 语用学能力,即在互动交际过程中的综合运用能力。

交际能力的研究对外语教学有非常重要的意义。它不仅对外语学生提出了更高的要求,也为外语教师指出了注重语言运用的教学目标。从这一点考虑,外语教学已经不能单纯地进行语言技能培训,而要更多地强调不同文化背景下语言的互动运用。

(二)外语教学的目标

高等院校的葡萄牙语教学对象一般为18—24岁的大学生,他们普遍具有外语学习的经验,有一定的外语学习能力和基础。在葡萄牙语教学过程中,教师可以充分利用学生的这些经验,并且在此基础上有意识地培养学生更高层次的交际能力和研究能力。

当今的外语教学,无论是在国内还是国外,都大力强调培养学生的综合运用能力。《高等学校英语专业英语教学大纲》(2000:13)明确要求"课堂教学应以学生为主体、教师为主导,改变过去以教师为中心的教学模式,注重培养学生的学习能力和研究能力","使学生在运用知识的过程中培养各种能力"。

我们认识到,外语教学的目标是让学生能够在不同的背景、场合以及文化等条件下恰当地运用合适的语言,展现良好的交际能力(Teixeira E. Silva,2010)。因此,葡萄牙语笔译课堂不仅仅是培养学生的葡语翻译能力,更应当重视学生的自主学习能力、团队协作能力和思考研究能力,并且通过翻译练习的实践,让学生对葡萄牙语国家的不同国情和文化有更加深入的了解,增强跨文化交际能力。

二、葡语笔译课堂互动教学模式初探

如上所述，外语教学的目标从根本上说是培养学生的语言交际能力，这就要求笔译课程教师充分利用课堂，运用互动教学法，通过多种多样的任务设置，有目的性、有针对性地提高学生的自主学习能力和研究能力。

笔者从以下几个方面在葡语笔译课堂中进行互动教学模式尝试：

(一) 课堂例句分析，开放式解决方案

传统的笔译教学课堂注重翻译理论和方法的讲解，通常以教师主讲的形式进行，难以与学生互动，使学生感觉枯燥，对教学效果造成困扰。本着培养学生的交际能力和研究能力的目的，在实际教学中，教师可以将翻译理论和方法结合具体的实例进行分析，在课堂上与学生展开讨论，在讨论中总结出经典理论在实际中的应用方法。通过实例分析和课堂互动，不仅增加了学生的参与度，使学生建立起研究探索的精神，而且教师在此过程中指导、建议、引导、分析，最终根据不同的实际情况给出开放式的（多种）解决方案，避免了唯一参考译文的局限性。

(二) 学生作业进行互评、修改

笔译课教学中学生需要进行大量的翻译实践练习，教师会有针对性地对作业进行修改和评价，然而，这些修改意见是否提高了学生的翻译水平？我们很难把握。而且其他学生的翻译实例中经常有值得讨论或者学习之处。针对这样的情况，教师可以适当地安排学生进行作业的互评和修改。在这个过程中，不仅增加了学生之间的互动学习，而且引导了学生的批判研究意识，让学生在实际运用中理解了翻译理论和方法。除此之外，这样的修改、评定过程，也是翻译工作的重要组成部分，它可以让学生清楚翻译工作的流程，为日后的实际工作奠定基础。

（三）组织学生思考讨论笔译工作中的困难与方法

除了葡萄牙语翻译理论学习和实践练习，笔译课堂也是学生交流笔译经验和困难的重要场所。因此，我们可以有目的性地指导学生分小组讨论，如工具书的使用技巧、互联网翻译工具和资料的使用技巧、翻译资料的整理、不同题材翻译中的注意事项、经典翻译文献的评论等，在此过程中，教师也可以分享自己的实际经验。但要注意的是，教师需对讨论的时间、主题进行控制。

（四）引导学生通过笔译研究探寻文化差异，培养交际能力

笔译课堂既需要锻炼学生的笔译技巧，也不能忽视对翻译研究能力的培养。教师可以引导学生对译著进行批判研究、思考翻译理论、探索翻译实践等，培养学生的自主学习和研究能力。

外语教学的目标是培养学生的交际能力，具体来说就是跨文化交际能力。笔译课程中我们会分析汉语和葡萄牙语两种语言的结构差异，除此之外，文化差异对笔译的影响也是一项重要内容。我们通常会提醒学生翻译中需要考虑两种语言对象不同的文化背景，注意翻译技巧和文化相结合。不仅如此，对于葡萄牙语对象国的文化学习应当贯穿整个葡语学习阶段，在笔译课中也不例外。在翻译实践中，学生能够更加深刻地体会两种语言国家在思想、政治、宗教、习俗等方面的不同文化，通过引导学生进行笔译研究，探寻文化差异，理解文化渊源，从而增强其跨文化交际能力。

三、总结思考

外语笔译课堂不仅是教师讲授翻译理论和指导翻译方法的场所，更需要师生互动，研讨有关翻译实践和研究，从而达到培养学生跨交际能力的目标。这就要求外语教师灵活运用课堂，通过互动教学模式，展开丰富多样的教学活动。笔者在葡萄牙语笔译教学实践中，主要通过开放式例句分析、学生互评修改作业、组织学生讨论和引导学生进行翻译研究和文化研究的方

法,探寻笔译课堂互动教学模式,以求培养学生的综合素质和跨文化交际能力。这些尝试增加了学生在课堂上的参与度,使课堂气氛灵活、开放,提高了学生的研究意识和思考能力。然而,这些方法也展现出了一定的局限性。例如,在笔译课堂中主要围绕经贸、政治、外交、文学、文艺、社会等主题进行课程设置,而在学生的翻译实践与经验分享环节,未能做到与这些主题紧密结合,有时候甚至成为一个单独的环节。在学生的作业修改互评环节中,有些学生有时会考虑原作学生的通常表现(尤其是对于那些平时成绩较好的学生),在评判修改中有所顾忌。此外,由于笔者的经验有限,未能对此问题进行深入而全面的分析,也未能对适用外语笔译课堂的其他互动教学模式进行探讨,这些方面将在日后的教学实践和研究中逐渐钻研,不断完善,也希望通过本文引起葡语教师和其他外语教师对笔译教学方法的重新思考,期盼更加深入的研究和更多的实践创新。

参考书目

Conselho da Europa. (2001). *Quadro Europeu Comum de Referência para as Línguas — Aprendizagem, Ensino, Avaliação*. Lisboa: ASA Editores II, S. A.

Hymes, D. (1972). *On Communicative Competence*. In: Pride, J. B. & Holmes, J. (Eds.) *Sociolinguistics*. London: Penguin, pp. 269—293.

高等学校外语专业教学指导委员会英语组:《高等学校英语专业英语教学大纲(2000)》,外语教学与研究出版社 2011 年版。

(高静然,中国传媒大学外国语学院讲师)

从"归化"与"异化"看中意谚语翻译

○朱益姝

摘　要　美籍意大利翻译理论家劳伦斯·韦努蒂(Lawrence Venuti)在1995年提出了"归化"和"异化"翻译理论。他认为"归化"翻译重视目标语,以目标受众群体文化为归宿,归化翻译更易于为目标受众群体所理解和接受;"异化"翻译理论,即翻译应反映来源语的文化背景,使目标受众感受到异族语言的文化特色。"归化"与"异化"是处理文化翻译的重要概念,也是翻译者常常会采用的翻译策略。"归化"和"异化"理论在谚语翻译中体现得尤为明显。谚语是语言的精华,是一种文化词语,也是蕴含着丰富的民族文化内涵并能折射出语言背后的各种不同文化现象的语言符号。因此,本文即从"归化"与"异化"理论分析中意谚语的翻译,提倡在翻译中应运用"归化"与"异化"两种翻译策略,以清晰地体现谚语所蕴含的文字意义、文化内涵,构筑不同文化之间沟通的桥梁。

关键词　归化;异化;谚语;翻译

1995年,美籍意大利人劳伦斯·韦努蒂(Lawrence Venuti)出版了《译者的隐身》(*The Translator's Invisibility: A History of Translation*)一书,在书中他提出"归化"和"异化"的翻译理论,从此掀起了翻译理论界一场激烈的讨论。韦努蒂的翻译理论传入我国始于1998年,其中,郭建中先生是介绍韦努蒂翻译理论的中国学者中较有影响的一位,他发表了一系列的文章介绍韦努蒂的理论,系统全面地阐述韦努蒂翻译理论的来源、内容及影响,由此,我国的学者们也开始了对韦努蒂的"归化"和"异化"理论进行广泛而深入的探讨和研究。

翻译不仅是语言代码的转换，更是语言所承载的文化的体现。语言是文化的载体，因此，优秀的翻译，不仅要达意，更要把文字所承载的文化翻译出来，同时保证目标语受众易于理解来源语的文化内涵。这种文化特色在谚语翻译中体现得尤为明显。谚语是语言的精华，是一种文化词语，也是蕴含着丰富的民族文化内涵并能折射出语言背后的各种不同文化现象的语言符号。因此，本文即从"归化"与"异化"理论分析中意谚语的翻译，提倡在翻译中应运用"归化"与"异化"两种翻译策略，以清晰地体现谚语所蕴含的文字意义、文化内涵，同时使目标语受众更易于理解和接受。

一、韦努蒂的"归化"与"异化"翻译理论

韦努蒂早期的翻译理论主要体现在以下几部论著中：《译者的隐身》(*Translator's Invisibility: A History of Translation*, 1995)、《不光彩的翻译》(*The Scandals of Translation: Towards an Ethics of Difference*, 1998)，及其主编的两本重要的论文集《对翻译的再思考》(*Rethinking Translation: Discourse, Subjectivity, Ideology*, 1992)和《翻译研究读本》(*The Translation Studies Reader*, 1st/2nd/3rd edition, 2002/2004/2012)。

韦努蒂的翻译理论主要受德国的理论思潮影响较深。早在1813年，德国思想家施莱尔马赫（Friedrich Schleiermacher）就在一篇关于翻译的不同方法的文章中指出：译者有两种途径可以选择，一种是尽可能不打扰作者，而引导读者去接近作者；另一种是尽可能不打扰读者，让作者去接近读者（Schleiermacher, 1813/1992：41—42）。施莱尔马赫把这两种途径分别称为"疏离"（alienating）和"归化"（naturalizing）。韦努蒂继承了施莱尔马赫的思想，并在《译者的隐身》一书中将其发展为"异化"（foreignizing）和"归化"（domesticating）。"异化"即接受外语文本的语言及文化差异，把读者带入外国情境；"归化"则采取民族中心的态度，使外语文本符合译入语的文化价值观，把原作者带入译入语文化（Venuti, 2004：20）。而韦努蒂本人是持异化观点的，他甚至还提出"抵抗式翻译"，反对将通顺作为评价翻译质量的标准，主张保留源语言的用词及句法特点，承认差异，并造成翻译中的文化差异，以体现译者的作用

和价值,张扬非英语语种的文化内涵和特点,反对英语一统天下的文化霸权现象,将翻译在结合政治、文化、历史的背景下进行研究。

在我国,一直以来归化翻译都是占主导地位的,在"言必称奈达"、形式对等、功能对等的理论主导下,韦努蒂的"异化"翻译理论无异于一颗重磅炸弹。传统的翻译理论一向以目的语为归宿,翻译的目的是使读者读起来不像是在读译文,像在通顺流畅地读原作,而译者则隐身其间,傅雷、林纾、钱钟书等都持归化翻译的观点。钱钟书在《翻译的基本知识》中指出:"从事翻译的人,必须通晓两种文字,不过通法有所不同,他对外国文的知识,必须是批评的(critical),而对本国人的知识,就必须是实用的(practical)。"

在这里,为了更好地理解韦努蒂的"异化"理论,需要了解其历史背景和社会现状。作为意大利裔的美国人,韦努蒂更深刻、更直观地看到英语译者在翻译非英语作品时,为迎合本国读者的主观想象,或由于其个人的文化视角,而站在本土的立场将非英语作品进行主观更改,并没有真实地展现原作的本意,这是一种从本土语言文化价值观出发的归化式改写。因此,韦努蒂要抵制这种文化语言暴行,抵制霸权文化对非主流语言文化的压制。于是他坚持异化翻译,进行"抵抗式翻译",凸显原作中的非主流的语言文化价值观,与主流的英语文化价值观形成对抗。韦努蒂所谓的归化和异化"不仅仅涉及语言因素,而主要涉及文化上的因素"。[1] 他提出,"异化的翻译抑制民族中心主义对原文的篡改,在当今的世界形势下,尤其需要这种策略上的文化干预,以反对英语国家文化上的霸权主义,反对文化交流中的不平等现象。异化的翻译在英语里可以成为抵御民族中心主义和种族主义,反对文化上的自我欣赏和反对帝国主义的一种形式,以维护民主的地缘政治关系"[2]。

二、韦努蒂对"异化"和"归化"理论的修改

韦努蒂的"异化"翻译理论一经提出,便遭到了来自多方的批评,赞成者

---

[1] 袁晓宁:《对归化和异化翻译的再思考——兼谈韦努蒂在归化和异化问题上观念的转变》,载于《东南大学学报(哲学社会科学版)》2010年7月第12卷第4期,第84—88页。
[2] 郭建中:《韦努蒂及其结构主义的翻译策略》,载于《中国翻译》2000年第1期,第49—52页。

和反对者的声音都异常激烈。于是韦努蒂于2008年出版了《译者的隐身》（第二版），在新版中针对各种批评，他对自己的理论作了进一步的解释和澄清，甚至修改。其中最大的变化就是他认为"归化"和"异化"并不是对立的，"'归化'和'异化'的术语，主要是指对外语文本和外国文化的道德态度，是指翻译文本的选择和翻译策略的选择所产生的道德影响；而像'通顺'和'抵抗'这类术语，则主要指的是与读者认知过程相关的翻译策略的话语特征"①。在郭建中先生对其的访谈中，韦努蒂说："归化的翻译不是异化，但异化的翻译只能用归化的语言，这样说是正确的。"（郭建中，2008：44）同时韦努蒂指出异化可以有多种手段，如文本的选择和采用多种话语策略，并且异化并不是要"不通顺"，"应创造新的使译文通顺的方法。采用异化策略的译者，目的是扩大翻译实践的范围，而不是去困扰读者或妨碍阅读，更不是要让读者有翻译腔的感觉，而是要创造可读性的新条件"。因为"译文毕竟是植根于译文的语言和文化之中的"②。

由此可见，韦努蒂由最初的坚决抵制归化翻译，慢慢转向归化翻译和异化翻译的调和，而将此理论应用于翻译实践中，即为本文最初笔者所提出的观点：在翻译中应将"归化"与"异化"两种翻译策略相结合，以清晰地体现源语言所蕴含的文字意义、文化内涵，同时使目标语受众更易于理解和接受。

三、谚语的翻译

谚语是广泛流传于群众之中的通俗易懂而又含义深刻的现成语句，它概括了人民群众社会生活方方面面的经验和客观真理。它是民间集体创造、广为流传、言简意赅并较为定型的艺术语句，是民众丰富智慧和普遍经验的规律性总结，是蕴含着丰富的民族文化内涵并能折射出语言背后的各种不同文化现象的语言符号。由于谚语是人们在生产和生活当中对历史、现象、各种经验的总结，因此有着深厚的历史文化内涵。在中意谚语的翻译中，要灵活地运用"归化"和"异化"翻译方法。

---

①② Ibid.

(一)谚语的归化翻译法

汉语和意大利语中都有丰富的谚语,在翻译中,应尽可能找到两种语言对应的谚语,使来源语和目的语的谚语在风格、语体色彩、意义内涵方面都尽可能地贴近,达到自然地对应。这样的翻译能最大限度地消除不同文化之间的理解差异,实现文化沟通。例如:

Chi vuole, può.

字面意思是:谁想要,就能行。中文也有类似的表达,因此可以翻译成:

有志者,事竟成。

再如:

Chi la dura, la vince.

字面意思是:谁坚持,谁就会赢。因此可以翻译成中文:

坚持就是胜利。

中文谚语:

眼不见,心不烦。

在意大利语中有一句谚语是:

Occhio non vede, cuore non duole.

字面意思是:眼睛看不见,心就不会疼。恰恰对应了中文谚语。

中文谚语:

说起来容易做起来难。

在意大利语中有一句谚语可以对应:

Tra il dire e il fare c'è di mezzo il mare.

意思为:在说和做之间,隔着一片大海。

但在实际的翻译中,能够完全对应的谚语毕竟是少数,大多数情况下,译者需要深刻透彻地了解源语言谚语的含义,并努力用目的语将其通顺明了地表达出来。例如:

In terra di ciechi, beato chi ha un occhio.

在盲人国里,独眼称王。

意思可以理解,但中文听起来似乎不那么顺当,也失去了中文谚语对仗的特点,因此可以翻译为:

山中无老虎,猴子称霸王。

又地道、又贴切,很好地将两种语言的意义与文化衔接起来。再比如:

Quattro occhi vedono meglio di due.
四只眼睛比两只眼睛看得清楚。

如果直译出来,势必要产生误解,因为汉语中"四只眼睛"常常用来戏谑地称呼"戴眼镜的人",所以这种翻译在这里显然不能达意。根据该谚语在意大利语中的意思,可以将它翻译成:

三个臭皮匠,顶个诸葛亮。

不论从语意还是语体色彩,都可以很好地译出原文的效果。

(二)谚语的异化翻译法

有一部分谚语无法用归化翻译法在目的语中找到对应的译文,这时就要采用异化翻译法。但同时要特别注意:异化的翻译也是要用"归化的语言"。因此不仅要表达谚语的含义,更要注意保留其文化特点,同时兼顾目的语押韵、对仗等特点。比如:

Moglie e buoi dei paesi tuoi.

字面意思是:你的家乡的妻子和牛。这样字对字的翻译会让译文读者完全摸不着头脑,难以理解。其实这句谚语的意思是"不论妻子还是牛,都是本地的好"。但是,通过深入了解这句意大利谚语的文化内涵,可知牛(buoi)在这里并不起主要的作用,只起到衬托、押韵的作用。这句谚语的重点是妻子(moglie),所以在翻译中可以将"牛"舍去,以免造成误解,故将其译为:

娶妻当娶本地人。

这样的译文既突出了原文谚语的重点含义,又符合中文谚语的韵律节奏。又如:

> L'ospite è come il pesce, dopo tre giorni puzza.
> 客人就像鱼,三天以后就臭了。

这条谚语的内容很好理解,但需在语言上稍加修饰,可译为:

> 客人像鱼肉,三天就会臭。

这样既符合中文谚语的对仗和押韵特点,又不损失原意。

在翻译汉语的谚语时,异化翻译法尤为多见。比如:

> 早上下雨一天晴。

汉语中是一句话,但翻译成意大利语就需要分成两句来解释:

> Pioggia la mattina, serenità la giornata.

再如:

> 要想人长寿,多吃豆腐少吃肉。
> Più dofu e meno carne, fa bene alla salute.

豆腐是中国特有的一种食品,但现在意大利人对豆腐并不陌生,豆腐已经成为意大利人思维中"中国菜"的一个标志。这句中文谚语在异化翻译时,采用归化的语言,既保留了源语言的文字意思,又体现了中国的传统养生观念,同时意大利语前后两句音节数相等,句尾押韵。

四、结束语

韦努蒂的"归化"和"异化"翻译理论独树一帜,将翻译置于抵抗文化霸权、彰显文化差异的背景中,为翻译界打开了一扇门。当然任何理论都不是完美的,在经过韦努蒂的修正以后,"归化"和"异化"理论更切合翻译的实际,对于打破英语文化一统天下的局面、支持不同文化之间的对话和交流发挥了强有力的作用。在中意谚语翻译实践中,应把握好"归化"和"异化"的尺度,使谚语翻译既准确达意,又保留其文化内涵,为两国读者提供更具有可读性、可比性、可理解性的高质量的谚语翻译。

参考文献

Schleiermacher, Friedrich. On the Different Methods of Translation [C]. R. Schulte & J. Biguenet. *Theories of Translation*: *An Anthology of Essays from Dryden to Derrida*. Chicago and London: The University of Chicago Press, 1992.

Venuti, Lawrence. (ed) *The Translation Studies Reader* (1st/2nd/3rd edition) [C]. London Routledge, 2002/2004/2012.

Venuti, Lawrence. *The Scandals of Translation*: *Towards an Ethics of Difference* [M]. London and New York: Routledge, 1998.

Venuti, Lawrence. *The Translator's Invisibility*: *A History of Translation* (1st/2nd edition) [M]. London and New York: Routledge, 1995/2008.

Venuti, Lawrence. *Translation Changes Everything* [M]. London and New York: Routledge, 2012.

刘泽权、张丽:《异化之异化:韦努蒂理论再批评》,《外语研究》2009年第3期。

王东风:《帝国的翻译暴力与翻译的文化抵抗:韦努蒂抵抗式翻译观解读》,《中国比较文学》2007年第4期。

王宁:《解构、后殖民和文化翻译——韦努蒂的翻译理论研究》,《外语与外语教学》2009年第4期。

袁晓宁:《对归化和异化翻译的再思考——兼谈韦努蒂在归化和异化问题上观念的转变》,《东南大学学报(哲学社会科学版)》2010年第4期。

郭建中:《异化与归化:道德态度与话语策略——韦努蒂〈译者的隐身〉第二版评述》,《中国翻译》2009年第2期。

郭建中:《韦努蒂及其解构主义的翻译策略》,《中国翻译》2000年第1期。

郭建中:《韦努蒂访谈录》,《中国翻译》2008年第3期。

(朱益姝,中国传媒大学外国语学院欧洲语系讲师)

意汉习语隐喻翻译的认知解读

○ 郭彬彬

摘　要　随着21世纪认知语言学(CL)逐步成为语言学的一门新兴学派,翻译学借助语言学建构了许多理论,在概念隐喻研究领域中,需借助认知语言学的视角进行解读。意大利语和汉语拥有丰富的习语隐喻表达,研究意汉习语隐喻可以更好地理解罗曼语族的语言、文化和思维方式。本文通过认知语言学中的概念隐喻相关理论,对意汉习语隐喻的异同进行梳理,通过对比分析,从认知的角度加深对意语隐喻的理解。

关键词　概念隐喻;习语认知;意汉对比

一、引言

在《我们赖以生存的隐喻》[①]一书中,Lakoff 和 Johnson 从认知的角度运用始源域和目标域之间的映射及意向图式理论系统揭示了隐喻现象,使隐喻研究不再限于文学和修辞学,而正式进入认知科学领域。从认知的视角来看,我们对隐喻的理解是由概念知识驱动的,在隐喻的表达中比较多见的是习语。习语,顾名思义,指习惯用语,是某一特定民族的语言在其长期使用过程中受到文化规约的影响而形成的一种固定的表达方式。习语是一个广义的概念,包括谚语、典故、俗语、歇后语、惯用语、短语动词等。意大利语

[①] Lakoff, G. & Johnson, M. 1980. *Metaphors We Live By* [M]. The University of Chicago Press.

中存在大量的习语隐喻表达,学生在理解和习得过程中受跨文化差异影响,存在一定的学习困难。本文拟从四种意汉习语意义的生成方式和理解机制探究意汉习语隐喻的异同。

二、意汉习语表达及其隐喻本质

Lakoff 和 Johnson(1980)认为,概念隐喻是参照一个知识领域去理解另一个知识领域,将抽象概念与具体概念连接起来,也就是运用一种熟悉的经验理解另一种相对抽象的经验。习语作为一种特殊的词汇现象,不仅仅属于语言本身的问题,不是语言形式和特殊意义的任意排列和配对,其本质是概念性的。习语的意义不能通过字面意义直接推倒,往往需要通过概念隐喻在习语字面义与隐喻义之间建立起映射关系。例如,意大利语中表示"火"的词是"fuoco",习语"Diventare di fuoco"表示"气愤或羞愧得脸红",汉语中有"气得脸红脖子粗"的表达,英语有隐喻著作《女人、火和危险的事物》(*Women, Fire and Dangerous Things*),可见,人们是依据有关"火"的特定概念隐喻知识,即"火是浓烈的、难以控制时相当危险的"认识和解读上述习语的喻义。

隐喻映射的普遍性有所不同;一些似乎是具有共性的,另外一些是广泛的,还有一些似乎是某种文化所特有的[①](Lakoff 1993:244—5)。因此,分析不同语言中的习语表达,将为隐喻理论提供更多的跨语言例证。意大利语和汉语受不同文化背景的影响,在概念隐喻的理解和表达方面存在相似性和差异性。根据 Hiraga(1991)提出的比较两种不同文化背景下的概念隐喻时可能出现的四种情况,我们逐一分析意汉隐喻的四类对比,即:相同的表达方式表达相同的概念;不同的表达方式表达相同的概念;表达方式相同,表达的概念隐喻不同;不同的表达方式表达不同的概念隐喻。[②]

---

① Lakoff, George. 1993. "The Contemporary Theory of Metaphor". In Andrew Ortony(ed.), *Metaphor and Thought*, pp. 202—251. Cambridge: Cambridge University Press.
② 参见文秋芳:《认知语言学与二语教学》,外语教学与研究出版社 2013 年版,第 140—142 页。

(一)相同的表达方式表达相同的概念

隐喻是跨概念域的系统投射。隐喻中的概念映射是基于源域的意象图式结构和目标域的内部结构相一致的原则,也就是基于两事物间的相似性。由于意大利人和中国人的思维中存在一些相似的概念系统,一些意汉习语隐喻体现了相似的概念映射,运用了相同的表达方式表达相同的概念。如:

(1) L'amore è cieco.

爱情是盲目的。

(2) Sbagliando s'impara.

吃一堑长一智。

(3) Chi non semina non raccoglie.

一分耕耘一分收获。

以上例句中,(1)句"L'amore"意为"爱、爱情","cieco"是形容词,意为"瞎的、看不见的",与汉语"爱情是盲目的"隐喻表达相吻合。(2)句"Sbagliando"是意大利语的副动词语式,意思是"(一边)犯错";"s'impara"是意大利语的无人称式,由无人称代词"si"加动词单数第三人称"impara"构成,意为"(人们)学习"。整句字面意思是"一边犯错一边学习",与汉语的"吃一堑长一智"具有相似的隐喻映射。(3)句意大利语字面意思是"谁不播种就不会收获"。"semina"意为"播种","raccoglie"意为"收获",与汉语"一分耕耘一分收获"表达的内涵相同。类似的表达还有:"bianco come la neve",白得像雪一样,即雪白;"nero come la pece",黑得像油漆一样,即漆黑;"era d'oro",黄金时代;"Battere il ferro finché è caldo",趁热打铁等。

通过以上例句,不难看出意语和汉语中一部分表达具有相同的概念隐喻特征。由于概念隐喻的使用是潜意识的,是语言系统和概念系统共有的,因此这一类具有相同表达和相同概念的习语在汉语和意大利语中被长期留存下来,为中国人和意大利人所通用,具有广泛性。

(二)不同的表达方式表达相同的概念

隐喻是一种认知手段,是我们用于理解抽象概念、进行抽象推理的一种工具。意大利人和中国人在认识事物的方式上存在差异,文化价值观也存在差异,体现在意汉语言表达中,有相当数量的习语隐喻是通过不同的表达方式表达相同的概念。例如:

(4) Non c'è fumo senza fuoco.

没有火就生不起烟。

在这句话中,"fumo"意为"烟","fuoco"意为"火",与汉语中"无风不起浪"表达了相同的内涵,只是汉语使用"风"和"浪"作为源语和目标语的概念投射。

(5) In ogni gregge c'è una pecora nera.

每个羊群里都有一只黑羊。

该句表达了"群体中总会出现一个不好的个体"这一含义,而汉语中有"害群之马"(《庄子·徐无鬼》)的说法,可见意汉语言运用不同的表达方式表达了相同的概念。

(6) Non puoi fare i mattoni senza la paglia.

没有混凝土是做不成砖石的。

这一句与汉语"巧妇难为无米之炊"表达了相同的内涵。

通过对比以上例句,意大利语和汉语的习语隐喻运用不同的表达方式表达了相同的概念,由于意大利人和中国人在生活习惯、文化规约等方面存在差异,在认识世界的过程中有不同的个体体验,因此在概念系统中构建了不同的隐喻概念,不同的语言表达折射出语言背后的思维和认知差异。

(三)表达方式相同,表达的概念隐喻不同

意、汉两种语言在词汇系统上有很多相对应的词,但意义却存在很大差别。这一类概念隐喻经常出现在颜色词和表示动物的词类中。例如:汉语中"黄色"本义是指一种高贵的颜色,古代代表帝王之色;引申义是在某些场合表达"色情的"含义。而意大利语中的"黄色"除了基本意义外,还经常有"libro giallo"、"film giallo"的表达,字面意思是"黄色的书"、"黄色的电影",实际意思是"侦探小说"、"侦探电影",与汉语中"色情的书或电影"无关。这一类语言现象与不同民族的语用文化差异有关,是由意大利语和汉语用于交际中的语用规则和文化规约不同所决定的。再如,意大利语"Mario ha cucinato la sua oca quando ha copiato all'esame."句子中"ha cucinato la sua oca"的字面意思是"他煮了鹅"。在汉语中"煮鹅"仅指烹饪的方式,但意大利语"煮鹅"表达的含义是"某人毁了自己的前程"。整句的意思是"马里奥因为考试作弊而毁了自己的前程"。类似于这样的隐喻表达对于学习意大利语的中国人来说容易造成理解的障碍。

形式相同、意思不同的意大利语表达还有很多例子。例如:"genitori biologici"的意思不是"生物父亲",而是"亲生父亲";"Scala mobile"的意思不是"活动的阶梯",而是指"浮动工资",等等。可见,习语概念的形成依赖于人们的生活体验,不同民族的思维习惯和认识世界的方式不同,造成了隐喻表达的异同。

(四)不同的表达方式表达不同的概念

有一些隐喻表达方式是某一种语言所特有的,不具有普遍性。在意大利语和汉语中都存在一些特定属于本民族语言的表达,很难在另一种语言中找到对应。例如:"跳蚤市场"、"玉皇大帝"、"童养媳"等词语是汉语所特有的表达。意大利语"non essere né carne né pesce."(既不是肉也不是鱼。)也是意大利人特有的语言表达,可以理解为汉语的"不伦不类"。

三、意汉习语隐喻的成因初探

习语隐喻的表达丰富多彩,其产生的原因也是多种多样的。不同民族的思维方式、文化习俗不同,因此,习语隐喻作为一种认知现象,其形成的原因也与不同民族的语言、认知有关。意大利和中国的历史源远流长,两国人民的文化和认知模式不同,因此在思维中形成了不同的概念系统。意汉习语隐喻产生的原因可以从两个方面进行探究:认知的原因和语言的原因。

(一)认知的原因

隐喻性思维是人类认识世界的根本方式。人类认识客观世界需要借助已知的概念系统,并将此映射到未知的领域以获得对新事物的理解。中国和意大利在漫长的历史长河中形成了各自不同的文化习俗和文化规约,两国人民在思维中形成了不同的概念系统,意汉隐喻的表达也不尽相同。

汉语中涉及农业、商业、军事、宗教等领域的习语表达在意大利语中没有直接对应的隐喻。例如:在宗教信仰差异方面,意大利语习语隐喻表达有"bacio di Giuda"、"parole di Giuda"的说法,字面意思是"犹大之吻"、"犹大的话"。其中,"Giuda"源自《圣经》人物"犹大",喻指:虚伪的友好、口蜜腹剑。[①] 中国人受佛教、道教、儒家等思想影响,因此汉语中有"玉皇大帝"、"旗人"、"跑得了和尚跑不了庙"、"当一天和尚撞一天钟"的表达,而在意大利语中这些都不存在。在宗教领域中,意大利语特有的表达有:"il diavolo si nasconde dietro la croce."(恶魔躲在十字架背后),"ognuno per sé, e Dio per tutti."(每个人都为了自己,上帝则是为所有人)。

从认知的角度来说,人们使用隐喻除了个人表达感觉和修辞需要以外,更多是一种思维方式,通过感知两个事物之间的差异发现它们之间的联系,即隐喻的基础——事物的相似性。具体到常规性隐喻中,为何汉语习语隐喻有"三十六计走为上策",意大利语习语隐喻有"bacio di Giuda"、"parole di Giuda"的说法,我们只能做类别上的划分,因为不同民族在政治、经济、军事、宗教等领域的文化规约不同,造成了隐喻表达的不同。而这些隐喻概念的形成,究其原因是建立在原始隐喻基础上的。原始隐喻具有隐秘性,往往不容易被察觉。

(二)语言的原因

在隐喻性语言的结构层面,习语一般具有固定的结构和语义的整体性。其中,固定的结构是指构成习语语言的语块顺序固定,不能颠倒。如

---

① 参见周莉莉:《意汉翻译理论与实践》,外语教学与研究出版社 2010 年版,第 70 页。

"L'amore è cieco"(爱情是盲目的),不能调整词序为"Cieco è l'amore";再如"timido come coniglio"(胆小如兔,相当于汉语中的"胆小如鼠"),不能调整词序为"coniglio cometimido"。语义的整体性是指构成习语的各个语块从意义上来讲并没有关系,不能从单个词汇中揣测出词义。如"bacio di giuda"中的"bacio"和"giuda"构成一个习语短语,但"bacio"和"giuda"的本义毫无关系,前者的本义是"吻",后者是"犹大"。

意汉习语隐喻的产生与隐喻性构词有密切关系,如词义的引申、复合词的使用以及常用作隐喻的词等。其中,意大利语常见的隐喻复合词有:"occhi di mandorle"(杏仁的眼睛,即杏核眼)、"cetriolo del mare"(海里的黄瓜,指海参)、"frutti di mare"(海里的水果,指海鲜)、"cuore di leone"(狮子的心,指有勇气的人)、"pesce di aprile"(四月的鱼,指愚人节)、"Ora legale"(合法的时间,指夏令时)、"Cane fortunate"(幸运的狗,指幸运儿)。

此外,一些意汉常用作隐喻的词,如"la pioggia di aprile"(四月雨,意大利语中有这样的表达"improvviso come la pioggia d'aprile."意思是"突如其来,如四月雨")。这样表达是由于中国是温带大陆性气候,夏季七八月是雨季,而春季的雨是"春雨贵如油"、"润物细无声",而不是疾风骤雨;而意大利是地中海气候,意大利位于三面环海的亚平宁半岛,因此四月经常有阵雨。① 再如"Lo spettacolo in gamba"的字面意思是"用腿的节目",喻指"精彩的节目"。

通过以上分析不难看出,意汉习语隐喻的表达与语言的构成有紧密关系。意汉习语在语言的结构上具有相对固定性和词义的整体性。在语言的复合词和常用于隐喻的词中存在许多有趣的构词现象,值得我们深入研究。

四、结语

习语是一个民族的语言精华,是不同民族受历史背景、宗教信仰、文化规约、价值观念等方面影响,经过长期发展而产生并固定下来的表达。认知语言学作为一种新的视角和方法,为传统的意大利语习语研究提供了新的

---

① 参见周莉莉:《意汉翻译理论与实践》,外语教学与研究出版社 2010 年版,第 70 页。

思路。通过认知隐喻学的相关理论对意汉习语隐喻进行共性和个性剖析，从整体上审视意汉语言的习语隐喻，将给两种语言的对比提供新的研究路径，有助于更好地理解意大利语和汉语在思维和语言层面上的异同，具有研究的现实意义。

参考文献

Lakoff, George. 1993. "The Contemporary Theory of Metaphor". In Andrew Ortony (ed.), *Metaphor and Thought*, pp. 202—251. Cambridge: Cambridge University Press.

Lakoff, G. & Johnson, M. 1980. *Metaphors We Live By* [M]. University of Chicago Press.

Lakoff, G. & M. Turner. 1989. *More Than Cool Reason — A Field Guide to Poetic Metaphor* [M], The University of Chicago Press.

nuovo vocabolario illustrato della lingua italiana di Giacomo Devoto e Gian Carlo Oli, Vol II, Casa Editrice Felice Le Monnier S. p. A. 1988. Pag. 2451.

文秋芳：《认知语言学与二语教学》，外语教学与研究出版社 2014 年版，第 140—142 页。

周莉莉：《意汉翻译理论与实践》，外语教学与研究出版社 2010 年版，第 70 页。

（郭彬彬，中国传媒大学外国语学院讲师）

论汉语—斯瓦希里语修饰语序差异及翻译技巧

○李坤若楠

摘　要　汉语与斯瓦希里语分别属于两个不同的语系，两种语言在互译时有一个特别需要注意的问题，即修饰语序的差异问题。汉语的修饰成分在中心名词之前，而斯语则正好相反。斯语的关系小句必须在最末尾的位置，而汉语则在修饰成分的中间位置。此外，在从汉语翻译成斯语的修饰结构时，也要注意名词类别的词缀及小词的变化，修饰词必须和中心名词的类别一致，如此才能正确地翻译成斯语。本文在探讨汉语—斯瓦希里语修饰语序差异的同时还通过实例阐述了此方面的翻译技巧。

关键词　汉语；斯瓦希里语；修饰语序

一、前言及斯瓦希里语简介

斯瓦希里语（Swahili）是尼日尔—刚果语系（Niger-Congo language family）班图语族（Bantu language group）中的一门重要语言，是东非使用最广的一种通用语，其与阿拉伯语、豪萨语一起被称作非洲的三大语言。斯瓦希里语广泛流行于北起索马里的朱巴河流域，南抵莫桑比克的卢里奥河畔，长达1500公里的东非沿海地区和广袤的东非内陆腹地。

早期的斯瓦希里语吸收了大量的阿拉伯语词汇。据统计，35%左右的斯瓦希里语词汇是由阿拉伯语词根构成的。但是这丝毫没有改变斯瓦希里语的班图语特征；相反，被斯瓦希里语吸收的全部阿拉伯语词根都是按照班图语的典型特点构成的。

20 世纪初到 50 年代末，东非仍处于殖民主义统治时代，由于西方文化和生活方式的渗入、东非书籍的出版以及新闻广播事业的兴起，斯瓦希里语开始大量吸收英语现代词汇。据统计，10% 左右的斯瓦希里语词汇来源于英语。这些被吸收的英语词汇也都按照斯瓦希里语构词法进行了改造，使之符合斯瓦希里语的特点。

斯瓦希里语最大的语言特色是名词的"类别系统"（class system），也就是每一个名词都属于一种"类别"。斯瓦希里语的名词一共分为 8 个类，分别是：wa 类、mi 类、ki 类、ma 类、n 类、u 类、pa 类和 ku 类。这 8 个类别以前缀或后缀区分单复数，并与动词、形容词、修饰名词、关系代词等形成一致关系。例如，chuo（学院）属于 ki 类名词，当我们加上形容词"-kuu"（大的）修饰的时候，这个形容词必须与 chuo 所属的类别进行一致性匹配，因此"-kuu"前面要加上修饰 ki 类名词的单数的前缀"ki-"，于是便组成了 chuo kikuu，也就是"大学"的意思。斯瓦希里语的这些标示名词类的标记在修饰关系中往往与被修饰的中心语产生联系，在句子结构中也可能出现非常复杂的修饰关系，在翻译的时候往往会出现问题。

本文主要探讨的是汉语和斯瓦希里语在修饰语序中的差异问题，以及汉语—斯瓦希里语互译过程中容易出现的问题和错误。本文所讨论的修饰词除了形容词、关系小句（relative clause）、领属名词（genitive）之外，还将物主代词（pronominal possessive）、指示词（determinative）、数词（numeral）都包括在内，一并探讨这些词与中心名词之间的语序和一致关系。

二、汉语的修饰语序

汉语的修饰结构有个很大的特色，即所有的修饰语都位于中心名词之前。例如：

(一)形容词+中心名词:[美丽的][女孩]。
(二)关系小句+中心名词:[我昨天买的][书]。
(三)领属名词+中心名词:[中国][共产党]。
(四)物主代词+中心名词:[我的][孩子]。
(五)指示词+中心名词:[那个][学校]。①
(六)数词+中心名词:[一个][人]。

当所有这些修饰词全部出现在中心名词之前时,不同修饰词之间有着固定的语序,不能自由排列。例如"我的那一本昨天买的一年级大学生的新书",从这个例句中可以看出,汉语修饰结构的语序是:

物主代词—指示词—数词(量词)—关系小句—领属名词—形容词—中心名词

根据结构分析法,这些修饰语和中心名词之间是定中关系,而这些修饰语之间则是联合短语,共同修饰中心名词,见树状图如下:

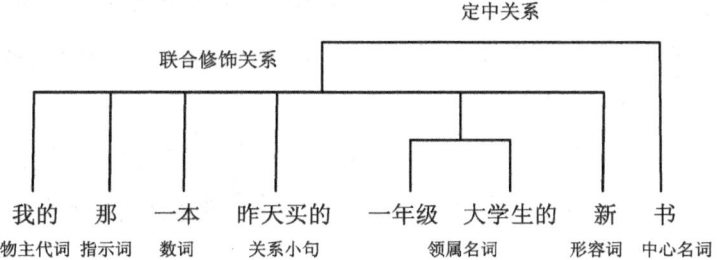

三、斯瓦希里语的修饰语序

和汉语相反,斯瓦希里语的修饰语序是将中心名词置于最前面的位置,所有的修饰成分都位于中心名词之后。除此之外,这些修饰成分必须根据中心名词的类来变换其词缀、小词或关联词。以下就是这些修饰语和中心名词之间的语序:

---

① 汉语的"量词"会与数词和指示词结合,本文不将"量词"单独讨论,分别列入数词和指示词中。

(一)中心名词＋形容词：[msichana] m-[zuri]（美丽的女孩）。Msichana（女孩）属于 wa 类名词，后面的形容词-zuri（美丽的）必须加上 wa 类名词的单数形容词前缀 m-，所以是 mzuri。

(二)中心名词＋关系小句：[kitabu] ambacho [nilikinunua jana]（我昨天买的书）。Kitabu(书)是 ki 类名词，后面关系小句必须用关联词 amba-将两者连接起来，ki 类名词的单数关联词后缀是-cho，因此用 ambacho。

(三)中心名词＋领属名词：[Chama] cha [Kikomunisti] cha [China]（中国共产党）。Chama(党)是 ki 类名词，Kikomunisti（共产主义）和 China（中国）都是 n 类名词，这些名词的修饰关系是 Kikomunisti 修饰 chama，而 China 也修饰 chama，因此这里必须用 ki 类名词的单数领属小词 cha。在翻译的时候容易出现的问题是受到汉语线性思维的影响，从而忽略修饰关系，因此出现 *[Chama] cha [Kikomunisti] ya [China]①这样的误译，也就是误将 China 用来修饰 Kikomunisti，而使用了 n 类名词的单数领属标记——小词 ya。实际上，从层次分析的角度来看，China（中国）和 Kikomunisti（共产主义）是联合修饰中心名词 chama（党）的结构，因此不能理解为 China（中国）修饰 Kikomunisti（共产主义），Kikomunisti ya China（中国共产）再修饰 chama（党）。

(四)中心名词＋物主代词：[mtoto] w-[angu]（我的朋友）。Mtoto（小孩）属于 wa 类名词，后面物主代词-angu（我的）必须加上 wa 类单数物主代词前缀 w-，因此是 wangu。

(五)中心名词＋指示词：[shule] i-[le]（那个学校）。Shule（学校）属于 n 类名词，后面的指示词-le（那个）必须加上 n 类名词单数的指示代词前缀 i-，因此是 ile。

(六)中心名词＋数词：[mtu] m-[moja]（一个人）。Mtu(人)属于 wa 类名词，后面数词 moja（一）必须加上 wa 类名词单数的前缀 m-，因此就成为了 mmoja。

在斯瓦希里语中，修饰语序和汉语有着很大的不同。一方面，斯语的中

---

① ＊表示错误的翻译。

心名词必须放在最前面的位置；另一方面，其修饰语序并不是汉语的镜像（mirror reflection），而是有其自身的排列顺序。我们同样举前面汉语的句子为例，探讨如何正确地将其翻译成斯瓦希里语。

在"我的那一本昨天买的一年级大学生的新书"这个短语中，中心名词是单数的 kitabu（书），kitabu 属于 ki 类名词，因此所有修饰 kitabu 的修饰语都必须采用 ki 类名词单数的词缀形式。这里比较复杂的是"大学一年级学生"这个领属结构，这个片语在汉语中还可以表达为"一年级的大学生"，语义相当接近，因此可以看出"大学"和"一年级"都是修饰"学生"的。在斯语中，这个片语可以译为 mwanafunzi wa [chuo kikuu] wa [mwaka wa kwanza]，mwanafunzi（学生）同时受到 chuo kikuu（大学）和 mwaka wa kwanza（一年级）的修饰，因此这个短语的翻译是"一年级的大学生"。若想翻译为"大学一年级学生"则是将两个修饰成分换过来，也就是 mwanafunzi wa [mwaka wa kwanza] wa [chuo kikuu]即可。同样要注意的是：chuo 是 ki 类名词，如果将 mwanafunzi wa [chuo kikuu] wa [mwaka wa kwanza]中第二个 wa 表达为 ki 类名词单数的领属小词 cha 就错了。这个片语的结构分析树状图如下：

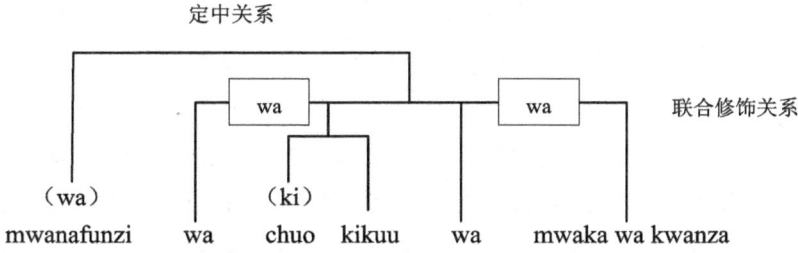

在确定了这个复杂的领属结构之后，其他的修饰成分都是分别修饰中心名词 kitabu"书"的，因此必须采用各自 ki 类名词单数的词缀形式。整个短语的斯语翻译如下：

kitabu ch—[angu] ki—[le] ki—[moja] ki—[pya] cha [mwanafunzi wa chuo kikuu wa mwaka wa kwanza] ambacho [nilikinunua jana]

书／我的（ki）／那（ki）／一（ki）／新（ki）／一年级的大学生（ki）／昨天（我）买的（ki）

从这个句子中我们可以得出斯瓦希里语修饰结构的语序为：

中心名词—物主代词—指示词—数词—形容词—领属名词—关系小句

整句的结构关系表现如下树状图：

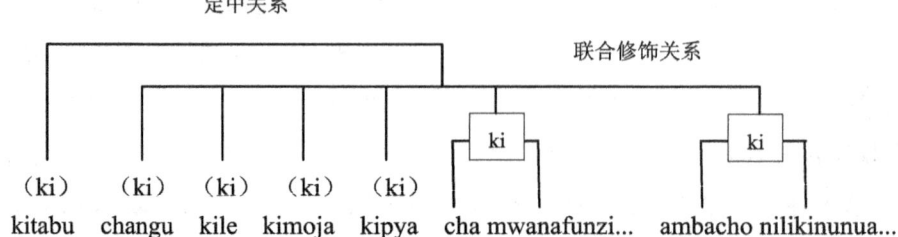

值得注意的是，在斯语修饰结构中最"重"的成分，即最长最复杂的成分，必须放在最末端的位置，也就是离中心语最远的位置。很明显，关系小句的组成时常是非常冗长的，而其他较简短的成分则与中心名词的距离较近，这是符合语篇功能的观点的，即"长修饰置后、短修饰置前"的原则。斯瓦希里语的这个特点与英语很接近。英语的关系小句必须在中心名词之后，如：the man [who wrote a book for his daughter two days ago]（那个<u>两天前为他女儿写了一本书</u>的男人），而其他修饰成分则都在中心名词之前，如：[that] [beautiful] scenery（那个美丽的风景）。比较特别的是汉语，汉语的关系小句既不后置于中心名词之后，也不远离中心名词，而是在修饰成分相对中间的位置。就斯语的语言特性而言，领属结构也可以是非常冗长的，所以也就出现在相当靠后的位置，仅次于关系小句。简言之，当我们在做汉—斯翻译的时候，需要特别注意汉语和斯瓦希里语在修饰语序方面的差异，如此才能正确、快速地找到对应的语义关系。

四、结语

本文重点探讨了汉语和斯瓦希里语修饰结构在语序方面的差异。

汉语的修饰语序是：

物主代词—指示词—数词（量词）—关系小句—领属名词—形容词—中心名词

斯语的修饰语序是：

中心名词—物主代词—指示词—数词—形容词—领属名词—关系小句

可以看出，汉语的修饰成分必然在中心名词之前，而斯语则正好相反，是在中心名词之后。然而，修饰成分之间的语序在两种语言当中有着较大的差异，斯语的关系小句必须在最末尾的位置，而汉语则在修饰成分的中间位置。此外，在从汉语翻译成斯瓦希里语的修饰结构的过程中，要理清修饰关系，同时要注意名词类别的词缀、小词以及关联词的变化，要确保修饰词与所被修饰词的名词类别一致。只有这样才能正确地将汉语翻译为斯瓦希里语。

参考书目

章培智：《斯瓦希里语语法》，外语教学与研究出版社 1990 年版。
陆俭明：《现代汉语语法研究教程》，北京大学出版社 2005 年版。
黄伯荣、廖序东：《现代汉语》，高等教育出版社 2007 年版。
Heien, Bernd & Derek Nurse, *African Languages: An Introduction*. Cambridge University Press, 2000.

（李坤若楠，北京大学外国语学院博士研究生，
中国传媒大学外国语学院斯瓦希里语讲师）

试论语法翻译教学法在孟加拉语专业教学中的应用

○ 于秋阳

摘　要　语法翻译教学法是非通用语外语教学实践中历史悠久的教学法之一。本文从语法翻译教学法的内涵与特点入手,对其在孟加拉语专业教学中的应用情况进行初步探讨,认为翻译教学法在非通用语外语教学中有其存在价值和发展前景。结合孟加拉语专业教学对此教学法的应用情况,分析该教学法的可行性和局限性,认为教师应该根据实际的教学需要吸收该教学方法的长处,并灵活结合其他教学法,取长补短,相得益彰,使教学更富于成效。

关键词　语法翻译教学法;孟加拉语专业教学;应用

一、语法翻译教学法的内涵和特点

外语教学方法的产生及发展有其独特的客观规律。它是一定历史条件的产物,同当时的社会发展、人们学外语的目的等有密切的关系。每种教学法都有自己发生、存在和发展的理论和实践基础。语法翻译法(The Grammar Translation Method),也叫传统法(The Traditional or Classical Method),是外语教学中最古老、影响最远的一种教学法体系。在学界,语法翻译法也被称作传统法、古典法、旧式法、阅读法、普鲁士法等。它的出现为建立外语教学法作为一门独立的学科奠定了基础。概括起来,语法翻译法是通过母语翻译教授外语书面语的一种传统外语教学法,即用语法讲解加翻译练习的方式来教学外语的方法。语法翻译法产生于中世纪,中世纪欧洲的拉丁语教学法为当时的外语教学法提供了雏形基础,当时的教学方法被称作"语法模仿法",这成为翻译法的雏形。

到了18—19世纪,西欧一些国家确定了翻译法的教学地位。这种教学方法很重视语法教学,因而被称为语法或语法翻译法,又因继承了拉丁语的传统而被称作传统法。欧洲的奥朗多弗(H. Ollendorff)和雅科托(Jacotot)等学者总结了过去运用语法翻译法的实践经验,在当时机械语言学、心理学的影响下,赋予语法翻译法以理论基础,使语法翻译法形成一种科学的外语教学法体系。由于当时语言学的研究对象基本上是书面语,人们学习外语的目的又主要是为阅读外语资料和文献,因此,语法翻译法成为了一种提倡用母语教授外语、在教学中以翻译为基本手段、以学习语法为入门途径、强调语法在教学中的中心地位的教学思路。也就是说,当时的语法翻译法是为培养阅读能力服务的教学法,其教学过程是先分析语法,然后把外语译成本族语,主张两种语言机械对比和逐词逐句直译,在教学实践中把翻译既当成教学目的,又当成教学手段。语法翻译法重视阅读、翻译能力的培养和语法知识的传授。课堂以老师为中心,学习方法以记忆力为主。

语法翻译法历来被认为是训练学生观察、比较、分析、综合能力的良好方式。这决定了语法翻译教学法的两个重要特征:重视阅读写作能力的培养和语法演绎教学的应用。作为一种教学方法,语法翻译教学法把外语阅读能力和写作能力作为首要的目标,因此,语法翻译教学法注重提供能够提高学生书面语表达能力的语料,注重培养学生阅读外语范文,尤其是经典文学作品的能力,以及模仿此类范文进行写作的能力。同时,语法教学翻译法将语法的"教"与"学"作为语言学习的主要任务。语法讲解采用演绎法,先讲解语法规则、例句,然后在练习中运用、巩固规则(胡春洞,1990)。具体说来,在教学中一般先对语法规则进行仔细解析,然后将所学的语法知识应用到阅读或写作的学习实践之中,要求学生在思维中完成母语和目的语的互译,以达到确切和深度理解目的语的目的。语言学习建立在语法规则和语言事实的基础学习之上,以母语为一种参照系统,通过大量的练习来达到理解和熟练掌握词汇、句型等语法知识的目的。在语法翻译教学法中,精细的语法规则和广泛的词汇知识使得语言输入更易于理解,使学生能够对所接触到的语言现象形成系统化的认识,由浅入深地将语言现象分级处理归纳。这种教学法还能够帮助学生肯定或否定他们对目的语作出的无意识或有意识的假设,辨别目的语和母语的异同,从而将目的语的语法知识结构内化(H. D. Brown,2000)。

实践证明,这一教学法有利于外语初学者和其他类型的学习者较好地掌握目的语的知识结构。首先,语法翻译法符合学习者认识和学习一门外语的客观学习规律,较为直接地体现了外语学习的本质功能,即实现两种语言形式的转换,达到语际信息交流的实际目的。其次,语法翻译法重视语法知识和词汇知识的系统传授,这不但有利于语言基础的夯实,更有利于学习者系统化、整体性地掌握一门语言的基础知识构架。最后,语法翻译法强调对书面语的学习,客观上有利于学习者从目的语的经典文学作品中汲取到更深层次的文化营养,这种文化理解反过来会加深学习者对目的语本身的文字理解。

二、语法翻译教学法在非通用语教学中的实用性

外语非通用语是指我国高校中开设的除英、法、俄等使用人数较多的语言之外的其他语种,很多非通用语的对象国的国际政治地位和经济发展水平不高,语言使用的范围也不太广。近年来,随着我国对外交往的日益增多,我国与世界各国的商贸、文化交流日趋频繁,非通用语的培养和就业呈现出"小语种、大作为"的良好态势,外语非通用语的本科教学也因此逐渐得到重视和发展。作为我国外语教学的有机组成部分,对于非通用语教学本身的学术研究值得重视和发展,非通用语教学的教学法也应该符合人才培养的目的,适应时代发展的需要。在过去的几十年里,翻译教学法作为经典的外语教学法一直沿用至今。然而,在我国外语教学改革的进程中,对翻译

教学法的各种争论也一直存在。外语非通用语教学的最终目的是培养学生使用一门非通用语种的语言能力和交际能力。语言能力指语言学习者必须具备的语言知识和运用语法、词汇及掌握正确语音、语调的能力。这就要求我们在进行非通用语教学时,要注重加强语言基本功的训练,从听、说、读、写、译五个方面全面地提高语言能力。值得注意的是,语法能力的培养与交际能力的培养并非对立,作为语言基础知识的重要组成部分,语法能力是语言交际能力的一部分,制约着后者的发展。同时,翻译教学法自身也在不断地修正和完善,克服不足以适应语言教学不断发展的需要。今天,在大学非通用语教学的课堂上,语法翻译教学法依然有着不可替代的优势和强大的生命力,这和这种教学法本身的优势以及非通用语教育的现实状况是分不开的。

　　语法是学习任何一门语言都无法回避的问题。语法规则,从本质上说是本族语的人头脑中潜在的一种直觉知识,也可以说是人们说话时的一种约定习惯。本族人是在使用母语的过程中潜移默化地获得语法知识的,即"语言获得"。对于第二语言的习得,在非通用语教学中,语法知识主要靠"学习",当然也有某种程度的"获得"。以孟加拉语专业教学为例,在学生二语习得的过程中,绝大多数语法知识需要通过老师的讲述和课文基础上的解析(即通过"学习")来获得。由于处在汉语的文化背景下,学生很难在现实学习环境中找到操练孟加拉语的对话合作对象,因此不可能在全真实的孟加拉语环境中通过二语习得理论中的"获得"来学到语法知识。和孟加拉语的学习者相比,英语的学习者在当前的大学教育环境下能够获得更具优势的语言学习环境。此外,由于复合型人才培养目标的树立,孟加拉语专业学生除了专业课之外还要参与一定课时的其他科目学习,导致孟加拉语专业课程本身的课时数总量有限。在有限的专业课课时之内,如果把课堂时间用于"以学生为主体"的课堂交际上,势必就要以牺牲孟加拉语基础语法知识的讲授为代价。而孟加拉语专业学生除了利用宝贵的课堂时间,几乎不太可能从国内的现有书籍、网络等资源中掘取到孟加拉语语法的知识来源,缺乏教师主导的语法学习于这些学生而言将是一件不可想象的事,其结果必然造成学生孟加拉语基础知识的薄弱和混乱。因此,"以意义建构为中心的教学观"为指导的直接法、听说法、交际法等教学法,因操作性不强而很难大量地运用在孟加拉语的专业课堂上,而"以形式为中心的语法教学观"为指导的语法翻译教学法却能够在实际的教学环境中被充分加以运用。

运用语法翻译教学法对于非通用语教师来说容易操作,贴合教学的实际需要。大多数非通用语教师是在本国的大学教育环境下培养起来的,他们在学习期间就深受语法翻译教学法的影响,因此对这种教学法的优点和优势能很好地在教学实践中融会贯通。即使多数老师都有对象国深造的经历,他们的非通用语水平也仍然不能与母语者相提并论。再者,多数非通用语教师出国进修或访问的次数和机会都是有限的,与对象国语母语使用者相比,他们仍然缺乏在对象国语文化环境中交流的实际经验。由于被部分外语界学者推崇的"交际教学法"的应用很大程度上受制于施教者本身的语言水平,这无疑导致该教学法在非通用语课堂施用的积极效果将大受影响。另一个不可忽视的事实是,学生作为外语学习的主体,任何教学方法都必须充分考虑主体的因素。我国的学生深受中式传统教育的影响,学习气质多偏向于稳重、内敛、被动、保守。在中式传统教育氛围的熏陶下,我们的学生在学习品格方面更倾向于依赖教师的讲授,在潜意识里存在"师者,传道授业解惑者也"的固有观念。他们在具体的教学原则和教学方法上倾向于接受西方传统的研究成果,以求稳妥,也愿意能够凭借刻苦耐劳的意志努力继承和吸收异域的语言规则(冷洁,2003)。可以说,语法翻译教学法符合中国学生的文化心理特征,迎合了他们的学习心理需要。

以孟加拉语专业教学为例,配备的师资多以国内教师为主,外籍母语教师一般只有一两名。对于国内教师来说,采用语法翻译教学法客观上降低了对教师本身的口语能力要求,他们的中文解析和讲述能够很好地保证学生对所学内容的切实领悟。即便国内教师能够完全胜任全孟加拉语式的"听说式教学法",也不免会担心学生对某些词汇或语法规则并没有真正弄懂。从"迁移理论"来讲,母语对非通用语学习所产生的迁移作用不可忽视,即便课堂活动全程以外语进行,大多数学生在思维活动过程中仍然存在母语与外语间的不停转换。实践证明,过分追求交际能力培养的教学法不适用于我国初、中级阶段的非通用语学习者,语法翻译教学法在相当长一段时间内仍将是非通用语核心课程的主流教学方法之一。

"听说式教学法"在外籍孟加拉语教师的课堂上可以得到很好应用,但也出现了很多实际问题。根据同学们的反馈,突出问题之一就是:过早或过深地介入听说式教学看似提升了语言交际能力,但由于这些学生都是这门语言的初学者,一些基本的语法语言知识还没有夯实,导致他们的听说交际能力只停留在较为初级的阶段,对于孟加拉语中很多特有的固定语言搭配和常识还没有很明晰的认识。这就使得很多基础不牢的同学在孟加拉语口语句子中经常脱口而出主语和谓语动词形式不搭配、复合句结构混乱甚至词性搞不清楚而任意造出的错句。由于孟加拉文化中的宗教性和民族特色,大量的词汇和固定搭配都需要用语法翻译法来进行详尽的解析。这些具有独特文化内涵的语句是汉语、英语里所没有的语言现象,对于孟加拉语初学者而言,仅通过语境中的语言"获得"是无法获取这些属于孟加拉语的特有语言密码的,只能通过语法翻译法指导下的深度"学习"来获得。

简言之,在充分考虑学生的主体因素和客观教学现实的前提下,相比较其他各种新型教学法,语法翻译教学法更适合像孟加拉语教学这样的非通用语种教学,具有相当的实用性和可行性。

三、语法翻译教学法在孟加拉语教学中的合理运用

学界对翻译教学法的争论一直延续至今。一些学者认为,翻译教学法过于强调教师的主导地位和语言讲解角色,忽视了学生的语言实践,致使学生学到的是只会读写、不会听说的"哑巴外语"。还有一些专家认为,这种教学法忽视了文化因素在语言教学中的意义,忽视了语言运用的内在文化心理因素;同时指出,这种方法贯彻之下的课堂比较呆板乏味,不易激发学生的兴趣,且容易使学生养成死记硬背、依赖翻译的不良学习习惯。正是意识到语法翻译教学法的局限性,我国的外语教学界引进了直接教学法、自觉对比法、听说法、视听法、交际教学法等教学理念。然而,在长期的教学实践过程中,削弱语法及翻译所带来的不良学习后果日益显现。于是,学界开始重新思考和反思翻译教学法的意义。那种将语法翻译教学法和语法能力的培

养完全看作是"落后教学观念"的认识正在逐步得到澄清,人们能更客观地看待和使用语法翻译教学法。至少,语言学家们对语法翻译教学法在如下方面达成了共识:第一,语法能力既是语言交际能力的一部分,也是语言基础的重要组成成分(Canale & Swain,1982)。第二,语法是沟通概念与语境之间的桥梁。人们认识到正确使用语法规则在特定环境下进行语言交流的重要性,在采用语法翻译教学法的过程中,更加强调这些规则的使用,更加重视使用这些规则的语言环境。第三,语法翻译教学法是可以帮助学习者深入获得信息并达到较高外语水平的一种途径。外语学习者掌握了语法规则后,他们能够使用这些规则对不熟悉的语言现象进行解码,分析和理解无数的陌生语言现象(Richards & Schmidt,1981)。

正是基于对语法翻译教学法弊端的反思和对其优势的思考,作为一名大学本科非通用语的教育教学者,笔者在所教授的孟加拉课程中对语法翻译教学法的合理运用以及与其他教学法的融合进行了有益的尝试。在如今的孟加拉语课堂上,综合"以形式为中心"的语法翻译法和"以意义为中心"的直接法、听说法、交际法等教学法将成为教学探索的方向。语法翻译法仍然将占据主导地位,但是将其与其他教学法整合的思路无疑更为符合现代外语教学的大趋势。

以孟加拉语精读课程为例,为了兼顾语形、语义、语用三方面的语言教学维度,对例行的精读课堂教学设计有如下思路:

1. 通过概括性的讲解和语言即时训练,承接上一课内容,引出这节课的新内容。此部分可囊括发音训练、对话训练以及重点语段诵读。课前将本节课的具体安排清楚地告知学生,点出内容层次、重点。结束时简明扼要地总结本节课出现的语法知识要点。

2. 把知识点分为一般性和特殊性两种,重视对因语域变异、语篇特征和语言社会环境不同而导致的孟加拉语特殊语言现象,以及约定俗成的语言模式的分析。课堂讲解占课堂总时的70%,酌情小幅度增减。一般性知识需反复强化。特殊性知识重点指出,反复渗透。

3. 讲解孟加拉语语法时,运用举例法,辅之以大量的例句。对重点句法的讲解运用重复法。注意在学习的演进中更新。

4. 在课堂上辅助性地穿插一些课堂活动(以学生为主体的课堂任务),遵循下列原则:第一,要与现阶段的学习任务、课程具体学习目标密切相关;第二,侧重生动性强、不易迅速使人丧失注意力的课堂任务;第三,教师掌控课堂局面,做到对每个课堂任务事先有把握;第四,课堂任务是课堂讲解的有益补充,教师应对其有整体规划,严格限制时间。

在孟加拉语精读课课堂上,讲解内容的重点、要点、优先次序应根据实际情况科学安排,如:

1. 对语法知识进行系统讲解,侧重导入语法的实际应用。

2. 定期安排涉及交际功能、语言的实际体验和应用的教学内容。

3. 对孟加拉文化、特定语言特色、特殊表达方式以及与孟加拉民族文化、习俗、心理关系最紧密的语言知识点进行重点讲解。

4. 不定期安排部分课堂时间对学生在学习中遇到的普遍问题进行集中分析、处理,提供解决方案,引导学生总结解决问题的方法。

5. 不定期安排若干课堂任务,如分组朗诵、个体发言、两人对话、看图说话、分组讲解演示、分组讨论、小测验、小组竞赛、小游戏等,以激发学生的学习积极性。

总而言之,语法翻译教学法的方式、手段、目的较以往发生了一定的变化。但万变不离其宗的是:其目的在于培养外语学习者的"语法意识",提高学习者使用语法规则的能力,达到语言实际交流的目的。在两种语言互译的基础上,强调外语学习者在某一特定的语境中,正确、得体地运用这些语言规则的能力。今天,以孟加拉语教学为例,其课堂上所运用的语法翻译教学法已经基本上摆脱了完全以语法规则为中心、整个教学活动完全脱离语言交际环境的教法。随着教学相长的实际情况的转变,改良之后的语法翻译教学法能够扬长避短,切实地保障学生语言实际运用能力的提高。外语教学方法比须兼顾语形、语义、语用三种维度。纸上得来终觉浅,须知此事要躬行。对教学方法的精益求精是每一个外语教师的使命,需要长期的实践和不懈的探索,使"教"更加契合"学"的实际需要。

四、结语

在漫长的历史过程中,语法翻译教学法承袭了几百年前的传统,也在时代进程中不断自我完善。它的发展和进化是人们认识语言规律的必然结果。它在中国的外语教育中所体现的生命力是源于它的特点符合了广大中国学习者的实际需要。在今天的非通用语课堂上,语法翻译教学法依然被广大老师得心应手地运用着,老师们依然在结合课文讲解必要的语法知识和词汇知识,并辅之以母语和外语的互译练习,当前应试教育下的试题设计也是以此为基本参考依据。语法翻译法以其严谨性、实效性、系统性的优势作为一种主流的教学方法被长期运用在我国的大学外语教育中。由于中国大学教育的教育氛围以及中国师生的特点,语法翻译法成为了一种能够被轻松驾驭、运用自如的教学法,受到师生们的欢迎。在语言学研究的发展和语言学新观点的影响和推动下,语法翻译教学法势必得到更多的充实,与其他教学法合理搭配而产生相得益彰、事半功倍的教学效果。非通用语教学的教学法也势必得到充实、改进、提升,汲取新的营养精华,进入崭新的历史阶段。

参考文献

付克:《中国外语教育史》,上海外语教育出版社1986年版。
王铭玉:《外语教学论》,安徽人民出版社1999年版。
肖辉:《语法翻译教学法研究》,复旦大学出版社2000年版。
孙勉志:《汉语环境与英语学习》,上海外语教育出版社2001年版。
罗立胜、石晓佳:《语法翻译教学法的历史回顾、现状及展望》,《外语教学》2004年第1期。
章国军:《传统的理性回归——翻译教学法与大学英语教学》,《外语学刊》2009年第3期。
贾晓云:《语法翻译教学法在综合英语中的实际应用探讨》,《大学英语(学术版)》2013年第1期。
桂诗春:《应用语言学》,湖南教育出版社1998年版。
束定芳、庄智象:《现代外语教学》,上海外语教育出版社1988年版。

(于秋阳,中国传媒大学外国语学院讲师)

接受美学视阈下的译者主体性
——以《追风筝的人》两个中文译本为例

○李 媛

一、译者主体性的确立

　　文学翻译的历史可以追溯到古罗马时代,但是由于长期以来对译者地位的漠视,译者的主体地位一直没有得到应有的关注和认可。纵观中外翻译史,仅仅是在最近几十年人们才开始关注对译者的研究。传统译论认为原作者才是文本的唯一创作者,对原文有绝对的解释权。译者的任务就是把接收到的语言信息根据给定的定义译成信号,然后发给目标语读者。在翻译过程中,译者处在一种极端被动和从属的地位;译者必须"隐身"于作者和读者身后,忠实、客观地传达原作者要表达的意义,不能有自己的个性,只是起到理解与促进理解的中间人的作用。

　　20世纪七八十年代,文化转向的出现肯定了译者的文化身份和主体地位,译者真正从幕后走向前台。随着译界对翻译活动中文化因素的重视,译者的作用和地位受到越来越多的关注,译者的主体性也逐渐成为学者们的研究对象。随着译论研究的视角和重点逐渐转向译者,人们开始重新思考和定位译者在翻译活动中的身份、地位和作用等,译者的主体性地位在理论层面逐渐得以彰显。

二、接受美学对译者主体性的影响

(一)接受美学对文学翻译的启迪

接受美学是20世纪60年代发源于德国的现代美学流派,其先驱人物是尧斯(Jauss Hans Robert)和伊瑟尔(Iser Wolfgang)。在传统文学理论视角下,文学作品只有一种绝对的意义,文学欣赏只能是读者对这种意义的单向静观。而接受美学理论将作品与读者的关系置于文学研究的重要地位,充分肯定了读者对作品意义的创造性作用,认为只有经过读者的阅读实践,文学作品才具有意义。

接受美学可以分为接受研究和效应研究两大类。以尧斯为代表的接受研究,主要关注读者的期待视野及其审美经验,在宏观上强调读者的意义。以伊瑟尔为代表的效应研究,主要关注接受活动中的文本研究,在微观上强调读者与具体作品的关系。尧斯提出"期待视野"概念,认为任何读者在接受活动开始之前,已有自己特定的先在理解结构和先在知识框架的状态,这种"期待视野"是读者原先各种经验、趣味、素养、理想等综合形成的对文学作品的一种欣赏水平,在具体阅读中表现为一种潜在的审美期待。读者的接受过程就是读者的期待视野与文本视野不断融合变化的过程。伊瑟尔提出,作品的意义来源于文本本身和读者的赋予。针对"本文",伊瑟尔提出了"召唤结构"一说,即"空白"和"未定性"组成了文本的召唤结构。

接受美学的这些基本观点对于文学翻译具有明显的借鉴意义。传统译论认为译者只需对原文、原作者负责,忽视接受者的能动性,把翻译过程看作一种封闭的活动。而事实是任何有意义的翻译活动必然都是社会性的,不可能是独立的、个体的。在语际转换中,我们关注的中心应当是接受者(读者),而不仅仅是源语的文本。接受美学强调文本的开放性,为译者提供了广阔的空间,便于译者充分发挥其主体性作用。

(二)接受美学对译者主体性的彰显

作为原文第一读者的译者,由于有着不同的思维方式和知识结构,他们也因此有了不同的"期待视野"。这种"期待视野"决定了译者对作品内容和形式风格的取舍标准，以及阅读中的选择与重点。原文具有未定性，译者在阅读原文的过程中，需要调动他们以往的人生经验、认知框架及其涉猎的知识，依据自己独特的世界观、文化修养、审美情趣等对源语本文进行分析、判断和理解，发挥自己的想象力和创造性思维，以此来具体化这些意义空白和不确定性。译者需要发挥主观能动性，在阅读过程中不断修正和补充自己的期待视野，以适应原文的内容，确保在与原文文本交流对话的过程中，最大限度地达到译者的视野与原作视野的融合，从而实现文本意义的完整构建。因此可以说，译者对原文的接受过程就是译者带着"期待视野"，在原文本"召唤结构"的作用下，与隐含的作者进行对话和交流后形成"视野融合"。译者的"期待视野"决定了他在解读的过程中会有能动的再创造，这恰恰体现了译者的主体性。译者的主体性贯穿于翻译活动的全过程。正是由于译者参与阅读与阐释，赋予了原作新的价值，也延伸了原作的生命。

译者作为跨文化交际的中间人，不仅要充当原文本的审美主体（原文读者），还要扮演好译本读者的审美客体（译本作者）。通过对原文的阅读，译者已经把"作者的原作"转化成"译者的原作"，但只是停留在未表明的意识阶段。翻译的过程就是将这种意识转化为读者可以接受的语言。这一转化是一个质的飞跃，是译者最大限度地发挥其主观能动性的过程。为了充分实现翻译价值，译者在翻译过程中必须关注其潜在读者的"期待视野"，不断创造性地对译文进行再调整和再创作。因为只有达到译文文本与译文读者的视野相融合，译文读者才能享受到源语读者在阅读源语本文时产生的同样感受，才能理解和接受译本。由于译文读者的群体千差万别，他们各自有着不同的"期待视野"，而且随着时代的变迁，读者对同一部作品的认识也会发生变化，因此，译者应该更多地考虑现时读者群体的接受水平与需求，使译文读者的期待视野能与译文达到完美融合。由此可见，译者主体地位的彰显不仅仅体现在其作为原文读者时运用其特有的"期待视野"去解读原文的过程，还体现在其作为译文作者时对译文读者所特有的"期待视野"进行预先考虑的过程。一个优秀的译者在翻译过程中每时每刻都有译本的潜在读者在其心中，读者的"期待视野"是其翻译的时候不可忽视的因素。

在翻译过程中,作为原文和译文之间的媒介,译者用另一种语言将原文表现出来。如果说对作品的阅读与理解是一般性的文学活动,那么在语言转换过程中,译者的主体性得到最充分的发挥。在这个创造性的过程中,译者需要找出原文的"未定点",合理处理原文的"空白",传达原作的审美意蕴,从具体细节中把作者的未尽之意、言外之意恰当地表现出来。这一切都要求译者必须具备足够的文学知识、敏感的艺术鉴赏力和丰富的想象力,而这一切都依赖译者主体性的发挥。所以在"作者—文本—译者—译作—读者"这一链条上,译者并不是可有可无的"隐形人",而是起着决定性的媒介作用,甚至可以说译者在翻译中占据着中心地位。

三、《追风筝的人》两个中文译本比较研究

(一)译者主体性在词汇层面的体现

1. 一般词汇

任何词汇的意义和价值都不是永恒、封闭、绝对的,而是暂时、开放、相对的,给读者对作品的解读留下了广阔的空间。优秀的文学作品是一个多层次的、未完成的结构,充满了"未定点"。译者在翻译过程中不断地向自己提出问题:原作者的意图是什么?作者试图向读者传递什么样的信息?作者期待读者产生什么样的情绪和反应?李继宏和李静宜作为既是普通读者又是特殊读者的译者,通过对文本的不断阅读,在翻译过程中充分发挥主体性,根据各自的理解,对作品中的"空白"或"未定点"进行了不同程度的填补。例如:

> I wondered if he longed to meet her. (Hosseini Khaled, 2003:6)
> 我还寻思他会不会渴望见到她。(李继宏,2006:6)
> 我很好奇,他是不是期盼见到她。(李静宜,2005:6)

对于"long"这个动词的翻译,两位译者都采用直译,但所选的意义不同。

李继宏选择"渴望",而李静宜译为"期盼"。这句话是作品主人公阿米尔提及他和哈桑都从那间小屋里失去了自己的母亲,从而引发了阿米尔对母亲的思念以及对哈桑是否也有跟自己相同的心理活动的猜测。这里用"渴望"更能表现出哈桑对母亲的那种迫切希望相见的心情,而"期盼"不如"渴望"的感情强烈。

译者作为译本的创作主体,应主动促成译本与读者的交流对话和视野融合。翻译的最终目的是让译本读者阅读和接受。虽然读者与译本的交流只在翻译活动完成后才能够真正实现,但译者应该通过各种变通手段来实现与接受者的"交感"及接受者的审美参与。作为中文译本的译者,必须考虑汉语读者的审美需求和接受水平,尊重汉语读者的阅读习惯,尽量避免"翻译腔"。从下面的例子可以看出,在这一方面李继宏的译本表现较为出色。

> "Good morning, kunis!" Assef exclaimed, waving. "Fag," that was another of his favorite insults. (Hosseini Khaled, 2003: 39)
>
> "早上好,苦哈哈!"阿塞夫说,摆摆手。"苦哈哈"是另外一个阿塞夫喜欢用来侮辱人的词语。(李继宏,2006: 39)
>
> "早安,'跑腿的'!"阿塞夫挥手大叫。"跑腿的"是阿塞夫最喜欢的另一个辱骂词。(李静宜,2005: 42)

"kunis"是小说中的坏小子阿塞夫给阿里起的外号。李继宏保留了"kunis"的第一个音节的发音,翻译成"苦",提醒读者阿里的生活是如此悲惨,连他的笑容都是苦味的。青少年给别人起的外号不仅有讽刺意味,而且在发音上很可能也是孩子气的,于是李继宏用"哈哈"取代这个词剩下的部分——nis。相比之下,李静宜的翻译直接借鉴了"fag"的本义,未能生动地展现这个外号的含义。

2. 英文拼写的外来语词汇

小说作者胡赛尼在阿富汗生活多年,他在小说中也融入了众多外来语词汇。这些外来语以普什图语和达里语(阿富汗的波斯语)为主,还有部分跟宗教相关的阿拉伯语词汇。两位译者采用了不同的策略来处理这些非英语外来词。整体而言，李继宏选择通过意译的方式将外来词汇本地化；而李静宜倾向于采取胡赛尼写《追风筝的人》时所用的方法，即直接音译原作中的外来词汇。

在处理非英语外来词方面，译者应尽量将原文本的文化信息在目标文本中体现出来，否则，译者极有可能造成原文复杂性的丢失。此外，如果这些非英语外来词看上去并不"原汁原味"，就失去了原作者的意图，读者的期望也没有得到满足。当然，译者也要确保文本的流畅性，力求作品视野与译本读者视野达到一致。下面就非英语外来词的翻译对两位译者的翻译进行比较。

例1：

You don't want to know, Amir jan, what it was like sifting through the rubble of that orphanage. (Hosseini Khaled, 2003: 200)

你不忍知道的，亲爱的阿米尔，那在恤孤院的废墟上搜救的场景。（李继宏，2006: 194—195）

你不会想知道的，阿米尔将，走过孤儿院的废墟是什么情景。（李静宜，2005: 196）

jan(جان)在普什图语中表示"亲爱的"，原文多次出现 Amir Jan, Baba Jan, Rahim Jan, Soraya Jan 等，李静宜均音译为"阿米尔将"、"爸爸将"、"拉辛汗将"、"莎拉雅将"，并在每章节末添加尾注进行解释说明是对亲近之人的昵称。李继宏则直接将 jan 意译成"亲爱的"。虽然少了一些异域风情，但更利于读者理解。

例2：

We sat at a picnic table on the banks of the lake, just Baba and me, eating boiled eggs with kofta sandwiches—meatballs and pickles wrapped in naan. (Hosseini Khaled, 2003: 14)

我们在湖边的野餐桌旁坐下来，只有爸爸跟我，吃着水煮蛋和

肉丸夹饼——就是馕饼夹着肉丸和腌黄瓜。(李继宏,2006:13)

我们坐在湖堤的野餐桌旁,只有爸爸和我,吃着水煮蛋和寇夫塔三明治——南饼裹着肉丸和腌黄瓜。(李静宜,2005:17)

kofta(کوفته)指阿富汗的一道菜肴"肉丸子",即把肉馅、奶酪、蔬菜和在一起制成的丸子,在中东和印度也很流行。李继宏将 kofta sandwich 译为"肉丸加饼",这种译法将食材的外形和制作方式生动地展现给译文读者。李静宜将其音译作"寇夫塔三明治",事实上,三明治是一种西方食品,这让读者有点摸不着头脑,仿佛故事发生在西方世界。

(二)译者主体性在修辞层面的体现

修辞是运用各种形象性手段和表达方法,使语言表达更加准确、生动、有力,以抒发感情、表达思想的一种手段。在进行英汉翻译时,如果译文不能正确表现原文中的修辞手法,就不能忠实地表达原文的思想、精神和风格,无法与读者达成"视野融合"。即使大意差不多,也会削弱原文的语言力量。作为译者,应根据汉语的习惯,在保持原文修辞效果的前提下,充分发挥主体性,尽量在译文中保留原文的内容和语言形式。下面以暗喻、拟人、排比、对偶、反语为例做一些初步的探讨。

1. 暗喻

Long before the Roussi army marched into Afghanistan, long before villages were burned and schools destroyed, long before mines were planted like seeds of death and children buried in rock-piled graves, Kabul had become a city of ghosts for me. A city of harelipped ghosts. (Hosseini Khaled, 2003:148)

早在俄国佬的军队入侵阿富汗之前,早在乡村被焚烧、学校被毁坏之前,早在地雷像死亡的种子那样遍布、儿童被草草掩埋之前,对我来说,喀布尔就已成了一座鬼魂之城,一座兔唇的鬼魂萦绕之城。(李继宏,2006:132)

远在苏联还没进军阿富汗之前,远在村庄被毁、学校被毁之前,远在地雷如死亡种子遍地密布、孩童埋于乱葬岗之前,对我而言,喀布尔就已经是一座鬼城了,一座兔唇鬼魂萦绕的城市。(李静宜,2005:134)

乱葬岗,也称乱坟岗,是无人管理、任人埋葬尸首的土岗。战争或瘟疫、天灾时期,因死亡人数过多而草草埋葬,以致后来白骨处处、杂草丛生。这里李静宜用"乱葬岗"来比喻原文中的"the rock-piled graves",形象地勾画出阿富汗在遭受苏联入侵后的惨烈场面。相对而言,李继宏的"草草掩埋"效果稍逊。

2. 拟人

拟人指把事物人格化,把本来不具备人的一些动作和感情的事物变成和人一样的。运用拟人的修辞手法,可以赋予事物以人类的行为特点,生动形象地表达出作者的情感,让描写的事物显得更活泼、亲近,使文章更加生动形象。例如:

> I thought I had forgotten about this land. But I hadn't. And, under the bony glow of a halfmoon, I sensed Afghanistan humming under my feet. Maybe Afghanistan hadn't forgotten me either. (Hosseini Khaled,2003:230)

> 我曾以为我忘了这片土地。但是我没忘。而且,在皎洁的月光中,我感到在我脚下的阿富汗发出低沉的响声。也许阿富汗也没有把我遗忘。(李继宏,2006:233)

> 我以为自己已经遗忘这片土地。但并没有。而且,在半圆月淡薄的光芒里,我感觉到阿富汗在我脚下哼唱着。或许阿富汗也还没遗忘我。(李静宜,2005:236)

在处理"humming"的翻译时,李继宏使用"发出低沉的响声"这个短语,而李静宜选择用"在我脚下哼唱着"。李静宜运用了拟人的修辞手法,与后面的"还没遗忘我"形成呼应,使翻译更加生动形象,更容易促成文本与读者视野的融合。

3. 排比

Then I was screaming, and everything was color and sound, everything was alive and good. (Hosseini Khaled, 2003: 58)

然后我高声尖叫,一切都是那么色彩斑斓、那么悦耳动听,一切都是那么鲜活、那么美好。(李继宏,2006: 66)

然后我开始尖叫,一切都变成彩色,也都有了声音;一切都鲜活,也都美好。(李静宜,2005: 68)

如果读者直接阅读原文,会发现"everything"在句中不仅仅有"一切"的意思。在这个例子中,李继宏加上四个"那么",加强了形容词的表达效果,使得句子更加自然、流畅,富有汉语风味。此外,"色彩斑斓"、"悦耳动听"比"色彩"、"声音"也更有表现力。

4. 对偶

In the eighteen years I lived in that house, I stepped into Hassan and Ali's quarters only a handful of times. When the sun dropped low behind the hills and we were done playing for the day, Hassan and I parted ways. I went past the rosebushes to Baba's mansion, Hassan to the mud shack where he had been born, where he'd lived his entire life. (Hosseini Khaled, 2003: 5)

我在家里住了十八年,但进入阿里和哈桑的房间的次数寥寥无几。每当日落西山,玩了一天的哈桑和我就分开了。我穿过那片蔷薇,回到爸爸的广厦去;哈桑则回到他的寒庐,他在那儿出世,在那儿度过一生。(李继宏,2006: 6)

住在家里的十八年里,我到哈山和阿里住处的次数屈指可数。每当太阳下山,我们玩了一整天之后,哈山和我便分道扬镳。我穿过玫瑰花丛到爸爸的大宅邸,哈山则回到他出生的小泥屋,那个他度过一生的小屋。(李静宜,2005: 9)

在本句中作者以对偶的形式展现人物的想法,"eighteen years"对"only

a handful of times",“mansion"对"mud shack"。李继宏和李静宜分别用"寥寥无几"和"屈指可数"这对近义词来翻译"only a handful of times"。对于"mansion"和"mud shack"的阐释,李静宜选择用"大宅邸"和"小泥屋",而李继宏选择用"广厦"和"寒庐",虽然这两个词符合汉语特点,但文白夹杂的表达跟整个小说的风格并不一致。

5. 反语

"This is a husband?" she would sneer. "I have seen old donkeys better suited to be a husband." (Hosseini Khaled, 2003: 10)

"这是个丈夫吗?"她会冷笑着说,"我看嫁头老驴子都比嫁给他好。"(李继宏,2006: 10)

"这是个丈夫吗?"她会冷笑说:"我看过比他还像个丈夫的老驴子呢。"(李静宜,2005: 12)

阿里的妻子经常嘲笑阿里的外表,这是她和孩子们聊天谈到阿里时经常说的话,充满了对阿里不太体面的外表的一种轻蔑态度。从原文来看,作者想表达的是连驴子都比他适合当丈夫,也就是说,阿里作为一个丈夫太差劲了。李继宏的翻译符合原文意思,比较贴切,充分表达了说话者的内心想法。李静宜的翻译"比他还像个丈夫的老驴子"不太符合逻辑且显得生硬。

(三)译者主体性在文化层面的体现

语言文字是民族社会文化的产物,同时也是社会文化信息的载体。语际转换不能忽视语言符号的这种文化信息的传递功能。作为沟通作者和读者的中介,译者不仅要发挥对原文的阐释作用,还要游刃有余地把握两种不同的文化。任何民族的语言文化都是独一无二的,都具有鲜明的独特性。翻译的任务绝不是"消灭"这种独特性,而是架设认识这种独特性的桥梁。翻译的职能是介绍外域的人文事物,译者面对的现实是整个外域文化,而"异国情调"总是通过语言体现出来。因此,要求译文完全清除本来就属于外域的人文事物的"异国情调",既是不可能的,也是不必要的。任何优秀的译文,唯有忠实于原著、与原著神似,才能寓"异国情调"于读者所能接受的译文之中。译者应在不超越原文的客观制约下,充分发挥其主观能动性,尽可能完整地再现原文的内容和特色。

例1:

I remember one day, when I was eight, Ali was taking me to the bazaar to buy some naan. (Hosseini Khaled, 2003: 8)

我记得八岁那年,有一天阿里带着我到市场去买馕饼。(李继宏, 2006: 8)

我还记得有一天,我八岁的时候,阿里带我到市场买南饼。(李静宜, 2005: 11)

naan(نان)指阿富汗的传统食物"馕"。馕是一种圆形面饼,先以小麦面或玉米面发酵,揉成面坯,再在特制的火坑(俗称馕坑)中烤熟。李继宏将其翻译为"馕饼",并在脚注中说明这是一种阿富汗常见主食,将面团抹在烤炉上烘焙而成。而李静宜则把 naan 译作"南饼",解释为"奶油烤薄饼",这实际上是一种错误的翻译,因为馕的配料中并没有奶油,也不是薄饼。

例2:

A few blocks away, from the Haji Yaghoub Mosque, the mullah bellowed azan, calling for the faithful to unroll their rugs and bow their heads west in prayer. (Hosseini Khaled, 2003: 68-69)

再走几条街就是哈吉·雅霍清真寺,僧侣在那儿高声呼喊,号令那些朝拜者铺开毯子、诚心祷告。(李继宏, 2006: 68)

离哈吉·亚霍伯清真寺几个街口的地方,穆拉呼喊"阿赞",也就是呼唤虔诚的人铺开毯子,朝西方跪拜祈祷。(李静宜, 2005: 71)

mullah(مولى)指主持清真寺宗教事务的人员,而僧侣是离开世俗生活、为了信仰而独自修行的人,在东方指和尚、僧人,在西方则是指修道士,所以李继宏将 mullah 译为"僧侣"显然不妥。

例3：

From outside, the call to prayer blared through the street. (Hosseini Khaled, 2003: 340)

召唤人们祷告的钟声响彻大街小巷。（李继宏，2006：329）

外面街道传来召唤礼拜的声音。（李静宜，2005：336）

原文意思为"唤拜声透过喇叭响彻大街小巷"。清真寺的"宣礼员"在每天五次礼拜之前，高声念召唤词来召唤人们礼拜。内容大意是"真主至大！真主至大！我作证：万物非主，唯有真主。我作证：穆罕默德，真主的使者。快来礼拜吧，快来走获救之路吧！"大清真寺里通常都有宣礼塔，宣礼员要登上宣礼塔唤拜。没有宣礼塔的小规模清真寺里，宣礼员就要站在大殿外的殿台上唤拜。这和天主教的通过敲钟提醒信徒祷告完全不同，所以李继宏将唤拜声译为"钟声"不妥。

四、结论

在接受美学视阈下，整个翻译过程中译者的主体性是显而易见的。一方面，由于作品的未定性，作为原文读者的译者应主观能动地进行审美阅读和理解，努力使翻译所需的源语文本与作家创作的源语文本达到最大程度的相似；另一方面，翻译从来都不是一种仅限于语言层面上的转换活动，它还包含社会、文化、心理等方面的转化。这一活动要求作为创作主体的译者充分发挥自己的主观能动性、创造性，使译作符合读者的审美情趣，使译语读者能享受到源语读者在阅读源语文本时的效果。当然，翻译的工作对象是被预先限定的客体，因此译者主体性的发挥不是无限制的。

总的来讲，《追风筝的人》的两个中译本都力求在内容和风格方面忠实于原著，但各有千秋，也各有得失。李继宏主要采用归化的方式，在翻译过程中充分发挥主体性，其译文更容易让中国读者理解，使读者一目了然；不足之处是由于相对缺乏阿富汗文化方面的渗透，该中文译本读者的视野跟英文原版读者的视野存在一定差异，未能实现视野的充分融合。李静宜则大多采用异化法，以直译为主，较好地展现了原著的文化风味，但相对李继宏的版本，语言较生硬，带有"翻译腔"，在满足读者的审美情趣方面略显欠缺。

参考文献

Hosseini, Khaled. *The Kite Runner*[M]. The Berkley Publishing Group, 2003.

〔美〕卡勒德·胡赛尼著，李继宏译：《追风筝的人》，上海人民出版社2006年版。

〔美〕卡勒德·胡赛尼著，李静宜译：《追风筝的孩子》，台湾木马文化事业股份有限公司2005年版。

〔德〕沃尔夫冈·伊瑟尔著，金元浦等译：《阅读活动——审美反应理论》，中国社会科学出版社1991年版。

〔德〕尧斯著，周宁、金元浦译：《接受美学与接受理论》，辽宁人民出版社1987年版。

何克俭、杨万宝：《回族穆斯林常用语手册》，宁夏人民出版社2003年版。

朱立元：《接受美学导论》，安徽教育出版社2004年版。

（李媛，中国传媒大学外国语学院亚非语系讲师）

后殖民翻译范畴内语言、文化和权力三者关系的探讨
——从印度英语文学谈起

○ 张潇予

摘　要　本文从后殖民主义理论角度详述了后殖民翻译的定义,并在此框架基础上从后殖民翻译实践的角度剖析了语言翻译的新定义和语言对文化权力构建的作用及其可实现性。此外,通过借用后殖民理论研究的著名学者霍米·巴巴(Homi Bhabha)的"第三空间"的概念,讨论了在第三空间内实现文化权力再构和文化平等的理论局限性。

"后殖民主义"(post-colonialism)首先由 D. 罗宾逊(D. Robinson)作出定义:"后殖民主义是起源于殖民主义经历及殖民主义终结后的一种文化状况或文化研究状况,关注反映在语言、文化、法律、教育、政治等方面与群体身份相关的一系列问题。"(1997:121)美国巴勒斯坦裔学者爱德华·萨义德通过其著名的论著《东方学》(*The Orientalism*)奠定了后殖民主义的现代理论基础,他将"东方学(或东方主义)"定义为一种权力话语方式,论述了东方(前殖民地)文化在西方(殖民者)文化霸权下被错误解读以及如何进行抵抗、解构到重构以西方为中心的权力话语模式。后殖民翻译作为后殖民主义理论的一种应用形态,研究内容是由后殖民主义理论的基本概念来做指导的,即在语言翻译基础上,对殖民国与被殖民国之间的文化话语权力关系、文化帝国主义、国家民族文化、文化权力身份等问题在翻译范畴内作出分析。后殖民主义是一种多元文化理论,这决定了后殖民翻译研究的多角度和多样化结论的特点。

后殖民翻译的定义不再局限于传统翻译的概念,其翻译理念被拓展和改写——翻译活动已经不再被单纯地视作语言文本的转换。萨尔曼·拉什迪(Salman Rushdie)①就对"翻译"二字进行了重新定位:"翻译一词,从词源学上说,它来自拉丁语 translatio,其本来的意思是中性的'跨越'(bearing across)。跨越了不同的文化,我们(移民)是被翻译了的人(translated man)。一般来说,在翻译过程中,某些东西总是要失去的;同时,我也固执地认为,在翻译过程中,我们也能获得某种东西。"(1991:17)拉什迪在翻译的跨文化性的基础上,提出了在翻译过程中文化的"得"与"失",强调了后殖民翻译活动对文化和身份认同的再建作用,拓宽了翻译的传统意义,使后殖民翻译研究的领域变得更为广泛。除此之外,苏珊·巴斯尼特(Susan Bassnett)和H.特里维迪(H. Trivedi)将后殖民写作或后殖民文学(post-colonial writing)纳入后殖民翻译的范畴之内,因为后殖民写作和后殖民翻译在任务上来说具有同一性,即强势文化和弱势文化对抗中的文化再释义或者说翻译活动中隐藏在文化背后的权力结构再建。简而言之,后殖民翻译从字面意思上理解,涵盖了传统的源语言与目标语之间的语码转换;更深层次言之,后殖民翻译还是比喻意义上的后殖民写作(post-colonial writing)。后殖民翻译的实践者包括语言译者和文学作者,这两者承担的责任不仅是语言层面的表达和梳理,他们更是强势文化(西方文化)和弱势文化(东方文化)在翻译范畴内交际的载体,且具有重构话语体系的权力,同时也是文化权力解构和再建的执行者。

一、后殖民翻译的定义以及语言对后殖民文化权力构建的作用

在传统的语言翻译中,译者除了完成语码转换的基本任务外,对于文学篇章内跨文化范畴的语言文化的翻译才是其主要任务。在现行的文学翻译中存在一些普遍现象,即对强势文化中的语言文化专有项不做过多解释说

---

① 萨尔曼·拉什迪(Salman Rushdie)出生于印度孟买,成名于英国,是后殖民写作和后殖民主义学科研究的重要人物。他所撰写的后殖民文学作品《午夜之子》曾获得英国文学布克奖。他的作品糅合了魔幻现实主义和历史虚构主义,对东西方文化碰撞进行了深入刻画。

明，或在翻译过程中用强势文化的语言文化专有项代替弱势文化的同类以方便理解，抑或通过大量注释等形式以实现对弱势语言的翻译。这一类翻译实践体现了文学作品在语言层面上的不平等，译者对翻译策略（异化和归化）的选择从实践上控制了语言背后文化权力的解构和再建。

在后殖民翻译的范畴内，在弱势文化背景下，不论是译者还是作者均有不愿妥协之势。在这种情况下，文学作者和译者通常采取异化的策略。最直接的例子就是印度裔后殖民文学作家在用英语写作的过程中加入许多印度俚语或方言或文化专有项，而不做任何解释说明。例如在《白老虎》中出现的句子"American tourists come each year to take photographs of naked *sadhus* at Hardwar or Benaras"（2009：15），"sadhu"一词在英语中并不存在，是印地语词汇，意为"苦行僧"。再比如"Chunks of wood were being built into funeral pyres on the steps of the *ghat* that went down into the water"（2009：15），"ghat"一词属于印度文化专有项，意为"印度教徒的火葬场"。阿拉文德·阿蒂加（Aravind Adiga）在用英语写作的过程中对这些词汇并没有做专门解释，通过语言上的异化翻译来再现印度文化的真实性，为英语读者打开接触所谓"弱势文化"的大门；又或者在创作过程中故意使用不符合英语语法的"接触语言"①，比如仿造新词、借词等。通过以上两种语言变形的形式，即后殖民范畴内的语言翻译，对英语读者的阅读过程造成干扰，实现弱势文化及其文化群体在文学作品中的现身，构成对英语读者的一种警醒，以达到弱势文化对强势文化渗透的目的，从而构建新的文化秩序或文化权力结构。后殖民翻译通过这种语言操作形式颠覆了传统翻译当中对于语言平等和文化平等的假设前提，揭示了在不同文化背景下，翻译过程中存在的权力不均衡本质；并且试图通过异化翻译这一实践形式，以语言为载体对既定的"文化、社会、政治意识模式进行再创造和重新构建"（2001：48），从而达到解殖民化（decolonization）的最终目的。上述的异化翻译也是

---

① "接触语言"指的是不同文化之间出现的混杂语言，它是为满足不同语言背景的讲话者互相交流的需要而产生的。最好的例子就是英语通过英国在印度的殖民统治而得以推广，但是在现代印度社会为了适应语言应用的需要，常把印地语和英语混用，形成 Hinglish，即印度英语。而使用"接触语言"是后殖民文学作品中极为常见的现象。

韦努蒂(Venuti)所提出的"抵抗式翻译"(Resistancy)的核心思想——通过向英美读者输入异国文本来修正翻译背后存在的文化价值差。(1995:21)

那么,这种以语言为载体的抵抗式翻译是否可以从本质上实现文化权力的解构和再建,可以从以下两个方面进行论证。首先,任何语言都无法实现亘古不变的纯洁性。在后殖民这一多元系统理论的示范下,后殖民翻译展现了译文对译入语的语言文化规范的挑战性。这种挑战颇具革新意义:以后殖民文学为载体,通过语言形式上的实验和创新,使得弱势语言文化为强势语言文学带来了活力。例如,泰戈尔英文版《吉檀迦利》初抵英国文学圈时,在以叶芝为代表的英国文学界掀起了一阵印度浪漫主义文学风潮,在20世纪初为英印语言、文学、文化交流构建了一个开端。虽然泰戈尔及其作品在现代英国社会的影响力是极其有限的,但是从他把《吉檀迦利》介绍到英国文学界并赢得诺贝尔奖开始,这种较为和谐的英印文化交流持续了近半个世纪。反观现代印度社会,英语的流行并没有使印地语、孟加拉语等印度语言绝迹,反而加强了印度文学家、学者在全球文化范围内的话语权,如萨尔曼·拉什迪、霍米·巴巴、切克拉瓦蒂·斯尔瓦克(Chakravarty Spivak)、拉贾·拉奥(Raja Rao)等人在后殖民领域的强势话语权就是最好的例证。

俄国思想家巴赫金(M. M. Bakhtin)认为,语言不是简单的语法体系,而是充满了意识形态,代表着世界观,包含着对世界的不同看法。(2007:100)印度总理尼赫鲁关于语言关系的论述定义了强势语言和弱势语言之间的理想平衡:"大量事实证明,语言靠自身的力量成长。如果我们想让自己的语言变得强劲有力、清新活泼,它们不仅必须相互之间,而且对整个世界的语言打开门窗,以便在互相交流中获益。这会使我们的各种语言和国家保持活力。"(2012:457)异化的翻译策略从语言形式上实现了语言之间的融合,从而实现强势文化和弱势文化之间的对流。此外,强调民族意识的"抵抗式翻译"也不应该被消极对待。因为强化民族意识并不会与全球意识相对立,两者是相生相克的关系;模仿或学习先进文明并不是使自己成为一个复制品,在现代印度裔作家的后殖民写作来看,殖民语言已经被重新构建成为解构殖民主义的工具。

但从长远角度来讲,实现真正意义上的殖民主义解构需要后殖民文学作家和译者长期不断的努力。如果作者和译者只是为谄媚于前殖民者,或者从满足前殖民者对于异域文化的浪漫想象等一系列短视的角度出发去进行创作和翻译,那么这种行为本身就是殖民主义的衍生品,其产生的后殖民翻译作品的影响不过弹指一挥间,并不能实现真正的文化权力解构与再建。所以,要以语言为载体,通过后殖民翻译实现文化权力的解构和再造,不仅需要作者和译者具有理性的民族意识、开阔的全球意识,同时还应兼具持久的创造力。这一目标并不是由几个分散的、具有强势话语权的后殖民文学家和学者的努力就得以实现,而是需要之后更多人源源不断的参与和努力——不仅需要强势文化内部的反省与自我批判,而且需要弱势文化内部的坚持与创造力。

二、后殖民翻译与"第三空间"的文化权力构建

目前在后殖民翻译实践中的主要语言仍然是英语,实践者试图通过杂合印度本地语言以实现抵抗式翻译,从而达到解殖民化的目的。有学者批判,使用英语这一行为本身就已经是殖民主义的残留,想要以此达到解殖民化的目的根本就是天方夜谭。然而,霍米·巴巴通过批判语言的作用(即英语的使用在后殖民翻译实践中的作用)来消除二元对立(即消除翻译中"得"与"失"的对立、"强势"与"弱势"的对立);他反对对文化传统的强调和对文化优劣的区分,认为创造一个新的文化空间来实现殖民者与被殖民者文化的平等交流,也就是杂交的目的。而这一新的文化空间也是他所提出的经典概念——"第三空间"的含义。

"第三空间"被定义为一种在文化间隙中间呈现出来的协商的空间,来自不同文化背景的人要达到互相理解,不可能在某一种文化内部进行,而必须通过翻译、协商的方式来达到临时的理解和共识。(2013:67)进入"第三空间"的先决条件是具有"无家性",即在后殖民关系中,被殖民者并不能够通过向"民族之过去"回溯来寻找到自己的文化方位,相反,他们应该把自己放在文化的交叉点上,在各种关系的碰撞、组合中捕捉到自己临时性的居所,使得殖民抵抗在"之外"(beyond)和"之间"(in-between)的更广阔舞台上进行。

后殖民翻译的实践者确实用实际行动构建了第三空间,试图在这一范

围内实现强势文化与弱势文化的平等对话,以此来重塑文化权力解构。但是不得不承认的是,在现实中,第三空间的构建仍然是在西方主流文化的主导下进行的,或者说是在西方主流文化和东方文化碰撞的间隙中实现的一种夹缝生存。从现实角度或者大众角度来讲,这种第三空间带有乌托邦性质。甚至可以说,在理论上,这种第三空间的构建和叙述是可以实现的,但要落实到实际生活中却遇到了诸多挑战。最直接的例子,不论是如萨尔曼·拉什迪等后殖民作家、文化翻译者,还是萨义德、霍米·巴巴等人发表的学术理论,他们首先是以西方文化或前殖民者文化体系或强势文化为依托的。萨尔曼·拉什迪是在获得英国布克奖之后才拥有了自己的后殖民翻译强势实践者的地位,萨义德和霍米·巴巴的理论也是在西方学界得以流行之后才在世界范围之内被广泛讨论的。可以说后殖民翻译者本身就不具有独立性,这就决定了他们的翻译实践活动在大众文化层面并不具有现实性。这种不独立性和不现实性恰巧印证了霍米·巴巴的自我批判,即:这一系列与大众接受有明显距离的理论是"拥有社会和文化特权者的精英语言……学院式的批评不可避免地是在帝国主义或新殖民主义的西方国家的欧洲中心主义档案库里进行"。(2013:19)

但以上观点并不是对萨义德、萨尔曼·拉什迪以及霍米·巴巴等后殖民翻译实践者的全盘否定。这一系列理论是具有科学性的,而如何能把这一系列目前仍处在"欧洲中心主义档案库里"的理论应用到实践中,以实现真正意义上的文化权力解构和再建,是当下所有后殖民理论研究学者需要思考的主要问题。文学固然是一种很好的形式,但是对于许多受教育程度有限的前殖民地人民来说,这一实践形式的影响力太过有限。如何开拓全方位的、多角度的且富有持续创造力和自我革新能力的翻译实践活动,才是后殖民主义翻译框架内真正有待解决的问题。

综上所述,以后殖民主义理论为指导的后殖民翻译不再局限于传统的意义,它包含了语言翻译、文化翻译和后殖民写作。语言作为文化的一种载体,具有解构和重构文化权力的作用。其中,在印度英语文学中,后殖民翻译实践者通过在英语中加入印度方言的语言实践形式以实现"抵抗式翻译",以求在强势文化中再现弱势文化。而这种抵抗式翻译的合理性是以理性的民族意识为基础、结合全球意识才得以实现的。不论是抵抗式翻译还是杂合过的语言，都是为了解构和重建文化权力秩序从而达到解殖民化的目的。霍米·巴巴提出的"第三空间"的概念其实可以作为这一系列翻译实践的生存空间。在这一空间内，强势文化和弱势文化可以通过翻译、协商的方式来达到临时的理解和共识，从而实现平等交流；这种交流不是在任何一种单一文化背景下进行的，而是在文化的交叉点上进行碰撞、组合以寻求临时的居所，即强势文化与弱势文化不再各自保有自身的纯洁性，而是在对流中不断变化，以这种对流的形式来实现解殖民化。

要通过后殖民翻译实践以达到重构文化权力解构的目的，需要后殖民翻译实践者不间断地努力，也需要强势文化内部的反思和自我批判，更需要后殖民翻译实践者等少数人以外的大多数人的参与。"第三空间"的概念在理论上是符合逻辑的，但是在实践中却遭遇了与大众接受不接轨的困境，使其成为了在"欧洲中心主义档案库里"进行的精英语言。如何能够将后殖民翻译的成果拓展到更为广阔的范围，突破精英主义的局限性，是接下来后殖民翻译实践领域亟待解决的问题。

参考文献

Robinson, Douglas, *Translation and Empire* [M]. Manchester, UK: St. Jerome, 1997.
Rushdie, Salman, *Imaginary Homeland* [M]. Granta Books, 1991.
Sanga, C. Jaina, *Salman Rushdie's Post-colonial Metaphors: Migration, Translation, Hybridity, Blasphemy, and Globalisation* [M]. Wesport: Greenwood Press, 2001.
Adiga, Aravind, *The White Tiger*, London: Atlantic Books, 2009.
Bhabha, K. Homi, *The Location of Culture*, London and New York: Routledge, 1994.
Venuti, L. *The Translator's Invisibility* [M]. London and New York: Routledge, 1995.
尹锡男：《印度比较文学论文选择》，巴蜀书社 2012 年版。
路旦俊、仲文明：《白老虎》，人民文学出版社 2010 年版。
翟晶：《边缘世界——霍米·巴巴后殖民理论研究》，文化艺术出版社 2013 年版。
吴文安：《后殖民写作与后殖民翻译研究》，《文艺理论研究》2007 年第 4 期。

（张潇予，中国传媒大学外国语学院讲师）

普列姆昌德的文学生涯及其译介简述①

○ 车子龙

摘 要 普列姆昌德是印度现实主义小说家,被誉为印度现代文学的奠基人,是印地语文学杰出的代表,伟大的爱国主义战士。他把自己短促而辉煌的一生都献给了印度民族解放事业和进步文学事业。在创作中,他坚持为人生而艺术的主张,把自己的笔触伸向了印度的普通百姓,揭示普通百姓的喜怒哀乐。他的文学作品一改以往低级庸俗,追求词藻华丽、矫揉造作,歌颂封建王公贵族的风格,而是关注着社会最底层农民的命运,是对人性的艺术拷问。他以艺术画面探索"文明"的真义,并且终生都在为改善农民的悲惨境遇而奔走呼号,奋斗不息。本文详细论述了普列姆昌德的文学创作生涯、文学作品思想、文学艺术表现技巧特色及其文学作品在世界范围内由不同的语言转译为中文的译介研究。

关键词 普列姆昌德;文学作品;艺术

一、前言

在我国,普列姆昌德是除了泰戈尔外,介绍和研究得最多的印度文学家,他生平写过不少长篇小说和大量短篇小说,在印度有"小说之王"的称誉。

---

① 该论文为中国传媒大学青年培育基金项目[CUC13B04]。

普列姆昌德的创作，开启了印度现代文学发展的道路，奠定了印度现代文学的发展方向。他的作品，无论从思想性或艺术性论之，都是印度农村生活的一部史诗。他把农村和城市联系起来，揭示了城市与农村、工人阶级与资产阶级的矛盾，广阔地展示了20世纪初印度农村的社会风貌，深刻、鲜明地揭示了印度农民极端贫穷的原因，同时指出农民的唯一出路就是斗争。

一、普列姆昌德的文学生涯

普列姆昌德（天城文：प्रेमचंद；拉丁化：Munshi Premchand），印度现实主义小说家，被誉为印度现代文学的奠基人，印地语文学杰出的代表，伟大的爱国主义战士。他把自己短促而辉煌的一生都献给了印度民族解放事业和进步文学事业。

普列姆昌德是他的笔名，原名天城文：धनपत राय श्रीवास्तव；拉丁化：Dhanpat Rai Srivastava，中文翻译为：滕伯德·拉伊·希利瓦斯沃德。普列姆昌德1880年7月31日生于印度北方邦贝纳勒斯附近的拉莫希村，卒于1936年10月8日。他5岁开始在农村上旧式学堂，当时学堂里教授的是波斯语和乌尔都语，而后才转入正规小学。他的父亲是邮政局的投递员，后来升为邮局局长，但薪水仅仅能维持家庭。在他8岁的时候母亲离开了人世，15岁时按照印度的传统习俗，普列姆昌德和一名女子结了婚，但是两人没有感情。在他结婚第二年，父亲去世，整个家庭（他的两个异母弟弟、继母，还有他的妻子）全部的重担压在了他的身上。他依靠自学，先是充当家庭教师，19岁在公立学校教书，之后长期从事教育工作。尽管薪水十分低廉，生活十分困难，但他仍坚持自学，并于25岁通过师范学院的教师资格考试。但是同年，普列姆昌德的妻子离家出走，再也没有回来，他就和一个寡妇结了婚，两人感情很好。39岁时普列姆昌德获得了大学英语及历史学学士学位。从1897年至1920年，他在小学与中学教了23年书，不丰厚的待遇和家庭的重担使得普列姆昌德一家的生活极其清苦。1920年，英属印度爆发了民族独立斗争运动，面对甘地领导的波涛汹涌的群众运动，普列姆昌德响应甘地的不合作运动，于1921年放弃了公职，在贝拿勒斯的一所私立学校任教。而后他专门从事文学创作,于 1930 年创办了大型文学月刊《天鹅》和周刊《觉醒》。为了保障这两个刊物的出版,他又在贝拿勒斯开办了"智慧之神"出版社,并先后主编了《时代》《荣誉》《甘美》等杂志。因为刊物的进步倾向触怒了英国殖民当局,他曾几度遭到报复,《天鹅》也曾一度被迫停刊。1934 年,普列姆昌德为了解决《天鹅》和《觉醒》杂志的经济困难问题,不得不到孟买的一家电影制片厂工作。他写的几个电影剧本在拍成电影后,被政府禁止上映。之后制片厂和导演任意删改情节,插进淫秽的东西,使得普列姆昌德无法忍受,愤然离去。1936 年他与其他进步作家发起成立印度进步作家协会,在 4 月勒克瑙举行的第一届作家代表大会上,普列姆昌德当选为作家协会主席,并以主席的身份主持大会,发表了题为《文学的意义》的重要演说。当年 10 月 8 日,56 岁的普列姆昌德逝世。

普列姆昌德的一生大部分时间在印度农村度过,他将西方殖民主义入侵后印度农村发生的种种变化呈现于文学作品当中,对农村各阶层的矛盾冲突——农民、地主在这种冲撞中的复杂心态,以及农民的命运和农村的前途都给予了极大的关注。

二、普列姆昌德的文学作品

普列姆昌德一生共创作了约 300 篇短篇小说及论著、电影剧本、儿童文学和翻译作品,15 部中篇和长篇小说(包括未完两部)。纵观这些作品,体裁比较多样化,从题材来说,涉及很广泛。有很多作品表现了积极的主题,艺术上也各具特色,代表了一个杰出作家的艺术精华。

1903 年,他在阿拉哈巴德师范学院进修期间,发表了处女作——中篇小说《圣地的奥秘》,从此开始了创作道路。1907 年正当欧洲积极准备第一次世界大战之际,普列姆昌德出版了他的第一部短篇小说集《热爱祖国》,从中我们可以真实地看到 1905—1908 年间的印度民族解放运动。该小说集由乌尔都语创作,当中的五篇短篇小说字里行间洋溢着的爱国主义激情,使英国统治者惊慌失措。普列姆昌德预示了战争的准备会给印度带来的影响:这里人们的生活将会进一步破产,印度的独立运动将会更快地发展。这部小说集让英国殖民统治者感到非常不满,该书被英国当局斥为有"煽动性言论"而禁止发行。《热爱祖国》出版后不到半年,普列姆昌德接到地方官的召见。没有卖出去的《热爱祖国》的所有存书都被要来交给了地方官,普列姆昌德还被迫烧了500册存书,他的文学活动也被官方禁止。但他仅仅是改用"普列姆昌德"的笔名继续发表文章。他不仅在创作中更深刻有力地反映印度社会的尖锐矛盾,高举反帝爱国的旗帜,而且还亲身参与到斗争中,为印度的民族解放事业献出了毕生的精力。

1916年,为了使文学能在印度人民的斗争中发挥更大的作用,使更多的读者阅读他的作品,他改用印地语写作。1916年发表的长篇小说《服务院》是他的第一部印地语长篇小说。小说的主人公苏曼在父亲遭遇不幸之后,由于没有嫁妆只好嫁给一个中年丧偶、穷酸而粗鲁的男人,但她怀恋她父亲在世时的富裕生活,难免有虚荣之心和精神上的优越感。她的丈夫怀疑她出轨,将她赶出了家门,她只好到妹妹家去避难。但苏曼的妹夫帕德姆曾经是苏曼的恋人,招致谣言四起,结果苏曼又被赶出了妹夫的家门。无处容身的苏曼被迫沦为歌妓。最后,苏曼被一些有公众精神的人救出,栖身于一个具有修道院色彩的服务院里。在这部小说的结尾——苏曼走向服务院,让读者感觉似乎是作者的刻意安排,其实这正是普列姆昌德对社会向善的内心强烈期望。凭借长篇小说《服务院》,普列姆昌德成了全印著名的作家。《服务院》被誉为印地语文学史上第一部杰出的长篇小说,也是普列姆昌德的成名之作。同年《五大神》开辟了印地语短篇小说的道路。

1921年发表的小说《博爱新村》①是一部描写农村生活的小说,展示了频于崩溃的封建主义的画面。地主与警官勾结,欺压贫困且懦弱的农民,欺诈钱财。小说结尾描绘出一个理想的世外桃源——博爱新村,农民们欢愉地过上了幸福的生活。1922年2月普列姆昌德出版了他的第一部剧本《战斗》,剧本继续表现农村中地主和农民之间的斗争,但重点由对农民和佃户的剥削转移到对农民的迫害上面。1923年发表的中篇《妮摩拉》是他最优秀的妇女题材小说,描写的是种姓制度盛行下的不合理婚姻制度对妇女的迫

---

① 也被翻译为《仁爱道院》。

害。《失望的一幕》《仇恨的消失》《家庭的折磨》《首饰》《坚持真理》是他在这一年发表的重要短篇小说。1925年出版的《舞台》①以城市和城郊为背景，塑造了一个理想主义的典范——苏尔达斯。他由于种姓的原因而低人一等，是个双目失明的乞丐，孤身一人住在市近郊，有一块祖传的土地。有个资本家想买下这块地，苏尔达斯不答应，资本家就勾结英国殖民当局及王公贵族硬要抢占这块地用来建工厂。苏尔达斯和下层民众与他们作激烈的斗争，但仍以失败收场，苏尔达斯的茅屋被烧了，工厂建起来了。小说通过主人公苏尔达斯保卫自己的土地所作的斗争，表现了在殖民侵入的过程中，印度古老的农村经济被打乱，出现了各种各样的社会矛盾。

伴随着1928—1933年印度民族解放运动第三次高潮的到来，普列姆昌德的优秀作品接二连三地出现。短篇小说《进军》《有儿女的寡妇》《开斋节的会礼地》《裹尸布》等是这时的名篇。长篇小说有《贪污》《圣洁的土地》《戈丹》《圣线》等一系列新作问世。

《贪污》是一部描写城市小资产者生活的小说。男主人公罗玛纳特是一个爱慕虚荣的小职员，为了给妻子佳尔巴买一副珍珠项链，为了让妻子能够戴上各种贵重的首饰，过上豪华奢侈的生活，大手大脚地花钱，便从珠宝商人手里赊购了珍珠项链和其他贵重首饰；到期不能偿还欠款时，就拿别人托他买首饰的钱款垫上；别人催要钱时，又拿公款垫上；公款无法弥补时，只好一走了之。在被警察拘捕后，他又被警察利用，被迫充当假证人以陷害爱国者。这部作品批判了小资产者的虚荣心和软弱性，也有力地揭露了警方的黑幕。

自1932年发表了长篇小说《圣洁的土地》之后，普列姆昌德集中主要精力写出了他一生中最成功的作品——《戈丹》。这部长篇小说发表于1936年6月，也是普列姆昌德发表的最后一部长篇小说。作品广阔地展示了上世纪30年代印度农村的社会风貌，无论从思想性或艺术性论之，都是他一生创作的结晶、高峰及代表作，是印度农村生活的一部史诗。在这部作品中，作者考虑从社会制度上来解决社会矛盾，提出要进行彻底的社会变革。

---

① 也被翻译为《战场》。

三、普列姆昌德文学作品的翻译引进

好的翻译作品，必须具备两个条件：其一，原作有较大的价值，值得介绍给国人；其二，译者具有翻译这些作品的能力。普列姆昌德是现代印度、乌尔都文学的巨匠之一。我国早期的普列姆昌德作品都是由俄文或者英语转译过来的，虽然不是印地语本身翻译，但基本上也能体现普列姆昌德文学思想的全貌。我国最早介绍普列姆昌德的短篇小说是1953年上海潮峰出版社出版的《印度短片小说集》，由俄文转译，其中收录了《顺从》，后来人民文学出版社出版的《普列姆昌德短篇小说选》（1984年版）中将标题照原文译为《辞职》。虽然小说标题翻译不够准确，但小说表现的思想在普列姆昌德的创作中有代表性，符合一个刚从三座大山压迫下解放的国家的文化选择。当时俄文译者将标题翻译成了《顺从》。但作者在小说中的本意不是表现"顺从"，而是从一个侧面表现对殖民主义者残酷统治的反抗和民族自尊心。

20世纪50年代中后期对普列姆昌德的翻译：首先是1955年第4期《译文》（《世界文学》前身）刊出普列姆昌德小传和两个短篇《一把小麦》《村井》。两个短篇作品让中国读者看到普列姆昌德思想的另一方面：揭露印度社会封建统治的残酷。一个贫苦农民借了婆罗门老爷一把小麦，为偿还这"一把小麦"的债务却成了老爷的终生奴隶。低种姓的妇女为病中的丈夫能喝上一口新鲜水，只能偷偷摸摸地到地主井中去取，却被地主一声吆喝而吓得魂飞魄散，水没得到，还丢失了水罐。两篇小说的译者严绍端在同期《译文》上对普列姆昌德作了评价，称他是"印度进步文学的旗手"，对他创作中的反帝、反封建思想作了简要介绍，并扼要介绍了他的代表作《戈丹》，认为"他的长篇杰作《戈丹》是印度农村的一面镜子，是印度农民生活的一部史诗"。1956年第10期又刊出了普列姆昌德的两个短篇《讨债》《文明的奥秘》。这两篇作品是对人性的艺术拷问：《讨债》描写贪婪吝啬的高利贷商人面对女色的难以自持；《文明的奥秘》描述文明掩盖下的罪恶，以艺术画面探索"文明"的真义。

1956年上海少年儿童出版社出版了《变心的人》（正秋译）。1957年人民文学出版社出版了《普列姆昌德短篇小说集》(袁丁译)。这个短篇小说集包括《变心的人》和《一把小麦》(懿敏译,1958年由人民文学出版社出版)两本小说集中的全部作品,它收录了20篇作品,大多是普列姆昌德短篇小说的上乘之作,其中12篇是从英语转译的,8篇是从原文直接翻译过来的。1958年和1959年人民文学出版社先后出版了《戈丹》(严绍端译)和长篇小说《妮摩拉》(索纳译)。

在80年代,普列姆昌德优秀的短篇小说几乎全部被译成了汉语出版。他一生创作的短篇小说有300余篇,刘安武教授以数年的心血,经过精心挑选,先后出版了四本集子:(1)《新婚》,贵州人民出版社1982年版,辑录23篇作品;(2)《如意树》,上海译文出版社1983年版,收录22篇作品;(3)《普列姆昌德短篇小说选》,人民文学出版社1984年版,包括41篇小说;(4)《割草的女人》,湖南人民出版社1985年版,选择了27个短篇小说。四个选本共计翻译出113篇作品,包括了普列姆昌德各个时期、各种题材的代表性短篇作品。

同期1980年广东人民出版社出版了《舞台》①(庄重译)。1981年中国社会科学出版社出版的《东方文学专辑(二)》刊出了周志宽翻译的普列姆昌德的两篇论文《文学在生活中的地位》和《文学之目的》。1983年山西人民出版社出版了长篇小说《一串项链》(庄重译),北京新华出版社出版了《仁爱道院》②(周志宽译)。1986年上海译文出版社出版了周志宽等译的全本《仁爱院》。1987年漓江出版社出版了唐仁虎教授、刘安武教授翻译的《普列姆昌德论文学》,书中选择了27篇文学论文,是从普列姆昌德的100多篇文论文章中挑选翻译的。1996年湖南文艺出版社出版了刘安武翻译的《普列姆昌德短篇小说选》。

三、结语

普列姆昌德的现实主义创作抛弃了改良主义的空想,考虑从社会制度

---

① 即《战场》。
② 即《博爱新村》。

这一根本问题上来解决社会矛盾,提出要进行天翻地覆的社会变革。文艺作品所反映的社会生活之种种尖锐矛盾,揭示出印度殖民地制度的本质特征,观察和剖析的社会生活各个层面,深深地震撼着读者的心灵,使读者不得不掩卷深思。迄今为止,全世界几代读者仍然饶有兴趣地阅读、欣赏、回味、翻译着普列姆昌德的作品,将它列入文学经典和世界优秀文学名著之林,也是毫无愧色的。虽然有些小说的转译不尽准确,但小说表现的思想在普列姆昌德的创作中有代表性,符合一个刚从三座大山压迫下解放的国家的文化选择,从一个侧面表现出对殖民主义者残酷统治的反抗和民族自尊心。

参考文献

普列姆昌德著,严绍端译:《戈丹》,人民文学出版社 1958 年版。

普列姆昌德著,刘安武译:《如意树》,上海译文出版社 1983 年版。

普列姆昌德著,刘安武译:《普列姆昌德短篇小说选》,人民文学出版社 1984 年版。

刘安武译:《普列姆昌德评传》,中国国际广播电视出版社 1999 年版。

西沃尔·辛赫·觉杭:《印地语文学的八十年》,孟买出版社 1954 年版。

(车子龙,中国传媒大学外国语学院讲师)

韩中翻译中的省略现象研究
——以《韩国语4》课文翻译为例

○范　柳

摘　要　本文从翻译技巧的角度出发,旨在研究韩中翻译中的省略现象。通过分析体言、用言、关系言、修饰言几大词类的汉译省略现象,得出韩中词类翻译中省略现象实现的条件:第一,该语言单位是上下文中已经提到的内容;第二,自身语义被其他成分所涵盖;第三,为了符合汉语语言习惯;第四,一部分被修饰的同位语中心词;第五,根据句子中对"点"和"线"的侧重点不同,必要时省略掉一些"点"的翻译。

关键词　韩中翻译;翻译技巧;省略

一、研究缘起及研究目的

大多数中国高校韩语学习者在高年级都会接受翻译教育,由于他们的母语优势,他们大多更加擅长韩中翻译。在毕业后的求职过程中,学生最常用到的技能莫过于翻译。这就要求我们在教学中重视培养学生的翻译能力,而最为有效的方法莫过于为他们提供更多的实际翻译技巧。

本文从韩中翻译技巧的角度出发,旨在研究韩中翻译中出现的省略现象。韩中两种语言的词汇语法结构、语言习惯、修辞等方面都各有自己的特点,这使得我们在翻译时不能一字不漏地照搬直译。为了使译文言简意赅,符合汉语的语言特点,不仅满足"信"的标准,同时实现"达"和"雅",应该适当将文字信息场面化,使用省略的译法。然而,有关哪些语言单位应该在哪些情况下进行省略的问题,现有研究中大多只是提出一些大致的规律,更多实例、更具体的研究还有所欠缺。本文的研究目的旨在分析韩中翻译中出现的省略现象。具体方法是从《韩国语4》(民族出版社2011年版,普通高等教育"十一五"国家级规划教材)第三段课文中选取韩中文本对照材料,对其中出现的省略现象进行分析,从而揭示韩中翻译中省略现象出现的类型、条件、原因等,丰富翻译理论,有效指导学生的韩中翻译实践。将选材定为《韩国语4》中第三段的课文[①],原因是教科书选材严谨、内容涉及面比较广泛,又是学生熟知的内容,这样可以使翻译教学更加容易接受,同时又起到巩固学习效果的作用。[②]

随着翻译实践的增多,有关韩中翻译的研究也日渐增多,研究的焦点和层次都呈现了多元化的特点。(穆诗雄;2003)一般翻译研究可以分为翻译理论研究、译文研究、技法研究三个部分。有关韩中翻译技巧的研究主要有李龙海和李承梅(2009)、张敏和朴光海(2005,2012)、沈仪琳(2006)等。其中李龙海和李承梅(2009)提出韩中翻译的主要技法有直译和意译、显化译法和隐化译法等。其中,隐化译法指的就是韩中翻译中的省略现象。张敏和朴光海(2005,2012)兼顾了文体翻译和各个语法单位的翻译,在对个别语法单位翻译的阐述过程中,也提出了省略技法的应用。沈仪琳(2006)在翻译技巧方面提出了一系列的标准和原则,为翻译实践提供了宏观指导。近年来,以特定主题为目的的翻译研究日渐增多,但多数还是以研究语言单位的转换现象为主。比如,杨梦黎(2013)从翻译实践出发,考察宾语的转换情况。这类研究不仅能够检验已往的翻译理论,而且大量的实例有利于寻找更多的翻译规律,为翻译实践提供更直接的借鉴。本文也是出于这样的想法,以省略现象为主线去观察文本资料,进行实例分析,以期对翻译教学与实践有所帮助。

---

① 将分析对象设定为教材中的文本,其实还涉及另外一个问题,即教材翻译也是具备自身特点的。但这与本文的研究目的并不冲突,因为教材翻译更加注重翻译过程中的正确性和严谨性。并且本文选用的材料是《韩国语4》第三段的独立短文,也属于一般文体翻译的范畴,这是有别于语法说明中的例句翻译的。
② 本文旨在分析正确翻译中的省略现象,而非翻译偏误现象研究,所以材料中的误译不列为本文研究对象。

二、省略现象的类型

李龙海(2009：19)说，翻译切不可不守纪律，没有尺寸，乱添乱减。如何判断一个翻译是正确应用了省略技巧，涉及的是翻译评价标准的问题。对此，东方有"信达雅"、"形似、意似、神似"、"扬长避短，发挥译文语言优势"，西方有"动态对等、功能对等"、"翻译三原则"等，这些标准都各有千秋、相互影响。本文对正确的省略现象的判定采取如下原则：被删除的部分是个冗余的信息，是个附属品，不是中心内容。按照这样的标准分析文本资料发现，省略的信息包括单词、词组、惯用型等，其中大部分是单词。在这里首先按照韩国现行语法规范所规定的词类进行描述，分为体言、修饰言、用言、关系言四部分。①

(一) 体言的省略

被省略的体言中，有的是没有修饰语的独立成分，有的则带有修饰语。在修饰语中，有词或词组，也有句子。体言在翻译中被省略，或者是因为它们的意思大多被相互搭配的词所涵盖，或者是上下文中已经提到过的内容，也有的是因为这个中心词是定语的同位语。例(1)中给出了被省略的单词。

(1) 모습, 모양, 이미지, 노릇, 표준 시각, 협동 (노동 전통), 세상(을 살아가는), (우리) 모두가 (-하는) 걱정, (-는) 가운데, (-는) 일, (-는) 자세, (-다는) 사실, (-의) 상황, (뜻하는) 말, (-란) 시간이, (-는) 경우가, (-는) 것이, (-라는) 게, 그것 셈, 터, (강한) 편.

下面来看一下具体的例子：

(2) 아득히 먼 옛날 하늘과 땅이 아직 열리지 않았을 때, 우주의 모습은 좌우 · 상하 · 동서남북 그 어느 것 하나도 분별할 수 없었다.

---

① 受到文体以及语料限制，本文中未出现独立言的省略现象。感叹词的省略具备自身的特点，对此需要继续扩张语料另外进行独立的研究。

그야말로 칠흑같이 어두운 혼돈 상태였으며, 우주는 마치 거대한 계란 모양과도 같았다.

在很久很久以前，天和地还没有分开的时候，整个宇宙如同一个巨大的鸡蛋，分不出上下左右、东南西北，处于漆黑一团的混沌状态。

在这里，韩语우주의 모습和계란 모양分别被翻译成"整个宇宙"和"鸡蛋"，모양，모습两词未译出。如果译成"整个宇宙的形状如同一个巨大的鸡蛋形状"，句子显得累赘重复，不符合汉语语法习惯，带有明显的韩式中文痕迹。韩中翻译中，此类表示模样（모양）、样子（모습）、形象（이미지）、상태（이미지）状态的词经常被省略。

再看下面的句子。"세상을 살아가는"中的"세상"被省略掉了。如果翻译成"生活在这世上"，表达显得重复，因为"活着"本身就隐含着"活在世上"的意思，这给"世上"的省略创造了条件。

（3）주위를 둘러보면 어렵고 힘들게 세상을 살아가는 사람들이 적지 않습니다.

在我们的身边，有不少人在艰难而吃力地生活着。

（4）그리고 나의 작은 희생과 봉사가 그것을 받는 이에게는 큰 기쁨이 된다는 사실도 잊지 말아야겠습니다.

也不要忘记你自己的一点儿牺牲和服务将会给接受它的人带去无穷欢乐。

译文中省却了-다는 사실，使句子不拖泥带水。其实-다는 사실所指的内容已经在其前面的定语句中给出了，是前面定语句的同位语。翻译成中文时可以直接以宾语从句的形式体现出来。类似的情况还有-하는 걱정，-는 가운데，-는 일，-는 것等。

（二）修饰言的省略

修饰言的省略包括副词和冠形词的省略。文本材料中被省略的修饰言如例（5）所示：

（5）마치, 두고두고, 또, 또한, 또다시, 단연, 단지, 혹시나, 잘, 급히 그야말로, 대체로, 제대로, 스스로, (-와) 같이, 함께, 그러나, 그리고, 오랜, 이 (사회), 모든 (사고는).

（6）그것이 두고두고 내 평생에 한이 될 줄은 정말 몰랐습니다.
我没想到这竟成了我一生中最后悔的一件事。

두고두고用汉语可以翻译成"老是，总是"，而"평생一生"的翻译已经隐含了"时时，总是"的意思，所以在译文中将其略去不译。

（7）난생처음 스키를 타 본 나는 제대로 서 있는 시간보다 넘어져 있는 시간이 더 많았지만……
生平第一次滑雪的我，虽说摔倒的时间比站着的时间多……

本来副词在句子中修饰动词，将动词所表现的动作更加具体而形象化，一般来讲这样的修饰语应该翻译出来，但例（7）中并没有这样做，这也涉及句子的翻译技巧问题。整个句子强调的不是不能"正常"站立的"点"，而是"摔倒的时间比站着的时间长"的"线"。所以在这个翻译中，即便是韩文中作为修饰语出现的副词，也被略去不译。

（8）어딜 가든 산이 보이지 않는 곳이 없을 정도였다. 그러나 그 산들은 대개 야트막하고 여성적인 느낌을 주었다.
不论走到哪里，几乎看不见没有山的地方。这些山大都比较矮，给人一种女性般的感觉。

这是一个复句的翻译，韩语中前后两句由一个副词连接，译文中并没有将其译出。这是由韩汉两语的语法特点和语言习惯决定的，表示顺承、并列、总括、解释的韩语形态在翻译成汉语的过程中可以省略不译。例（8）中的副词虽然是表示转折的"그러나"，但实际上这句话是对前一句的具体解释说明，所以使用省略的技法翻译。

(三)关系言的省略

关系言的省略指助词的省略现象。

(9) 만큼은, 도, 라도, 부터, 도 결코, 이나, (꽃) 만은.

(10) 천자는 크게 감동하고 그 덕을 칭찬하면서 전국의 맹인들을 불러 석 달 동안이나 큰 잔치를 벌인다.

天子非常感动,称赞了沈皇后,并召集了全国的盲人,大摆筵席三个月。

"이나"是表示数量之多、程度之大的补助词,在汉语中可以翻译成"……之多"、"……之大"等,而在例(10)中却没有译出。但文中将"큰 잔치를 벌인다"译成"大摆筵席",其中的"大"不仅可以体现出"筵席"的大,也包含"时间长"的意思,这样就涵盖了"이나"的意思,所以在"三个月"的后面,不译出"……之多"、"……之大"也同样能实现源语所要表达的含义。

(11) 나는 그 노인을 찾아가 추탕에 탁주라도 대접하며 진심으로 사과해야겠다고 생각했다.

a. 我想找到那位老人,用一碗泥鳅汤和一杯米酒招待他,向他真诚地道歉。

b. 我想找到那位老人,真诚地向他道歉,哪怕是招待他一碗泥鳅汤和一杯米酒。

c. 我想找到那位老人,哪怕是招待他一碗泥鳅汤和一杯米酒,我也想真诚地向他道歉。

라도是表示让步的助词,可以翻译成"哪怕是……,连……,再……",而例(11)中却没有将其翻译出来。从上下文来看,可以把这种处理理解为译者认为该句的中心是"道歉"。如果将"라도"翻译出来,可以有b和c两种形式。而b的表达有些画蛇添足,因为中心意思已经表达完毕,却又加上了一个为了道歉而附带的东西,还用了让步的语气表示强调。c中,表示让步的分句和下一分句之间的衔接显得不自然。虽然补助词大多都是具有比较特定的含义,

在句子中起到画龙点睛的作用,但也会出现这种特殊情况。因此,考虑到句子整体意思的侧重点,例(11)中使用了省略的译法。

(四)用言的省略

这里涉及动词和形容词在汉译中的省略现象。①

(12) 강화되었습니다.부끄럽지 않고, 꾸며서, 앞세우는, 살아가면서, (배우)기 시작한 (지), (사람 많이) 모인 (데), (모르고) 사는, -에서 보내오는 (시보), (15도가) 지켜지는 (것은), 이어지다, 이루어지고, 정해져 있다. - 라 할 것입니다, (녹아) 흐르고, -라고 합니다, - 다고 합니다, 살고 있습니다, - 파는, - 가려고, 달라고, 돌려, 없는, 뜨고, 생각되었습니다, 그러자.

(13) 오랜 옛날부터 인간은 멀리 떨어져 있는 사람에게 소식을 전하기 위해 많은 노력을 해 왔습니다.

人们从很久以前就开始为了能给身在远方的人传递信息而做了很多的努力。

"해 오다"表示动作从过去某一时刻开始一直持续到现在,在汉语中经常被翻译成"一直……"。例(13)中没有将其译出,是因为该句前半部分的"人们从很久以前就开始"中已经包含了这样一层意思。类似的情况还有"-어 가다","(사람 많이) 모인 (데)","(모르고) 사는","-에서 보내오는 (시보)"等。

(14) 이 기능은 개인 정보를 입력한 칩을 휴대전화 속에 장착하고, 그것을 이용하여 대금을 결제하는 방식으로 이루어집니다.

这一功能是将录入了个人信息的芯片放入移动电话中,利用它结账。

"이루어지다"有"构成,结成,实现"的意思。例(14)的"방식으로 이루어집니다."的含义是"以某种方式实现",而前面的定语句中已经将"实

---

① 用言在句子中是同各种语尾一同出现的,本文在这里只讨论用言本身词汇意义被省略的情况,对于语尾的省略将另作研究探讨。

现的方式"用从句表达出来,所以没有必要再重复一遍"以这种方式实现"。

(15) ㅏ는 언제나 [a]음만을 내기 때문에 음성 입력 장치를 만드는 것이 훨씬 수월하다고 합니다.

韩文中的"ㅏ"不论何时都发成[a]音,因此在制造录入装置的时候变简便了许多。

例(15)是从第11课"关于韩文"中摘录的句子。韩文本来是"-다고 합니다"的间接引语,应该翻译成"听说……",但在翻译成中文时却省略掉了。如此处理是由前后语境及文体决定的。该句子所属段落都在说明韩文顺应了当今社会实用精神的特点,属于比较简单的科普文章。对于这种翻译应做到以平铺直叙为基调,译文内容准确无误,文体浅化,句子通顺。(张敏、朴光海;2012:31)

例(15)所在段落的表述内容都是介绍一般常识,所用到的两个间接引语也不涉及"说话人",所以在这里没有必要一定将其译出。

可见,用言在翻译过程中是否要省略,不仅涉及句子本身的含义,也涉及文体及与其所搭配的词语和汉语的语言习惯。

三、省略的条件

本文从词类的角度对从材料中搜集的省略现象进行了分类,包括体言的省略、修饰言的省略、关系言的省略、谓言的省略。通过分析,本文认为在韩中翻译中对于符合如下条件之一的词类单位可以采用省略的技法:

第一,该语言单位是上下文中已经提到的内容。

第二,自身语义被其他成分所涵盖。

第三,为了符合汉语语言习惯。

第四,一部分被修饰的同位语中心词。

第五,根据句子中对"点"和"线"的侧重点不同,必要时省略掉一些"点"的翻译——比如补助词。

四、结语

本文从翻译技巧的角度出发,通过观察教材韩中对译文本的省略现象实例,具体分析了体言、用言、关系言、修饰言几大词类的汉译省略现象,从而得出韩中翻译中省略现象出现的一般条件。虽然分析材料有限,但仍然能够得到许多表现省略技法的实例,可见,虽然近年来对翻译技法的研究大部分关注的都是转换现象,但省略也是一个经常被使用的技法。由于时间和篇幅限制,本文对于每个词类的省略现象大多只列出了被省略的词,没能一一举例分析,并且受自身能力所限,分析有诸多不足不当之处,期待在今后的学习工作中不断精进。作为今后的研究课题,笔者还需要对每个词类的省略现象进行更精细、更系统的分析。除此之外,有关一些惯用型、词组、复合语法形态的省略现象还有待于进一步研究。

参考文献

蔡基刚:《准确是教科书翻译的基本准则——一本教科书的误译评析》,《上海科技翻译》1999年第1期。

〔英〕杰里米·芒迪著:《翻译学导论——理论与实践》,商务印书馆2010年版。

李龙海、李承梅:《韩汉翻译教程》,上海外语教育出版社2009年版。

刘宓庆:《新编当代翻译理论》,中国对外翻译出版公司2005年版。

李先汉、金京善、王丹、金正祐:《韩国语4》,民族出版社2011年版。

穆诗雄:《以直译为主,还是以意译为主?——兼评几种翻译教科书的直译意译论》,《外语与外语教学》2003年总172期。

申丹:《论翻译中的形式对等》,《外国语教学与研究》1997年第2期。

沈仪琳:《韩文汉译实用技巧》,社会科学文献出版社2006年版。

苏荣珂:《韩汉翻译中谓语的句子成分转换》,《语言研究》2012年第5期。

谭载喜:《翻译学》,湖北教育出版社2005年版。

谭载喜:《新编奈达论翻译》,中国对外翻译出版公司1999年版。

王丹:《大学韩国语语法》,北京大学出版社2012年版。

杨梦黎:《韩汉翻译过程中宾语变化分析》,广西师范大学硕士学位论文,2013年。

张敏、朴光海:《韩中翻译教程(第三版)》,北京大学出版社2012年版。
김아영, 한중 통번역에서 중국어 텍스트에 대한 분석적 접근의 의의, 외대논총 제 29집
박종한, 중국어 번역 기법의 모색, 중국어문학 제 32집
서정수, 국어문법, 흑룡강조선민족출판사, 2006
원려근, 한국어 교재에 나타난 중국어 번역 오류 연구, 영남대학교 석사 학위논문

(范柳,中国传媒大学亚非语系朝鲜语专业讲师)

觉训撰《海东高僧传》影响研究
——以内典出源关系为中心

○黄美华　马　骏

摘　要　由高丽觉训编撰的《海东高僧传》,是一部了解古代朝鲜佛教渊源的重要文献,在东亚僧传文学中占有不可或缺的一席之地。本文对《海东高僧传》与中韩两国史料,特别是内典之间存在的书承关系进行爬梳,为正确解读文本提供文献学层面的支撑。

关键词　海东高僧传；东亚僧传；书承关系；文本解读

一、问题所在

《海东高僧传》,凡2卷,高丽人觉训于1215年(高宗2年)编撰,是朝鲜半岛现存最为古老的僧传。它通过辑录顺道、义渊、阿道等33位高僧的传记,反映了佛教传入古代朝鲜三国的历史轨迹。一直以来,《海东高僧传》在中日韩三国并未见系统研究。但近年来,由日本立教大学小峯和明教授主持的"朝鲜汉文读书会"对其进行细致的校注释工作,引起学界的极大关注。本文拟以《大正新修大藏经》第50卷[①]为底本,对《海东高僧传》与先行佛典文献之间的相互关系作一梳理,为深入探讨其文学表达的普遍性与特殊性奠定文献学基础。

---

① 《CBETA电子佛典2011》,以下均出自于此。

二、书承关系

关于《海东高僧传》的书承关系,韩国学者章辉玉指出:"《海东高僧传》广泛参照了当时国内外公私两方面的历史资料,主要有高丽金富轼《三国史记》和中国梁、唐、宋三个《高僧传》以及义净撰《大唐西域求法高僧传》。此外,还有《佛祖统记》、《法苑珠林》等佛书以及司马迁《史记》、金大问《花郎世记》等。"①无疑,章辉玉的考证,对我们颇具启发意义。但遗憾的是其说过于笼统,似有必要加以仔细的推敲与甄别。下面,我们拟就章辉玉论文未涉及的内典文献来探讨这一问题。

根据我们的调查,《海东高僧传》还与下列11部佛教文献有着密切的关联:梁僧祐撰《释迦谱》、隋费长房撰《历代三宝纪》、唐法藏撰《梵网经菩萨戒本疏》、唐道宣撰《广弘明集》、唐神清撰·慧宝注《北山录》、唐澄观撰《华严经疏钞玄谈》、唐澄观撰《大方广佛华严经疏》、唐法琳撰《辩正论》、宋契嵩撰《传法正宗记》、宋惠洪撰《禅林僧宝传》、宋蕴闻编《大慧普觉禅师语录》。以下依次佐以史料加以揭示。

(一)梁僧祐撰《释迦谱》

【原文1】《海东高僧传·卷一·序》条:"粤四十二年甲申四月八日,佛年三十,踰城出家。遂坐树成道,转法利生,<u>如优昙花,时一现耳</u>。"【典据】《释迦谱·卷四》:"《长阿含经》云:……汝等当观,如来时时出世,<u>如优昙花,时一现耳</u>。"按:下划线分作单双两种,单者,与典据无异;双者,对典据的改动,下同。此处单下划线说法,始自《释迦谱》。慧琳撰《一切经音义·卷二三》云:"优昙花:优昙,此云希有也。此花多时,乃一开也。"原文与典据用法相近,比喻佛陀和如来悟道或下生都是千载难逢之事。

---

① 伊藤丈、章辉玉译:《大唐西域求法僧·海东高僧传》,大东出版社1993年版,第181页。

(二)隋费长房撰《历代三宝纪》

【原文 2】<卷一·3.义渊>条:"自隶剃染,善守律仪,慧解渊深,见闻泓博,兼得儒玄,为一时道俗所归。性爱传法,意在宣通,以无上法宝,光显实难,未辨所因。"【典据】《历代三宝纪·卷十二》:"右八部合三十卷,相州大慈寺沙门释灵裕撰。裕即道凭法师之弟子也。轨师德量,善守律仪。慧解钩深,见闻弘博。兼内外学,为道俗师。性爱传灯,情好著述。……观裕安民陶神因果,意在宣通,无上法宝。而法大宝重光显实难。"按:唐道宣撰《大唐内典录·卷五》亦有辑录,但缺"光显实难"一句;原文下例同一条目所依亦为《历代三宝纪·卷十二》。

【原文 3】<卷一·3.义渊>条:"闻前齐定国寺沙门法上,戒山慧海,肃物范人,历跨齐世为都统。所部僧尼不减二百万,而上网纪将四十年。当文宣时,盛弘释典。内外阐扬,黑白咸允。景行既彰,逸响遐被。是时,句高丽大丞相王高德,乃深怀正信,崇重大乘,欲以释风,被之海曲。然莫测其始末缘由。自西徂东年世帝代,故件录事条。遣渊乘帆向邺,启发未闻。其略曰:释迦文佛,入涅槃来,至今几年?又在天竺,经历几年,方到汉地?初到何帝,年号是何?又齐陈佛法谁先?从尔至今,历几年帝?请乞具注。其十地·智度·地持·金刚般若等诸论,本谁述作?著论缘起,灵瑞所由,有传记不?谨录咨审,请垂释疑。上答云:佛以姬周昭王二十四年甲寅岁生,十九出家,三十成道。当穆王二十四年癸未,王闻西方有化人出,便即西入,至竟不还。以此为验,四十九年在世。灭度至今齐世武平七年丙申,凡一千四百六十五年。后汉明帝永平,经法初来。魏晋相传,吴孙权赤乌年,康僧会适吴,方弘教法。地持阿僧伽比丘从弥勒菩萨受得其本。至晋安帝隆安年,昙摩谶于姑藏为河西王沮渠蒙逊译。摩訶衍论,是龙树菩萨造。晋隆安年,鸠摩什波至长安为姚兴译。十地论金刚般若论,并是僧佉弟波薮槃豆造。至魏宣武帝时,菩提留支始翻。上答指证,由缘甚广,今略举要。"【典据】《历代三宝纪·卷十二》:"右三部合四十三卷。相州前定国寺沙门释法上撰。上戒山崇峻,慧海幽深。德可范人,威能肃物,故魏齐世历为统都。所部僧尼减二百万,而上网纪将四十年。当文宣时,盛弘释典。上总担荷,并得缉谐。内外阐扬，黑白咸允。非斯柱石，孰此栋梁。景行既彰，逸响遐被。致句丽国大丞相王高德，乃深怀正信，崇重大乘，欲以释风，被之海曲。然莫测法教始末缘由。自西徂东年世帝代，故从彼国件录事条。遣僧义渊乘帆向邺，启发未闻。事条略云：释迦文佛，入涅槃来，至今几年？又在天竺，经历几年，方到汉地？初到何帝，年号是何？又齐陈国，佛法谁先？从尔至今，历几年帝？请乞具注。其十地·智度·地持·金刚般若等诸论，本谁述作？著论缘起，灵瑞所由，有传记不？谨录咨审，请垂释疑。上答：佛以姬周昭王二十四年甲寅岁生，十九出家，三十成道。当穆王二十四年癸未之岁，穆王闻西方有化人出，便即西入，至竟不还。以此为验，四十九年在世。灭度已来，至今齐世武平七年丙申，凡一千四百六十五年。后汉明帝永平十年，经法初来。魏晋相传至今，孙权赤乌年，康僧会适吴，方弘教法。地持是阿僧佉比丘从弥勒菩萨受得其本。……晋隆安年，鸠摩什波至长安为姚兴译。十地论金刚般若论，并是僧佉弟婆薮槃豆造。至后魏宣武帝时，三藏法师菩提留支始翻。上答指订，由缘甚广，今略举要，以示异同。"

（三）唐法藏撰《梵网经菩萨戒本疏》

【原文4】＜卷二·10.智明＞条："内蕴密行，赞扬他德。挽回向己，舍直与人。"【典据】《梵网经菩萨戒本疏·卷三》："菩萨理宜密行内蕴，赞扬他德。揽曲向己，推直与人。"

（四）唐道宣撰《广弘明集》

【原文5】＜卷一·序＞："自佛灭一百十六年，东天竺国阿育王收佛舍利，役使鬼兵，散起八万四千宝塔，遍阎浮提。时当周敬王二十六年丁未也。塔兴周世，经二十二王，至秦始皇三十四年，焚烧典籍，育王宝塔由是隐亡。当是时，沙门利方十八贤者，赍持佛经，来化咸阳。秦始皇不从而囚之。夜有金刚丈人，破狱出之而去。盖机缘未熟故也。"【典据】《广弘明集·卷十一》："灭后二百一十六年，东天竺国有阿育王收佛舍利，役使鬼兵，散起八万四千宝塔，遍阎浮提。我此汉地九州之内。并有塔焉。育王起塔之时，当此周敬王二十六年丁未岁也。塔兴周世，经十二王，至秦始皇三十四年，焚烧典籍，育王诸塔由此沦亡。佛家经传靡知所在。如释道安朱士行等经录目云。始皇之时,有外国沙门释利防等一十八人贤者,赍持佛经,来化始皇。始皇不从,乃囚防等。夜有金刚丈六人,来破狱出之,始皇惊怖。"按:唐法琳撰《破邪论·卷二》亦有部分内容与原文重合。

【原文6】<卷一·序>:"以周昭王甲寅四月初八日,遂开右胁,生于净饭王宫。其夜,五色光气,入贯大微,通于西方。昭王问太史,苏由曰:'有大圣人,生于西方。'问利害,曰:'此时无他。一千年后,声教被此土焉。……佛年七十九,以穆王壬申二月十五日入灭于琼林。白虹十二道,连夜不灭。'王问太史扈多,曰:'西方大圣人方灭度耳。'"【典据】《广弘明集·卷十一》:"案《周书异记》云:周昭王即位二十四年甲寅岁四月八日。……其夜,五色光气,入贯太微,遍于西方,尽作青红色。周昭王问太史苏由:'是何祥也?'由对曰:'有大圣人,生于西方。故现此瑞。'昭王曰:'于天下何如?'由曰:'即时无他,一千年外,声教被及此土。'……至穆王五十二年壬申岁二月十五日平旦。……西方有白虹十二道,南北通过,连夜不灭。穆王问太史扈多曰:'是何征也?'对曰:'西方有大圣人灭度。'"

【原文7】《卷一·序》:"且道不自弘,弘之由人。故著流通篇,以示于后。"【典据】《广弘明集·卷二三》:"夫道不自弘,弘必由人。俗不自觉,觉必待匠。"

【原文8】<卷一·7.法空>条:"髑奋曰:'今群臣之言非也。夫有非常之人,而后有非常之事。'"【典据】《广弘明集·卷二》<魏书释老志>:"世有非常之人,能行非常之事,非朕孰能去此历代之伪物。"

(五)唐神清撰·慧宝注《北山录》

【原文9】<卷一·2.亡名>条:"晋支遁法师贻书云:上座竺法深,中州刘公之弟子,体性贞峙,道俗纶综。往在京邑,维持法网。内外具瞻,弘道之匠也。"【典据】《北山录·卷四》<宗师议>:"遁后与高丽道人书云:上座竺法深,忠州刘公之弟子,体德贞峙,道俗纶综。往在京邑,维持法网。内外具瞻,弘道之匠也。"按:原典为《梁高僧传·卷四》<义解一>,但原文此处转引自《北山录》。其根据之一,原文"体性贞峙"的说法,与《梁高僧传》"体德贞峙"不同,却与《北山录》一致。根据之二,在相同原文条目内,还出现了其他引自《北山录》的语句,下例即是。

【原文10】<卷一·2.亡名>条:"又齐时<u>高丽未达佛生之事</u>,问<u>高僧法上</u>,上以周昭之瑞为答。"【典据】《北山录·卷一》<圣人生>:"昔高丽问于齐人。而法上亦以此告(<u>高丽未达佛生之事</u>,而<u>问</u>之齐人,<u>高僧法上</u>亦引此文而对之也。)"

(六)唐澄观撰《华严经疏钞玄谈》

【原文11】<卷一·5.摩罗难陀>条:"按古记本:从竺乾入于中国,<u>附材传身</u>,<u>征烟召侣</u>。"【典据】《华严经疏钞玄谈·卷四》:"一波颇三藏者,案《般若灯论序》云:中天竺国三藏法师波颇蜜多罗,唐言明友。学兼半满,博综群诠。丧我怡神,搜玄养性。游方在念,利物为怀。故能<u>附材传身</u>,<u>举烟召伴</u>。"

(七)唐澄观撰《大方广佛华严经疏》

【原文12】<卷一·5.摩罗难陀>条:"东北方有<u>震旦国</u>,<u>或云支那</u>,<u>此云多思惟</u>,<u>谓此国人思百端故</u>,即<u>大唐国</u>也。"【典据】《大方广佛华严经疏·卷四七》<诸菩萨住处品>:"七<u>震旦国</u>,即此<u>大唐</u>,亦云真丹,<u>或云支那</u>,皆梵音楚夏,<u>此云多思惟</u>,<u>以情虑多端故</u>。"按:唐澄观撰《华严经疏注·卷七五》、唐实叉难陀译、唐澄观撰述《大方广佛华严经疏钞会本·卷四五》的相关记载大同小异。

(八)唐法琳撰《辩正论》

【原文13】<卷一·序>:"按霍去病传云:<u>得休屠王祭天金人</u>,则像设似先入于沙漠矣。"【典据】唐法琳撰《辩正论·卷四》:"又案汉武帝<u>得休屠王祭天金人</u>。"

【原文14】<卷一·序>:"又<u>前汉哀帝时</u>,<u>秦景使月氏国</u>来传浮屠经教。乃知<u>前汉已行</u>,<u>六十三年</u>而后明帝方感金人梦耳。"【典据】《辩正论·卷六》:"<u>前汉哀帝时</u>,<u>秦景使月氏国</u>王令太子口授于景,所以浮图经教<u>前汉早行</u>,<u>六十三年之后</u>明帝方感瑞梦也。"

(九)宋契嵩撰《传法正宗记》

【原文 15】<卷一·7.法空>条:"杀身成仁,人臣大节。况佛日恒明,皇图愈永。死之日犹生之年也。"【典据】《传法正宗记·卷一》<上皇帝书>:"臣虽死之日犹生之年也,非敢侥倖。"按:《镡津文集·卷九》亦录有同文。

(十)宋惠洪撰《禅林僧宝传》

【原文 16】<卷一·4.昙始>条:"赞曰:……师之艰难险阻,诚曰殆哉。虽伐树削跡,不足比也。然随时隐现,若青山白云之开遮,遇害亏盈。如碧潭明月之捞摝,捐躯济溺。道之以兴,菩萨法护,正当如此。"【典据】《禅林僧宝传·卷二二》:"赞曰:黄檗大用如涂毒鼓,尝挝之而死。临济置之二百年矣。芝公又一挝之,而死云峰。余读其语句,如青山白云,开遮自在。碧潭明月,捞漉方知。"按:宋赜藏主编《古尊宿语录·卷四一》可见类似文字。

【原文 17】<卷二·12.安含>条:"[赞曰:]字经三写,乌焉成马。予疑含弘二字之有一错焉。"【典据】《禅林僧宝传·卷二一》:"[赞曰:]谚曰:字经三写,乌焉成马。此言虽小,可以喻大。"按:"赞"这一特殊文体,在此为锁定两者关系提供了重要的依据。

【原文 18】<卷二·18.玄大>条:"释玄大,梵,新罗人。……童稚深沈,有大人相。不茹晕,不□□□□□□□□□也。"【典据】《禅林僧宝传·卷二二》:"禅师章氏,讳惠南,其先信州玉山人也。童龀深沉,有大人相。不茹晕,不嬉戏。年十一弃家。"按:典据可能为填补原文散失文字提供依据。

(十一)宋蕴闻编《大慧普觉禅师语录》

【原文 19】<卷二·18.玄大>条:"高宗永徽中,遂往中印度,礼菩提树,如师子游行,不求伴侣。"【典据】《大慧普觉禅师语录·卷二七》:"成就种种法,破坏种种法,一切由我,如壮士展臂,不借他力。师子游行,不求伴侣,种种胜妙境界现前。"按:《五灯会元》亦有辑录。

三、课题展望

因篇幅所限,我们扼要地指出了《海东高僧传》与先行的中国佛教典籍一一对应的出源关系。毋庸置疑,这仅仅是研究的第一步,也是至关紧要的一个环节,势必为解读觉训借鉴内典时的方法乃至其文学表达的主体性提供一个客观的平台。

【原文20】<卷一·3.义渊>条:"渊服膺善诱,博通幽奥,辩高炙輠,理究连环。曩日旧疑,焕然冰释。今兹妙义,朗若霞开。西承慧日,东注法源。望悬金不刊,传群玉而无朽。所谓苦海津济,法门梁栋者,其惟吾师乎。既返国揄扬大慧,导诱群迷。义贯古今,英声藉甚,自非天质火拔。世道相资,何以致如斯之极哉。"【典据】唐道宣撰《高僧传·卷三》<译经>:"属有慧净法师。博通奥义,辩同炙輠,理究连环。庚生入室研畿,伏膺善诱。……曩日旧疑,涣焉冰释。今兹妙义,朗若霞开。为像法之梁栋。……且夫释教西兴。道源东注。……辽东真本,望悬金而不刊。指南所寄,藏群玉而无朽。……令法师揄扬大慧。岂非佛法之盛哉。……义冠古今,英声藉甚。……自非精爽天拔,何以致斯言之极哉。"按:双下划线显示,觉训转录时并非原封不动地照搬,而是采用种种变通的方式:改换同音字;替代同义词;变更类义词;删除添加;等等。

【原文21】<卷二·13.阿离耶跋摩>条:"始自新罗入于中国,寻师请益,无远不参。暾憩冥壑,凌临诸天。非惟规范当时,亦欲陶津来世。"【典据】梁慧皎撰《高僧传·卷五》:"并有诏曰:安法师……岂直规济当今,方乃陶津来世。"按:句式由典据的"岂直~方乃~",改作原文的"非惟~亦欲~",强化了肯定的语气,凸显了作者对叙述对象的积极评价。

【原文22】<卷二·17.玄游>条:"释玄游,句高丽人。叶性虚融,禀质温雅。意存二利,志重询求。"【典据】唐义净撰《大唐西域求法高僧传·卷二》<无行禅师>:"无行禅师者,荆州江陵人也。梵名般若提婆(唐云慧天)叶性虚融,禀质温雅。意存仁德,志重烟霞。"按:词语和句式的替换,取决于内容的需要。此处由典据的"仁德"、"烟霞"改作原文的"二利"、"询求",刻画出一个以菩萨境界严于律己、不畏艰难寻求佛法的高僧形象。

不惟内典,在外典借鉴方面,《海东高僧传》亦与中国经典文献有着千丝万缕的联系,这也是今后研究不可回避的课题之一。

(黄美华,中国传媒大学外国语学院副教授;
马骏,对外经济贸易大学外语学院教授)

浅谈日语新闻中同形汉字词汇的翻译

○李立军

摘　要　如今以网络为平台的交流十分频繁,源于日语的许多汉字词汇通过新闻的翻译或编译,出现在我国各类媒体上。如同清末民初大量日语借词进入我国一样,现在也有许多此类新词借助识别上的便利照搬过来,这对丰富汉语的表达起到积极作用,但也存在一些误读。例如,汉语"军属"不是日语借词,「軍属」译成"军属"属于误译。"放送"一词的使用虽然多起来,但「日本放送協会」似仍以不照搬汉字为妥。

关键词　日语借词;同形汉字词汇;军属;放送

一、汉语中的日语借词

中日两国都使用汉字,历史上有许多汉字词汇相互借用。明治维新之后,日本积极学习西方,利用汉字翻译了大量西方政治经济、社会文化、科学技术等领域的词汇。而在甲午战争之后的清末民初,这些译词又通过多种途径进入我国。

当时有不少中国人对此表示欢迎,但也有许多人将此类新词视为洪水猛兽,愤而拒之。然而,这些极具生命力的词汇如今已经完全融入汉语,人们也早已意识不到这些词是外来语。

有学者指出,当时日本新名词渗入汉语词汇系统,并逐渐归化为其有机组成部分的原因,"首先在于:借鉴日本研习西学的实绩与经验,是甲午之役以后中国的一种社会需求,而日本'新汉语'正是日本消化西学的语文产物。中国既然需要进口日本消化了的西学,也就不可避免地需要进口日本新名词,这正如当年日本要引进唐朝的典章制度艺文哲思,就必然要输入汉字词汇一样。其次,中日两国同属汉字文化圈,语文互动多有便利。日本名词的制作,或者借用古汉语词,注入新义;或者按照汉语构词法新创,以对译西洋概念,故日本'新汉语'的词形导源于汉字文化,从词形推衍词义的理路,也取法于汉字文化,因而易于被中国人理解与接受"[①]。

如果当时是出于借鉴日本研习西学的实绩与经验的话,那么现在引入日语借词则是由于双方各类形式的政治经济、社会文化等的频繁交流。而两国均使用汉字,借鉴起来多有便利,则是更为重要的一个原因。也正是因为这一点,如今日语借词才被普遍接受,而少有抵触和担忧。人们在探讨"零翻译"现象时也是多关注来自英语的表述,而没有提及从日语照搬过来的词汇。

有研究人员整理出了改革开放后进入我国的部分日语借词,包括:必杀、败因、超一流、充电、达人、大赏、耽美、单品、登校、低迷、定番、毒舌、恶评、风吕、封杀、好调、幻听、就学生、居酒屋、绝赞、卡哇伊、空巢、空港、苦手、乐胜、连霸、料理、量贩店、买春、卖春妇、蛮勇、盲点、美肌、媒体、萌、民宿、年功序列、年中无休、旗舰店、人脉、人气、少子化、舌祸、声优、胜机、胜因、食材、熟年、熟女、特典、特卖、完败、完胜、王道、问题、物流、香辛料、写真、押收、研修、移动电话、艺能界、友情出演、语感、宇宙人、御宅族、援交、运营、展示会、蒸发、知性、职场、中古车、中水、自闭症。[②]

以上日语借词中虽然也有一些感觉尚未完全融入汉语的词汇,但借助于汉字的优势,是可以为更多的人理解和接受的。但是在相应的不同时期翻译处理时,我们仍需要注意不同群体接受程度的不同。新的日语借词的使用存在年龄差异,在乐于接受新事物的年轻人中使用频率很高,在中年及以上的年龄段人群中,有的连具体所指都不甚明了。

[①] 冯天瑜:《回望清末民初新语入华大潮》,《北京日报》2006年2月13日。
[②] 谯燕、徐一平、施建军:《日源新词研究》,学苑出版社2011年版。

二、「軍属」和"军属"

日语借词的词形和词义基本上遵从日语原词,日译汉的时候容易把握,照搬即可。但"军属"不是日语借词,翻译时照搬日语同形汉字词汇就导致误译。因此,一些同形异义词的准确把握就显得尤为重要。笔者在这里以日语「軍属」一词在部分汉语新闻中的误译为例,探讨一下对同形异义汉字词汇意义的把握。

笔者对相关新闻中关于"军属"的表述进行了检索,以下是部分结果(引用文章中的下横线均为笔者所加):

(1)《日美地位协定》确定了驻日美军及军属在日本的法律地位,并且在规定驻日美军、军属有尊重日本法律义务的同时,又规定他们在护照、签证、旅日外国人登录、管理手续等方面不受日本法律约束,可以享有一定的特权,如美军驾驶证在日本适用、美军船舶和飞机进出日本港口设施免交使用费,等等。另外还特别规定,如果美军军人及军属引发刑事案件,只有"在检查当局起诉之后",基地方面方可交出嫌疑犯。由此可见驻日美军的特权地位处处存在。①

(2)《日美地位协定》是确定驻日美军所在日本法律地位的一个外交协定,根据这个协定,美军在日本享有一定的特权,比如说美军驾驶证在日本适用,美军的船舶和飞机进出日本港口设施免交使用费。其中第17条还特别规定,美军的军人和军属在引发刑事案件的时候,在检查当局起诉之后才可以交出嫌疑犯。②

(3)"日美地位协定"是确定驻日美军及军属在日法律地位的外交协定,于1960年日美修改安保条约时成立。它在确定驻日美军、军属有尊重日本

---

① 2008年4月1日中国网消息"强奸案再次引出驻日美军问题 特权地位处处可见",文章来源《世界知识》。
② 2011年9月18日中国广播网消息"日本拟修改日美地位协定 以本国法律约束犯罪美军"。

法律义务的同时，又规定他们在护照、签证、旅日外国人登录、管理手续等方面不受日本法律约束。并允许美军享有一定特权，如美军驾驶证在日本适用、美军船舶和飞机进出日本港口设施免交使用费等等。其中第17条还特别规定美军军人及军属在引发刑事案件时"在检查当局起诉之后"方可交出嫌疑犯。①

(4) 从日本防卫省和冲绳县的统计来看，涉驻日美军案件主要有美军军机坠落造成人员、财产损失的公务性案件以及美军军人、军属造成的交通事故、抢劫、性犯罪等非公务性案件。

《日美地位协定》是确定驻日美军及军属在日法律地位的外交协定，于1960年日美修改安保条约时成立。它在确定驻日美军、军属有尊重日本法律义务的同时，又规定他们在护照、签证、旅日外国人登录、管理手续等方面不受日本法律约束。②

(5) 靖国神社位于日本东京都市中心的千代田区九段，总面积10万多平方米，是1869年明治天皇为祭祀在戊辰内战中阵亡的3500多名官兵而创建的，时称"东京招魂社"。明治天皇初次参拜东京招魂社时，曾吟诵和歌："为我国战斗和牺牲人们，你们的名字将在武藏野的这座神社中永存。"1879年，经明治天皇钦定，"东京招魂社"更名为"靖国神社"。

"靖国"二字取义于中国古籍《左氏春秋》第六卷僖公二十三年秋"吾以靖国也"，意为"镇护国家，使国家永保安宁"。之后，在历次对外战争中阵亡的军人、军属和准军属均被供奉于靖国神社。③

(6) 靖国神社是位于日本东京都千代田区九段坂的一座神社。该神社供奉自明治维新时代以来为日本战死的军人及军属，其中绝大多数是在中国抗日战争及太平洋战争中阵亡的日军官兵及殖民地募集兵。④

---

① 2012年10月28日中日经济交流网消息"日本欲修改日美协定惩罚两名轮奸日女子美军士兵"。
② 2014年8月26日《法制日报》消息"日十年间为涉驻日美军案支付数亿赔偿"。
③ 2014年8月4日大众网—《齐鲁晚报》消息"1945年麦克阿瑟为何没有烧掉靖国神社？"。
④ 2014年8月14日人民网消息"'8·15'日本投降69周年 本网将动态报道日本'拜鬼'"。

(7) 环球网驻日本特约记者王婧报道，据日本新华侨报网3月30日消息，驻日美军及其家属在日本社会的一些不守法行为，一直都很令日本国民反感，而基地美军经常出现的酗酒滋事、扰乱社会秩序也很令日本政府头疼。

据日本《朝日新闻》消息，2012年2月，日本东京都福生市发生杂货店抢劫伤人事件，涉案的两名嫌犯均来自驻日美军基地。3月29日，日本东京地方检察厅立川支部以涉嫌抢劫伤害罪，对美军横田基地的大学职员、21岁的美国籍嫌疑人Kari Amando Kureburon提出起诉，并以涉嫌"抢劫伤害帮助"，对协同作案的24岁美国籍嫌疑人Kurisucha Bureku Raido一同起诉。而因为这两人都来自美军基地，所以在地方法院提起诉讼的同时，也根据《日美关系协定》要求美方对两人进行引渡。①

词典和维基百科对相关词条的解释是以下这样的：

商务印书馆《现代汉语词典》对"军属"的解释是"现役军人的家属"，对"家属"的解释是"家庭内户主本人以外的成员"。因此汉语的"军属"是指现役军人的父母、配偶、子女等家庭成员。

岩波书店《广辞苑》对「軍属」的解释是：「軍人でなくて軍に所属する文官・文官待遇者など。」

小学馆《日中辞典》对「軍属」的解释是："（军队、军事机关中）军人以外的工作人员；文职人员。"

日语维基百科对「軍属」的解释是：「軍属とは、軍人（武官または徴集された兵）以外で軍隊に所属する者のことをいう。」

日语维基百科在「軍属」词条下对其业务范围做了例示：

・軍事行政や主計・法務などの事務的業務
・国際法関係の法務業務
・通訳
・聖職者・宗教者
・技術部門の研究・開発

---

① 2012年3月30日环球网消息"两驻日美军家属抢劫伤人在东京受审"。

・軍の学校・教育機関等の教官で一般教養科目や語学等を担当する者
・車両・航空機や機械・資機材類の保守点検・整備
・軍需物資の補給・輸送業務
・軍事施設の建設や維持管理
・基地・駐屯地や艦艇内の売店や食堂等の営業
・その他様々な後方支援業務

新闻(1)至(4)中,"军属"这一表述可以理解为应对的是《日美地位协定》界定的「合衆国軍隊の構成員及び軍属並びにそれらの家族」中的「それらの家族」,即,驻日美军的军人和文职人员的家属,是准确的翻译。

日语维基百科"靖国神社"词条中明确写着供奉的是「日本の軍人、軍属、準軍属」,新闻(5)和(6)中的"军属"照搬了日文汉字词汇「軍属」,表述的意思有误。"阵亡"是指在前线作战中死亡,在前线作战的人身份应当是军人以及为军队服务的非职业军人,而不是他们的父母、配偶和子女。因此准确的表述应当是"非职业军人",而不是"军属"。

新闻(7)采用了"美军家属"的说法,也属于明显失误。从新闻内容可以看出,涉案的是美军基地中的"大学职员",而不是"美军家属"(即汉语所说的"军属")。《朝日新闻》2012年3月16日(晚刊)报道该事件的新闻标题是「横田の米軍属　強盗傷害容疑　2人書類送検へ」,消息主要内容是「東京都福生市の雑貨店で2月、店員を殴ってけがをさせお香などを奪ったとして、警視庁は16日午後、米軍横田基地の米軍属の20代の男2人を強盗傷害の疑いで東京地検立川支部に書類送検する方針を固めた。2人は米軍属のため、日米地位協定によって起訴されれば身柄が日本側に引き渡され、日本の裁判にかけられる。」。《日本经济新闻》的消息则更为明确,称「在日米軍横田基地内の大学に勤務する米国籍で軍属の21歳と24歳の男2人」,表明两名嫌疑人均为在基地内的大学里工作的"文职人员"。

其实,《日美地位协定》第一条对协定中所涉及人员的性质均有明确界定。对「軍属」的界定是,"拥有美国国籍的文职人员,受雇于驻日美军,在军中工作或跟随军队者"(「軍属」とは、合衆国の国籍を有する文民で日本国

にある合衆国軍隊に雇用され、これに勤務し、又はこれに随伴するものをいう）。由此可见，协定中的「軍属」是指美军中的文职人员、非职业军人，并非汉语中所说的"军属"。

与汉语中的"军属"对应的是协定中界定的「家族」一词。协定对「家族」的界定是："（1）配偶及未满二十一岁的子女。（2）父母及年满二十一岁的子女，且生活费用的一半以上依赖美军军人或非职业军人者"（「家族」とは、次のものをいう。(1)配偶者及び二十一才未満の子(2)父、母及び二十一才以上の子で、その生計費の半額以上を合衆国軍隊の構成員又は軍属に依存するもの）。注意：这里第2项表述的是军人或非职业军人的父母及年满二十一岁的子女，即，「軍属」（非职业军人）是与军人并列的，「軍属」的家属也属于汉语中所说的"军属"。

英文版《日美地位协定》中与「軍属」对应的表述是"civilian component"（文职人员），与「家族」对应的表述是"dependents"（家属）。

由此可见，日语的「軍属」与汉语的"军属"意思完全不同，是两个同形异义词。汉语的"军属"不是日语借词。

中日同形词同形异义的原因有下列六种情况，包括：古今汉语词义的变化、古今日语词义的变化、中日文各自的变化、和制汉语进入汉语后的变化、意译西方词汇时出现的不同以及文字改革引起的不同。①

但是日语的「軍属」与汉语的"军属"这两个同形异义词则是以上六种之外的一种情况，即缩略语的基础不同。日语的「軍属」是对「軍隊に所属する者」缩略之后产生出来的词，汉语的"军属"则是对"军人的家属"进行省略后产生的词。由于中日文都使用汉字，因此在不了解相关背景的情况下想当然地进行照搬汉字式的翻译，就会被误导，就会出现严重失误。

三、"日本广播协会"和"日本放送协会"

百度搜索的结果显示，"日本广播协会"和"日本放送协会"并存，都有相应

---

① 李建华：《日语词汇探究》，知识产权出版社2012年版，第215—220页。

的知名度。搜索结果分别为 1100 万条和 892 万条。另外，由「日本放送協会」三个日语词分别标注发音的第一个字母组成的"NHK"的搜索结果为 2080 万条，远远超过前两个表述（均为 2014 年 11 月 7 日的搜索结果）。

有学者在谈及日语专有名词翻译时指出「日本放送協会」的译法存在分歧，"既有译作'日本广播协会'的，也有译作'日本放送协会'的。前者似乎更加符合汉语的习惯，但是也容易产生误解，因为「日本放送協会」的业务不仅仅是无线电广播，电视则是其主要业务内容。当然，译作'日本广播协会'是忠实原文的，无可厚非。后者的译法则给人以照搬原文的感觉"。[1]

"广播"有广义和狭义之分，在这里是广义的，是"broadcasting"的译词，是它肇始时的意义。当时只有声音广播，没有声音加图像的电视，它并非现在人们所理解的仅以音频形式播出的广播。

日本的无线电广播始于 1925 年 3 月。而日本首次出现「放送」一词是在 1917 年 1 月，当时航行在印度洋上的日本"三岛丸"号客船收到内容为"非洲沿岸有德国伪装巡洋舰出没"的电报信息。由于信息的发布者不明，因此该船的无线电信局长在通信日志上记录相关情况时称「かくかくの放送を受信」（收到如此这般不停播发的信号），取「送りっ放し」之电信的意思。[2] 可见「放送」的原意只是"一直不停地在播发"。日本主管相关事业的递信省于 1922 年夏天提出了一个「放送用私設無線電話に関する議案」，这是官方首次正式使用「放送」一词。日本的电视则开播于"二战"后的 1953 年。「日本放送協会」的称谓是从 1926 年 8 月合并了之前成立的东京、大阪、名古屋三家广播电台后沿用下来的，顺理成章地包括了后来开播的电视。随着电视的普及以及其传播功能的不断强化，现在日语当中「放送」一词更多的是指电视，但是广播并没有被排除在外。在需要对狭义的广播和电视进行区分时则使用外来语「ラジオ」和「テレビ」。

我国很长一段时间里主管广播电视领域工作的部门称为"中央广播事业局"，而这一领域的高等学府被称作"北京广播学院"，都是缘于这一点。

---

[1] 彭广陆：《谈谈日语专有名词的翻译问题》，载《通向翻译的自由王国》，中国传媒大学出版社 2007 年版，第 182 页。
[2] NHK 广播文化研究所：《广播电视的 20 世纪》，NHK 出版社 2002 年版，第 16 页。

已经有很长历史的专有名词应当保持稳定。翻译专有名词时，还需要关注该机构自己认可的表述是什么。NHK 自己在正式使用中文表述时均采用"日本广播协会"的说法，或者使用"NHK"这一表述。

再来看一下两国从事对外广播的电台呼号。中国国际广播电台（CRI）对日广播现在使用的是「こちらは北京放送、中国国際放送局です」。中国国际广播电台以前的英文表述是"RADIO BEIJING"，于是有日本听众便根据这一英文表述称其为「ラジオ北京」，显然这是不规范的，因为当时该电台自己的日文表述始终是「北京放送」。

NHK 华语广播的呼号是"这里是日本国际广播电台，NHK。"由此可见，使用"NHK"是个妥当的选择，容易为人们所接受。

我国早期有意见认为"放送"这一词汇是"协和语"，是对其持蔑视态度的。

"'协和语'这个名称的起源，是因为日伪窃据东北时期曾成立所谓'协和会'，其中大小汉奸在讲话中喜欢夹杂几个日语字眼；人民并无好感，就把这种话叫'协和语'。比如，'町、番地、案内、出张、出荷、邮便、满员、主催、急行券、放送局'，等等，都曾在东北地区流行一时；可是到底因为是在外力压迫下使用的，同时又不合汉语的构词规律，所以这类词语只是昙花一现，东北一解放，很快就被消灭了。"[1]

但是现在情况发生了不小的变化，有学者指出，我国上世纪 80 年代改革开放以来，日本的一些汉语词汇伴随着日本的经营理念、经营模式和文化现象进入我国。在经历了初期的新鲜和过渡后，一些词已逐渐为现代汉语接受，成为现代汉语中新的外来词语。其中就包括"放送"。[2]

四、结语

日语新闻中的同形汉字词汇在翻译成汉语时一律照搬过来可能导致误

---

[1] 王立达：《现代汉语中从日语借来的词汇》，《中日文化交流史论文集》，人民出版社 1982 年版，第 476 页。原载《中国语文》1958 年第 68 期。
[2] 李建华：《日语词汇探究》，知识产权出版社 2012 年版，第 220～221 页。

译,或者导致意思模糊。例如照搬「地方公共団体」「地方自治体」的汉字翻译过来的表述就让人感到困惑,而译成"地方政府"则可以明确它所对应的汉语概念,容易为中国人所理解。

随着中日两国交流向深度和广度的发展,以及网络媒体的发达,语言中词汇的借鉴将会更加频繁。这就需要我们在翻译教学和实践中,不仅要从语言的层面,也要从社会文化的层面准确把握日语借词、同形汉字词汇的词义。

参考文献

李建华:《日语词汇探究》,知识产权出版社 2012 年版。

潘寿君、谢为集、铁军:《日语语言文化研究(第四辑)》,中国传媒大学出版社 2011 年版。

谯燕、徐一平、施建军:《日源新词研究》,学苑出版社 2011 年版。

邵艳红:《明治初期日语汉字词研究——以〈明六杂志〉(1874~1875)为中心》,南开大学出版社 2011 年版。

沈国威:《近代中日词汇交流研究:汉字新词的创制、容受与共享》,中华书局 2010 年版。

李运博:《汉字文化圈近代语言文化交流研究》,南开大学出版社 2010 年版。

铁军:《通向翻译的自由王国》,中国传媒大学出版社 2007 年版。

高宁:《日汉翻译教程》,上海外语教育出版社 2007 年版。

李运博:《中日近代词汇的交流——梁启超的作用与影响(日文版)》,南开大学出版社 2006 年版。

王秀文:《中日语言翻译与跨文化交际》,世界知识出版社 2006 年版。

北京市中日文化交流史研究会:《中日文化交流史论文集》,人民出版社 1982 年版。

NHK 广播文化研究所:《广播电视的 20 世纪》,NHK 出版社 2002 年版。

朝日新闻社:《朝日新闻〈缩印版〉》2012 年 3 月号。

(李立军,中国传媒大学外国语学院副教授)

日本人姓氏考

○王玉霞

摘 要 日本姓氏制度是日本文化研究不可或缺的部分。虽然日本人口不多,但日本人的姓氏却相当繁杂。日本姓氏制度反映了日本历史、社会文化等许多重要的文化现象。以日本姓氏制度为视角研究日本文化对于深刻了解日本历史、社会、语言等都有重要的意义。

关键词 日本;姓氏文化;起源;文化现象

一、日本姓氏起源及特点

(一)日本姓氏的起源

古代日本人的姓分为"氏""姓""苗字"三个部分。"氏"表示家族血缘关系,"姓"表示家族的地位尊卑,"苗字"表示新的分支。古代的日本人只有贵族才有姓,普通的百姓只有名没有姓。在古代日本,大和朝廷根据中央贵族、地方豪族对国家的贡献度以及在朝廷政治中所处的地位授予氏名或姓名,这是一种可以世袭的特权制度。

日本的氏姓制度可以追溯到公元 4 世纪末,当时日本的大和朝廷把日本列岛南部的许多小国统一成为一个国家。大和朝廷的大王(即后来的天皇)为了区别大王家和豪族之间的主从关系而使用了氏和姓,这和现代所说的氏姓有所不同。所谓的"氏"是指同一祖先的同族集团,一个氏也就是一个贵族世家。氏的命名有的来自地名，有的来自官职，有的来自大王所赐，例如由地名而来的"苏我氏"，由朝廷内的职务而来的"物部氏"，还有大王所赐的"藤原氏""橘氏"等等。当时最强大的氏是掌握大和朝廷最高权力的大王家。大王家又对隶属朝廷的许多氏按照和自己的血缘远近、亲疏关系及功劳的大小，分别赐予姓。所谓的"姓"是指受封人的职业或门第，也可以说表示地位、门第、职务的称号，类似爵位。姓的等级最初有：臣、连、伴造、国造、县主等，臣是最高级。到 7 世纪末，大和朝廷又制定了"八姓"制度，将姓分为：真人、朝臣、宿祢、忌寸、道师、臣、连、稻置八个等级。真人为最高级，是天皇五代以内的血亲。朝臣、宿祢、忌寸是属于贵族的姓。从奈良时代起，源氏、平氏、藤原氏、橘氏四姓日渐昌盛。随着古代氏族的衰退，家族开始兴起，到了平安时代的后期，当时姓氏主要集中到了"源、平、藤原、橘"等几个大姓，源氏、平氏、藤原氏、橘氏各自独霸一方，至此，日本古代的氏姓等级制度变得有名无实，许多古代姓氏或消亡，或被"源、平、藤、橘"中的某一氏所兼并。

到 7 世纪中叶，日本进行了大化革新，废除了世袭的称号，实行官位制，表示家族地位的姓的性质逐渐发生了变化，氏与姓混合为一，但仍是贵族的专利。苗字产生于日本平安时期。"苗字"的含义是嫩芽、分枝，即从本家分出的支。例如，藤原是一个大氏，分出之后，居住在近江国的藤原氏，便取近江与藤原的首字，称为"近藤"。住在伊势、远江、加贺的藤原氏就称为：伊藤、远藤、加藤。苗字可以自主决定，也有一些是受主家赏赐。时至日本镰仓时期，随着家族的发展，新的苗字不断增加，氏、姓、苗字也逐渐合为一体，成了姓的通称，一直沿用至今天。

明治 3 年（1870 年），明治政府作出"凡国民，均可起姓"的规定，但国民担心一旦起了姓名，土地税金就会交付很多，所以正式起姓名者很少，这也令明治政府头痛不已。为了课税、征役及编造户籍，在明治 8 年（1875 年），日本政府又一次颁布了强制性的《苗字必称令》，规定了"凡国民，必须起姓"，于是，日本举国上下掀起了起姓的热潮，至此，日本人结束了无姓时代。到 1898 年，政府制定了户籍法，每户的姓得以固定下来，固定下来的姓不得任意更改。

(二) 日本姓氏的特点

日本国家虽小，但姓氏繁多。根据日本《姓氏的历史和谜》一书介绍，日本人姓氏有 13 万余种之多；而日本著名的姓氏学专家丹羽基二编著的《日本苗字大辞典》(1997 年) 统计显示，日本 1 亿左右的人口却拥有约 30 万个姓氏。这是由于统计的方法存在差异，所以结果有很大的不同，如"河野"可以读作「かわの」和「こうの」，"铃木"有「すずき」「すすき」「すすぎ」「すずぎ」4 种读法，再考虑异体字、旧字体等，苗字总数统计结果就会产生很大的变化。据统计，日本人常见的姓有 42 个，居前 10 位的是：佐藤、铃木、高桥、田中、渡边、伊藤、山本、中村、小林、加藤，占总人口的 10%，有 1000 多万，其中铃木、佐藤、田中被称为日本三大姓。较具代表的姓氏有 100 个，普通姓氏 3600 个。

日本的姓氏不仅数量多，来源也较为复杂多样。有的以居住场所的特点为姓，如家门口长棵松树的就叫"松下"；有的人住在水边，便称为"小泽"；也有以地名为姓的，如：上野、上原、市原、陆前等；还有些人以古代武士的名字当姓，如：酒井、本多、上杉等；还有些人以长寿的动植物为姓，如：松、鹤、龟等。另外日本也有许多珍稀姓氏，如：一色、一尾、上下、和气、左右、前后、小穴、瓶子、布袋、我孙子、早乙女、不入斗、一二三、五鬼肉、一尺八寸、猪手、犬养、鬼头、小鸟遊、四月一日、夏至、玉虫、肥满等。日本的姓氏也体现出一定的地方特色。在日本的某些地区分布着一些固定的姓氏，如在福岛县南会津郡桧枝岐村的村民几乎都姓"星""平野""橘"，其中姓星的最多，姓平野的居其次，占人口的 35%；在日本长崎的对马，大部分人姓"阿比留"。

(三) 日本人取名的特点

按照日本的风俗习惯，婴儿出生后，要在七天之内起好名字，并在第七天晚上举行祝贺命名仪式。日本户籍法也规定：在日本出生的新生儿，从出生之日起 14 日之内必须申报户籍。实际上新生儿的名字在申报户口时就是确定的。日本人的名是由家长或长辈起的，可以根据家长或长辈的意愿赋予孩子的个性特征，由此看来孩子的名字具有一定的主观性，也能反映一个国家的民族特性和时代特征。在过去,按照日本人起名的传统习惯,要取一个字雅音美、含义吉祥的名字,如:喜、吉、雅、美等。大多数的日本人可以从名字判断其性别,男性一般按照兄弟排行的顺序取名,如:太郎、次郎、三郎,长男、次男、三男;女性经常以"子"字作为末尾字来取名,如:花子、纯子、百合子等。比较明显的特点是,在日本男性的名字中,常用数字和"郎""夫""雄"等字组合,如:一郎、一夫、一雄、健三郎等等。

二、日本人姓名的写法与读法

日本人的姓名字数不固定,由上半部的姓和下半部的名构成,姓写在前、名写在后。日本人名汉字的读音非常复杂多样,包括变字、变音、变组合在内的有近30万种。尽管日本政府颁布的"当用汉字"只有1800多个,但姓名所使用的汉字却比政府规定的多很多。

日本人比较典型的姓名以4个字居多,一般是姓2个字,名2个字,如:田山花袋、松尾芭蕉、村上春树等等。不过,全名是3个字或5个字的也不在少数,如:森鸥外、宫崎峻、福原爱、大江健三郎等等。由于日本人姓名字数多少不固定,所以分辨起来就会产生许多困惑,有时连日本人自己都分不清姓和名。为了方便起见,日本人在书写姓名的时候,经常以一定的方式把姓和名分隔开,如:森鸥外写成"森　鸥外",表示姓"森"名"鸥外"。以此类推,井上清、大江健三郎分别写成:"井上　清""大江　健三郎",这样姓和名便可一目了然。日本人姓名的读法权在个人。但日语中存在着许多同音异体字和同形异音字,汉字的读法又有音读、训读、混合读等各种读法,所以日本人姓名的读法相当复杂,难以确定。如果仅仅看汉字,会经常无法正确叫出对方的名字,如起名"裕史",至少有「ひろし」「ひろふみ」「ゆうし」「ゆうじ」4种读法。为此,在日本,填写各种申请表署名时,都会被要求标注注音假名(汉字的读音),以便加以区别。由此可见,日本人的姓名不仅字数不固定,而且读法复杂,无规律可循。所以,日本人初次见面时,往往是互换名片,不清楚的一定要互相问清楚姓名的读音与写法,一旦弄错会很难堪,也很失礼。

三、日本人姓名的社会特征

(一)日本姓氏制度体现了日本封建社会等级制度男尊女卑的特征

在等级秩序森严的封建时代,家族是日本社会的基本单位,而家族的重要标志就是姓氏。姓是古代日本天皇赐予中央和地方豪族的。从日本最早的《新撰姓氏录》(公元 815 年)来看,日本的姓氏分为:皇、神、番、杂四个等级:天孙后代属皇族一级,姓氏有:小野、阿部、苏我、橘、源等。神一级又分为:天神、天孙、地祇,如:中臣、藤原、久米、尾长、贺茂等;从朝鲜、中国去的人属"番"一级的;像鸭部、笔氏、物集等没有确定家系的属"杂"一级的。前两级非皇即神,姓氏高贵,番、杂两级则等而下之。

明治维新以后,日本废除了封建等级制度。到明治三年(1870 年),日本政府规定,所有的平民百姓都可以给自己取姓。日本政府于明治八年(1875 年)再次规定:所有公民都必须有姓。于是,人们东奔西走,求人取姓,正如周昌松在《日本社会文化概览》里所描述的"或请神官僧侣,或乞医生学者,翻古书,寻家谱,阅墓碑,雅士们取名于汉诗汉文,平庸者寻觅于职业住址,聪慧些的索性认名人权贵为祖,愚笨者只得与器物家畜同伍。慌乱中笑料四起,仓促间怪姓百出。从此,日本家家户户都有了姓,子承父姓,妻随夫姓,世代相承"。[①] 由此可见,日本人姓名的演化蕴含着丰富的历史内容。

日本的姓氏制度不仅反映了日本等级秩序森严的封建制度,也反映出日本自古以来就是一个以男性为主的社会。从称呼来看,女子低于男子,即女子的姓随男子的姓。在古代的日本,女子出嫁前随父姓,出嫁后随夫姓,这也充分反映了父系集团的传统观念和男尊女卑的等级观念。以日本的平安时期为例,日本贵族妇女的名字是用父亲的本名或名的一个字加"子"字,如父名为"三郎",则其女儿便取名为"三郎长子"。那时,女子的真名一般不对外使用,在正式的家谱、户籍上也无记载,一般是按出生顺序起为:大子、

---

① 周昌松:《日本社会文化概览》,中国书籍出版社 2000 年版。

中子、大姬、中姬等，女子出嫁以后就随夫姓。第二次世界大战后，新民法第750条就夫妇的姓氏作出明确规定，即"夫妇随着婚姻关系的确立，以夫或妻的姓氏称呼"。就是说，夫妻双方可以根据婚前商定，或随夫姓，或随妻姓。但大多数女子婚后仍按传统习惯随夫姓，如日本著名影星山口百惠结婚后随其丈夫三浦的姓，改名为"三浦百惠"。但近年来随着日本女性地位的不断提高，更多的女性从家庭走向社会，女性们主张即使结婚，也不改姓，仍随娘家姓。

(二)日本人姓名中的文化内涵

日本人姓名用字的范围可以说是包罗万象，其中涉及了日本人的传统、信念、伦理道德、自然及日本人的独特文化等等。

1. 日本人的姓名与传统及信仰有较大关系

根据日本的传统习惯，男性按照兄弟排行的顺序来取姓名，如：太郎、次郎、三郎、长男、次男、三男；女性则以"子"字作为末字来取名，如：花子、千代子、美智子等等。另外，日本人的姓名一般含有某种含义。在日本的传统文化信仰中，松、鹤、龟等代表长寿，猪、熊、虎等代表勇敢，所以在日本人的姓名中，用松、鹤、龟、猪、熊、虎等取姓名的也不少，如：松岛、松平、松中、松井、松山、松下、松本、鹤家、鹤户、鹤泽、鹤塚、猪手、熊谷、龟田、龟谷、猪木、猪谷、猪田、猪原、猪户、猪村、猪口等等。

2. 日本人的姓名与儒家的伦理道德也有千丝万缕的联系

日本自古以来尊儒家、忠君王，多受儒家思想的影响，所以上至天皇，下至百姓，取名用字均可以看到儒家的伦理道德观念。几代日本天皇的名字，都采用"仁"字，如明治天皇为"睦仁"，大正天皇为"嘉仁"，昭和天皇为"裕仁"，当今日本天皇的名字为"明仁"，皇太子德名字为"德仁"。再看平民百姓的名字，以忠、孝、仁、义、礼、智、信等字为名的更是不胜枚举，如：贤一、盛忠、尚德、义孝、孝尚等等。

在日本，取名"○子"的人很多，可以称为日本女性名字的典型代表。但在古代的日本，以"○子"为名并非是女性的专利。在奈良时代以前，子是男女共用名,日本古代先贤以子作为名字的末尾字的就不在少数,如"圣德太子""小野妹子"均为男性。到了奈良时代后期,日本上流社会开始流行在女性名后加子,时至平安时代初期,子才逐渐为日本贵族女性所普遍使用。从明治30年后,以子命名才在平民中广泛使用。子字给人以高贵、典雅的印象。当今的日本皇室女性的名字都有子字,如皇后"美智子"、皇太子妃"雅子"、天皇孙女"爱子"等等。日本自古代起就尊崇以"孔子""孟子"为代表的儒家思想,所以以"子"取名也是必然。

3.日本人的姓名和自然有很大关系

大自然的一草一木、山川河流、花鸟鱼虫都可以成为日本人姓氏的来源。如前所述,用地名来取姓的日本人很多,如有的人住在山脚下,便以山下或山本为姓;有的人住在井边,便取石井为姓;也有人用村名取姓,如:中村、西村、冈村等。还有许多姓是表示自然现象的,如:白鸟、若松等。用大自然的山川河流、花草树木的名称作为自己的姓氏,表明了日本人贴近自然、热爱自然的生活信念。

日本人给男孩子起名多用汉字,在选择上也有其独特的思考。以那些能使人联想到健康、勇敢、稳健、聪慧、力量、高、大、广等形象的字为首选,如:健、贤、翔等。从男性的名字特点看,表示威武、英俊、忠信等含义的居多,如:奥野高广、中野刚志、黑田胜弘、和田英男等。还有一些汉字本身就具有"男人"的气概,如:男、雄、夫、郎等。女孩子取名有用汉字的,也有用假名的,还有混和在一起的,如:真由美、美惠、理惠、マリ、山野チエコ等等。从字面来看女性姓名,多能让人联想到美、柔和、平静、花、幸福、清纯等含义。可以看出,无论是男性还是女性,日本人在选取姓名时,其追求健康、幸福、美好、快乐的主旋律都是永恒不变的。

(三)当代日本人取名的新趋势

当代的日本人起名时已不再拘泥于传统的风俗习惯和价值观念,更倾向于按自己的想法随心所欲地起名。那些传统的人名用字如:郎、子、龟、鹤等落俗套的、表示旧思想意识的字正在逐渐被人们弃用。特别是年轻人喜欢用新、奇、特的名字。根据明治安全生命保险公司公布的《2013年新生婴儿命名调查》统计,最受欢迎的男孩名字的排名顺序是:悠真、陽翔、蓮、大翔、湊、大和、颯太、陽向、翔、蒼空、大輝、悠人等;最受欢迎的女孩名字的排名顺序是:結菜、葵、結衣、陽菜、結愛、凜、ひなた、愛菜、美結、陽葵等。过去,日本人喜欢用伟人的名字给自己的孩子起名,但现在却相反,日本人起名更倾向于标新立异,推陈出新。人们喜欢用出名的演员、歌手、运动员的名字为孩子起名,也有些家长喜欢模仿网络红人、卡通片或连环画中的主人公给孩子起名,如:龍飛伊、光宙、姫星、火星、空詩、新星等等。日本人喜欢新奇特的名字也恰恰说明日本人能快速接受不同的文化,从而促进日本社会的进步和发展。

总之,研究日本人的姓名是研究日本民族文化的重要视角。一个人的姓名有其缘由,承载着许多民族的历史和文化。人们应该尊重不同文化理念和信仰。探讨日本姓氏文化的目的在于从文化的角度更全面地理解和掌握日本姓氏制度的衍生和变化,由此更好地了解这个民族的文化形态及其民族的性格特征。

参考文献

周昌松:《日本社会文化概览》,中国书籍出版社2000年版。
钱红日:《日本概况》,南开大学出版社2004年版。
陈瑶妹:《浅析日本人的姓名特征》,《漳州职业技术学院学报》2012年第4期。
http://search.yahoo.co.jp/search;_ylt=A2RhYNYXcRJUuVUAr3mJBtF7?=氏姓制度。

(王玉霞,中国传媒大学外国语学院亚非语系讲师)

功能翻译理论及在新闻翻译中的应用

○段　然

摘　要　功能翻译理论认为,翻译是一种由某一带有特定交际目的的人所进行的行为,是一种文化转换,一种交际互动。新闻报道翻译是一种以传递信息为主要目的、注重信息传递效果的实用型翻译。笔者将功能翻译理论与新闻报道翻译相结合,在充分认识新闻语体特殊性的基础上,分别通过目的性原则、连贯性和忠实性原则、文本类型理论和"功能＋忠诚"原则对翻译实践活动进行指导和规范,以有效实现翻译目的。

关键词　目的性;连贯性;忠实性;文本类型;功能＋忠诚

一、引言

翻译历史源远流长,翻译理论研究不断发展。近年来,伴随我国应用翻译市场的不断扩大,应用翻译[①]的研究受到广泛重视,研究不断深入,应用翻译理论的研究取得了突飞猛进的发展,出版了相关研究专著,如李长栓的《非文学翻译理论和实践》、贾文波的《应用翻译功能论》、李亚舒和黄忠廉的

[①] "应用翻译"亦称"实用翻译",以传达信息为目的(同时考虑信息的传递效果),它尤其区别于传达有较强情感意义和美学意义的文学翻译。应用翻译几乎包括文学及纯理论文本以外的人们日常接触和实际应用的各类文字,涉及对外宣传、社会生活、生产领域、经营活动等方方面面,包括新闻翻译、科技翻译、法律翻译、经贸翻译、广告翻译、旅游翻译等。参考《中国译学大辞典》(方梦之,2011:126)。

《科学翻译学》等;此外还有大量论文结合我国实践进行了相关理论分析。

在理论研究方面,应用翻译理论研究中很多都提到了功能翻译理论,结合我国实践进行阐述。的确,功能翻译理论具有以目的法则为主导,翻译标准多元化,关注翻译目的和译文功能,打破了文本中心论的研究传统以及对等翻译理论的束缚的特点。因此,"基于应用翻译的特性及其内在规律,从应用翻译体裁的文本类型和交际功能出发,借用西方功能翻译理论来阐释和指导应用翻译的理论研究和实践,不失为一条可行的理论研究途径"[1]。

在日常教学中,由于新闻文本是最容易获取的教学资料,新闻文本的翻译在翻译教学中占有一定的分量。然而在翻译理论研究中,对新闻文本的翻译研究并没有得到足够重视,同时现实中的新闻文本翻译也没有相应标准。在课堂的翻译实践中,学生的译文语法错误多,译名混乱,语言不地道,没有体现出新闻文本的语言特征。因此,在新闻文本翻译研究领域,不仅缺少系统化的科学研究,更缺乏适合新闻文本翻译独特规律的权威性理论。

基于如上原因,本文将功能翻译理论与新闻翻译结合,探究该理论对翻译实践、翻译技能提高及教学的指导作用。

二、功能翻译理论及原则

(一)功能翻译理论的定义

德国学者诺德对功能翻译理论作出明确的定义:"翻译的'功能主义'就是指专注于文本域翻译的一种或多种功能的研究。"[2]

在对功能翻译理论的研究中,贾文波(2012)又给功能翻译理论归纳了三大核心内容:(1)"翻译行为"理论,即目的性、交际性、跨文化性、行为性、加工性和人际性。(2)翻译过程是一种"涉及委托人、译者、接受者多方专业人士集体参与的整体复杂行为",包括源语作者、目的语使用者等。(3)"目的+忠诚"的功能原则。

---

[1] 贾文波,2012:22。
[2] Nord,2001:1。

其中,目的法则的主要观点如下:(1)翻译是一种基于源语文本的有意图的、人际间的、部分地通过语言媒介的跨文化的互动行为。作为一种有目的的互动行为,翻译有意图性。翻译的意图性不一定体现了原作和原作者的意图,而是体现为翻译活动的参与者所要表达的。(2)翻译有三个基本规则:目的规则、连贯规则和忠实规则,其中目的规则是第一位的。(3)翻译行为的发起者确定翻译的目的,规定翻译要求。(4)翻译的标准合适,而不是等值。

(二)功能翻译理论的形成

现代功能翻译理论基本以德国功能学派为主流。德国功能翻译理论流派的出现以凯瑟琳娜·赖斯的《翻译批评的可能性与限制》一书出版为标志。

此后,按照克里斯蒂安·诺德的观点,德国功能翻译理论经过第一代翻译理论家赖斯等对以文本为中心的等值论的决裂,以及第二代翻译理论家诺德等"功能＋忠诚"翻译原则的确立而得到了发展。

(三)功能翻译学派

在德国功能翻译学派中,学界普遍将以下翻译理论家认定为该学派的里程碑式人物,他们及其主张分别为:赖斯的文本类型和语言功能理论、费米尔的"目的论"、曼塔利的"翻译行为"理论、霍恩比的"综合法"及诺德的"功能＋忠诚"主张和"纪实翻译""工具翻译"译法。

根茨勒指出,德国功能翻译学派恰当自然地把文化因素引入翻译研究,把翻译视为一种"行为方式"和"交际活动",把委托人对翻译的具体目的、目的语读者对目的语的期待作为翻译过程中务必考虑的要素,这些都是功能翻译学派的独到之处。

这些理论成果,将翻译理论与实践拉得更近,目的性和操作性更强,是翻译理论研究的重要成果及进步。

三、新闻语体的语言特点及翻译原则

新闻语体是指通过新闻媒介,向受众报道新近发生的或者发现的事实,传播具有新闻价值的信息时所使用的语体。它既有语体的共性,也有新闻的特性。新闻语体作为一种功能语言,同艺术语体、科技语体、政论语体、事务语体等一样,具有自身的规律和要求。

(一)新闻语体具有自己鲜明的特点

首先是新闻语体的叙事性。新闻的本质是让事实说话,以客观报道的事实、规律、数据显示出来的结论说服人,因此叙事性是新闻语体的首要特征。其次,新闻语体的准确性。新闻用语应该语义明确,概念明确,判断准确,推理符合逻辑。再次,新闻语体贴近生活,贴近受众,简明扼要,言简意赅。最后,语言运用的稳定性和长效性。在新闻传播这个特定语境中,形成了规律性反复使用的语音、词语、句式、修辞和语篇结构。

(二)新闻语体翻译是一种跨语言、跨专业及跨文化的交际活动

新闻语体自身所具有的鲜明的特色,使得新闻翻译工作成为了一个复杂的信息处理过程。对原文的理解和表达取决于译者的双语表达能力、新闻及相关领域的专业知识、文化社会国际关系知识等。新闻语体翻译作为翻译实践练习中最容易采集的练习素材,在日常的翻译教学中占据着非常重要的地位。因此,有关新闻语体翻译的研究应该得到更多的重视。

(三)新闻语体翻译的标准有其特殊性

新闻语体翻译的标准有其特殊性,无法完全套用像严复的"信、达、雅"等传统的翻译标准。国外各种翻译标准都是围绕问题的内容、形式、整体信息的传递或对等展开的,因此新闻语体的翻译应该遵循"忠实、准确、统一、通顺"的原则,把握住原文和译文语义信息的对等、原文和译文风格信息的对等以及原文与译文文化信息的对等。

四、功能翻译理论在新闻翻译中的应用

功能翻译理论注重译作在新的文化语境中的传播与接收，跨文化传递行为的最终目的和效果以及译者在整个翻译过程中所起到的作用，因此，该理论为新闻翻译活动从宏观角度提供了理论依据。

（一）目的性原则对新闻翻译的指导作用

功能翻译理论认为，任何翻译都是有目的的或要实现一定的功能，且翻译行为的目的是决定翻译过程的最高法则。使用目的论指导新闻翻译的时候，应该把握好三个目的，即译者的目的、译文的交际目的和使用某种特殊翻译手段所要达到的目的。其中，译文的交际目的最为重要，这也是目的论的核心思想。

在翻译实践活动里，译者在整个翻译过程中的参照系不应是"对等"理论中所注重的源语及其功能，而应是目的语在译语文化环境中所期望达到的一种或几种交际功能。这是因为，所有的翻译都指向预定的对象，而翻译本身就是"为目的语目的和目的语环境中的目的语对象创造出的目的语背景中的文本"。因此，在课堂教学中，通过对"委托人"进行预设，使学生明确翻译服务的对象，进而产生明确的译者翻译目的；或对预期文本使用者进行指定，从而明确目的。

同时，"目的论"这一术语本身的意义就是指"目的语文本的目的"。译者明白了翻译中目的语的预期，结合目的语读者的社会文化背景知识以及对目的语的"期待"、"感应力"或"交际需要"等，来选择出对象语环境中文本的具体翻译策略和手法，从而实现译文的交际目的。这一方法解决了很多困扰教学的翻译策略选择问题，在对具体翻译方法的选择上，译者不会执着于"直译"或"意译"、"功能对等"还是"形式对等"等等。任何方法与手段都是为目的服务，翻译实践从静态的翻译策略、方法问题转化到动态的目的实现中来。

总而言之，目的决定一切，从翻译策略、翻译方法到对原作形式与内容

的取舍,再到目标文本的制作,都以这个翻译目的为参照。

正因如此,在教学中,要提醒学生提高翻译的责任意识,因为通过他的翻译必须要能够达到既定的翻译目的。

(二)连贯性和忠实性原则对新闻翻译的指导作用

在新闻翻译中,语言的连贯性和忠实性原则同样发挥着重要作用。这样的原则有助于实现译文文本的文本功能。在上节中,新闻语体的重要特点之一,即新闻语体具有稳定性和长效性特点,因此文本、语篇较为程式化,术语使用需要前后保持一致。另外,在用词准确、句式规范、语篇精练等方面也时刻体现出翻译忠实性原则的必要性。

然而,在主次方面,作为语篇功能的连贯性法则应该高于忠实性法则,两法则互相作用,互为关联,不可分割。

在新闻翻译实践中,逐渐熟悉和掌握新闻语体的表达习惯是一项重要工作。除了掌握本国语体的表达习惯外,对对象国新闻语体的掌握同样重要。因此,在拿到新闻文本后,直接动手翻译是极不可取的。特别是学生阶段,虽然生活在充斥着各种信息的社会环境中,天天接触新闻,但是如果不多加留意,是不可能掌握新闻语体的表达习惯的,更何况是对象国的新闻语体。因此这样的习惯培养,不是一时能够解决的,除了翻译课老师的引导,更需要精读,乃至听力、会话课程的配合。

此外,在将忠实性原则融入翻译实践的过程中,若两个语种国家的政治属性不同,国际关系复杂,社会文化差异很大,忠实性原则亦需要服从国家政治需要,在选词、语言表达中体现出角度、立场。这样除了深入的双语学习外,还需要大量社会文化、国际关系等知识的储备。在处理政治敏感度比较高的话题时,选择词语如不够慎重,很容易贻笑大方,让人感到是一篇没有政治立场、向西方文化谄媚的失败译文。

以连贯性和忠实性原则为指导,能够有效地对篇章处理进行控制,有点到面地审视译文处理得恰当与否。

(三) 文本类型理论对新闻翻译的指导作用

文本类型理论是功能主义理论的出发点和精髓。赖斯的功能文本类型理论将新闻报道划入"重内容"的"信息型"文本,并认为这类文本"首要的评判标准在于,必须确保内容和信息充分展示于目的语中"。这样的标准与新闻语体的语言特征不谋而合,因此,对于新闻语体来说,指导意义更为突出。

由于新闻语体具有叙事性的特征,其报道中的事实、规律、数据必须如实地转化为对象语,同时,为了让受众能够准确地接受上述重点,译者需要注重语言表达符合对象语的语言表达习惯。在新闻翻译实践中,为了提高受众的接受程度,教师还应该提醒学生注意在如上内容的基础上,尽量使用平实朴素、简单明了的表达形式。

同时,在赖斯的理论中,"以目的语为导向的彻底性"是其"第二标准",并且强调"译文语言形式必须毫无保留地顺应目的语语言特性;换言之,译文的语言形式务必以目的语习惯表达为导向"。这样的表述,应该严格运用到新闻文体的翻译实践中。

但是这里的论述,仿佛让人们感到在译文的翻译标准中,对内容的重视要高于对形式的重视。应该说,内容与形式并不是割裂开的,正因为长久以来,翻译理论界对于形式的重视要远大于对内容的重视,由此在这里才着重强调内容的重要性。在上述论述中,新闻语体有独特的形式和规律的表达习惯,特别是在新闻翻译这一特殊文体的翻译实践中,内容与形式应该是紧密结合的。但是为了保证新闻文本中信息的有效传递,内容应该选择使文本能够有效交际和信息精确的形式。这一问题也在赖斯的理论中被重点提出来。因此在翻译实践指导中,从翻译语体特性出发,无论内容还是形式都需要提醒学生注意。

(四) "功能+忠诚"理论对新闻翻译的指导作用

"功能+忠诚"理论以文本为基础,指导译者从认识译文文本在目标语境中的功能出发,在最大限度地忠诚于各方的基础上,把译文功能与处于特定语境的源语文本同时加以考虑。诺德的这一理论是对目的论的补充,同样对新闻翻译实践可以起到相应的指导作用。

新闻翻译的受众层次复杂,译文很难达到能够满足所有受众期待的要求,甚至某些时候可能会有与翻译目的语源语写作意图相违背的情况,因此仅仅从目的一个方面出发不能充分达到信息传递的目的。但是忠诚原则并不是与目的原则相对立的,因为在诺德的理论中,忠诚原则并不仅仅针对的是源语文本写作意图一方,而是"一种人际关系,包括译者、源语文本发送者、目的语文本对象,还有发起人",即一种人与人之间的社会关系。这样,对于翻译实践中的忠诚原则,就需要用动态的、流动的方式去处理。

教师应鼓励学生在翻译实践中,对忠诚原则中出现的各方进行分析,从而进一步明确每次翻译的目的;也可以在翻译实践中,逐条变换各方的重要地位,进而比较在各方侧重发生变化后,译文产生的变化。通过这样的练习,加深学生对于忠诚原则中各方的印象以及翻译策略的运用。

但是,在诺德的忠诚理论中,认为"忠诚是一种道德原则,是交际过程参与者人际关系之间不可或缺的东西,而忠实不过是两文本间的技术关系",将忠诚与忠实在本质上区分开来,从各个层面来看,忠诚确实是比忠实更进一步的学说。而在进行新闻文本翻译的时候,考虑到某些特殊(诸如政治敏感度较高的)话题,左右译文结果的并不仅仅是忠实或忠诚那么简单,这也是很多时候从事新闻翻译实践的难点所在,需要具体问题具体分析。

五、结语

综上所述,将功能翻译理论应用到新闻翻译实践中,具有重要的意义。通过目的性原则,为译者指明了翻译方向;连贯性原则在语篇上对译文提出了要求,而忠实性原则与连贯性原则相辅相成、相互作用,更加规范了译语的语言表达形式;文本类型理论协调了内容与形式之间的关系;"功能+忠诚"原则要求译者既要对受众负责,又要尊重作者,统和了译文目的和原作者的意图。

根茨勒曾宣称,"在过去20多年翻译研究的发展中,有两大重要的转变,一是由以源语文本为导向过渡到了以目的语文本为导向,二是翻译培训模式由单纯语言学转向了文化因素与语言学要素相结合这一模式"。由此可见,功能翻译理论在翻译研究的发展中起到了重要作用。作为翻译理论与实践的一部分,翻译实践活动需要及时更新翻译思想、翻译策略,特别是在最初接触翻译工作的课堂教学中,教师应及时将新方法、新主张带进课堂,用进步且实用的理论来指导和规范学生的翻译实践活动,培养学生具备良好的翻译素养,养成良好的翻译习惯。可以看到,功能翻译理论无论是在翻译理论研究还是在翻译实践中都具有指导作用,在与我国翻译理论与实践研究相结合的过程中,值得深入研究的问题还有很多。

参考文献

Gentzler, Edwin, *Contemporary Translation Theories* (Revised Second Edition),上海外语教育出版社 2004 年版。

Reiss, Katharina, *Translation Criticism*, *The Potential & Limitations*,上海外语教育出版社 2004 年版。

Nord, Christiane, *Translation As A Purposeful Activity*, *Functionalist Approaches Explained*,上海外语教育出版社 2001 年版。

贾文波:《应用翻译功能论》,中国对外翻译出版有限公司 2012 年版。

周觉知:《德国功能翻译理论述评》,《求索》2006 年第 1 期。

(段然,中国传媒大学外国语学院讲师)

中日对比视角下的"时间"隐喻研究
——以"时间是物理实体"为例

○林茜茜　韩　涛

摘　要　语言不是客观存在的,是我们与外部世界相互作用的结果,反映了我们认知这个世界的方式。而隐喻(metaphor)不仅仅是一种修辞手法,概念隐喻学理论认为隐喻是概念性的,是人类认知客观世界的一种方略(Lakoff and Johnson 1980)。特别是当我们对抽象概念进行理解的时候,往往离不开隐喻的帮助。与众多概念相比,"时间"是一种抽象的概念,所以,我们对"时间"的理解同样离不开隐喻。本研究尝试以"时间"为研究对象,借助汉语和日语汉日互译中各自对时间的表达方式,来剖析中日间有关时间概念理解上的异同。通过揭示出中日间的异同,我们希望对翻译领域有所启发,有所运用,进而推动和加深中日相互理解,促进中日两国文化交流。

关键词　时间;认知;存在物;流体;固体;相同点;异同点

一、引言

　　人类在和外部世界相互作用的过程中获得了各种各样的抽象概念,"时间"可以说就是其中的一个。以下我们就来探讨一下关于"时间"这个抽象概念在人们的日常生活中是怎样理解和如何表达的。

　　以往有关这方面的问题,包括日英对照和中英对照在内,进行了不少的考察研究(Shinohara,1999;龚萍,2005;Yu2012;蓝杨,2012)。但是与此同时,我们发现从中日对照研究的观点出发,对这个问题的研究还为数不多。而且,多数研究都受到了莱考夫(Lakoff)和约翰逊(Johnson)关于时间隐喻相关论述的影响,以"时间是移动"(Time as Motion)①为出发点的研究有很多。与此相对应,目前现阶段还没有把"时间"作为"物体"(比如说固体—流体)来对"时间"问题进行相关研究。

本研究把"时间"作为一种"存在物",对关于暗喻"时间"的汉日互译的表达进行考察分析,从而找到在对"时间"的相关认识中的汉语和日语的相同点和异同点。

二、汉语和日语中关于时间的描述在认知方面的异同

"时间"和"颜色"、"声音"这样的概念不同,它不是通过直接感官的捕捉、具体部位的感觉才存在并产生意义的,而是一种非常抽象的概念。正因为如此,所以我们在理解和描述"时间"的时候,首先要在空间上给予并固定一定的轮廓使之存在概念化、具体化。

(1)a. 髪を長くする　　　b. 時間を長くする
(2)a. 髪を短くする　　　b. 時間を短くする

上述例(1)(2)所描述的,在日语当中「○○を長く/短くする」这样的表达方式不仅可以用来表达"头发"的"长短",描述"时间"也同样适用。而这时候就可以看出"时间"作为一种拥有"长短"的"存在物"而被概念化。接下来的例(3)(4)也可以看出,和日语相同,汉语中同样有这样的表达方式。

(3)a. 头发长［髪が長い］　　b. 时间长［時間が長い］
(4)b. 头发短［髪が短い］　　b. 时间短［時間が短く］

---

① 据莱考夫和约翰逊所阐述的、隐喻(暗喻)可以进一步更具体地分为:(1)时间是移动物体(Time is a Moving Object);(2)时间是观察者在移动时所观察到的风景(Time is a Line Along Which Observers Move)两个方面。而这其中,前者为本次考察的先行研究和参考对象。

另一方面,虽说是可以用"长短"来描述的"存在物",但是"头发"和"时间"也有很大的不同。比如说,日语在表达「髪を短くする」的时候,「髪を短く切る」或者「ハサミで髪を短く切る」等可以表达得更为具体形象。但是在描述"时间"的时候,这样的表达用语就不适用,就不能说"用剪刀把时间剪短"。换句话说,在日语中和"头发"这样的具体的"存在物"相比,"时间"是抽象意义上的被概念化的"存在物"。从下面的例(5)(6)的成立与否就可以看出,关于"时间"的认知和描述,汉语和日语所存在的相同点。

(5) a. 把头发<u>剪短</u>［髪を短く切る］
    b. ＊把时间<u>剪短</u>［＊時間を短く切る］
(6) a. <u>用剪子把头发剪短</u>［ハサミで髪を短く切る］
    b. ＊<u>用剪子把时间剪短</u>［＊ハサミで時間を短く切る］

而且,从以下例(7)可以看出,日语在描述"时间"的时候可以用描述「飛行機」(飞机)时相同的「飛び去る」(飞逝远去)这样的用语来表达,形象地比喻为一种"可移动物体"。

(7) a. 飛行機は<u>飛び去る</u>　　　b. 時間は<u>飛び去る</u>

这时可以把"时间"看作一个被概念化的"固体"来考虑。但是,在汉语当中就有所不同。比如说接下来的例(8a)(8b)所表达的那样,汉语当中所谓的"飞走"这个动词,不能像用在表达「飛行機」(飞机)飞走那样来描述"时间"。所以,汉语在表达相同意思的时候就必须要用"流走"这个词语来描述。换句话说,对于汉语来说,要用描述"流体"时的用语来表达"时间"更为恰当。

(8) a. 飞机<u>飞走了</u>［飛行機が飛び去った］
    b. ＊时间<u>飞走了</u>
    c. 时间<u>飞快地流走了</u>［時間が飛ぶように流れて行った］

虽说关于"固体"(individuum)和"流体"(fluid)的描述这一点,汉语和日语有所不同,但是,以下像例(9)(10)所表述的那样,如果在描述"时间"的句子中插入表示移动方向性的词语就很不恰当。也就是说，在表示"时间"的语句中不能插入表示方向的移动性词语。在这一点上，无论汉语还是日语，都是一致的。

(9) a. 飛行機は<u>東へ/西へ</u>飛び去る
    b. ＊時間は<u>東へ/西へ</u>飛び去る
(10) a. 飞机<u>向东/向西</u>飞走了［飛行機が東へ/西へ飛び去った］
    b. ＊时间<u>向东/向西</u>飞快地流走了

之所以"时间"不能用东西等表示方向的移动性词语来描述，可以认为是所谓的关于"时间"的"前后"制约理论作用的结果。

以下分析汉日互译的例句，进一步从"固体"和"流体"的观点出发，具体考察分析汉语和日语中关于"时间"表现的概念隐喻。

(一)作为"流体"的"时间"

首先，在日语当中有很多用"流体"的表达方式来描述"时间"的表现手法。以下列举一些在日语当中作为"流体"来表述"时间"的概念隐喻的表现例句。

(11) a. 月日が<u>流れる</u>
    b. 時の<u>流れに逆行する</u>
    c. 時の<u>流れに巻き込まれる</u>

如例(11)中所表述的，"时间"不仅可以像"河川"那样流淌，而且还可以追溯倒流，甚至可以卷入旋涡。这一点和我们对流淌的"河川"的认知是完全不同的。所以，与此相对应的，我们来看一下例(12)所表述的关于我们在日常生活中对于"河川"流淌的"样态"和"速度"的认知表现。

(12) a. ダラーッと流れる   b. ゆっくりと流れる
    c. スースーと流れる   d. ドッと流れる
    e. どろりと流れる   f. パッと流れる

g. サラサラと流れる　　h. ゆったりと流れる
i. 滔々と流れる　　　　j. ドバッーと流れる
k. のんびりと流れる　　l. ゴーゴーと流れる
m. ざぶざぶと流れる　　n. どくどくと流れる
o. どっどっと流れる　　p. ざーざー流れる

以下我们在例(13)中所看到的,上述的部分表达方式,同样也可以运用在描述"时间"的表现方式中。

(13) a. ダラーッと流れる時間　　　b. ゆっくりと流れる時間
c. *スースーと流れる時間　　d. ?ドッと流れる時間
e. どろりと流れる時間　　　f. *パッと流れる時間
g. *サラサラと流れる時間　　h. ゆったりと流れる時間
i. 滔々と流れる時間　　　　j. *ドバッーと流れる
k. のんびりと流れる時間　　l. *ゴーゴーと流れる
m. *ざぶざぶと流れる時間　　n. *どくどくと流れる時間
o. *どっどっと流れる　　　　p. *ざーざー流れる時間

另一方面,汉语当中也和日语一样,可以把"时间"比作"河川"这样的流体,作为一种概念化来形象地描述。

(14) a. 岁月<u>流逝</u>[時が流れる]
b. <u>跨越</u>时间的<u>长河</u>[時間の流れを越える]
c. <u>在</u>时间的<u>长河里逆流而上</u>[時間の流れを遡って行く]
d. <u>浩渺</u>的时间长河[広々とした時間の流れ]
e. 时间<u>缓缓地流逝</u>[時間がゆったりと流れてゆく]
f. 时间<u>飞速地流逝</u>[時間が急速に流れてゆく]

另外,从上述例(14d)至例(14f)所描述可见,借用"河川"的"样态"和"速度"的表现手法来将"时间"概念化的表现,在汉语中也是可以看到的。

除此以外,在汉语当中,也有很多把"时间"作为"容器"中的"流体"将其概念化的表现手法。比如例(15)所表述的,这个时候我们所说的"容器"——"内容物"的性质,具体地讲就是如果想要得到"容器"中的"内容物",就必须努力地将"内容物"从"容器"中取出。而这种对于时间的表达方式正是基于这个原理的推论。

(15)a. 你把所有可做可不做的事拒绝掉,时间就像湿毛巾里的水,<u>一滴一滴地拧出来了</u>。
〔どうでもいいことをすべて断れば、時間はまるで湿ったタオルの中の水のように、少しずつ出てくる(←一滴ずつ搾り出される)のだ。〕
b. 时间,就像海绵里的水,只要你愿<u>挤</u>,总是会有的。
〔時間はスポンジの中の水の如く、絞りさえすれば、所詮出てくるものなのだ。〕

但是,在本研究中并没有发现日语当中,有同样类似于「○○から時間を絞り出す」这样的表现手法。从这一点来看,在时间的表达方式上,可以说汉语和日语还是有不同之处的。

(二)作为"固体"的"时间"

分析日语的表达方式,日语在描述和"时间"相关的用语中,把"时间"看作"固体"将其概念化。以下的例(16)就是这样的表现。①

(16)a. 冬が<u>忍び寄る</u>
b. 時間が<u>押す</u>
c. 時間を<u>置く</u>
d. 時間を<u>削る</u>
e. 時間を<u>つぶす</u>
f. ゴチ新メンバー発表にまさか2時間<u>引っ張る</u>のでしょうか?

---

① http://detail.chiebukuro.yahoo.co.jp/qa/question_detail/q1110484136.

例(16a)和例(7b)一样,不仅是作为"固体",而且是作为一种可移动的"固体"将"时间"概念化。与此相对应的,例(16b)至例(16f)也同样把"时间"隐喻为"固体",但是不是概念化为移动物体,而是将"时间"概念化为纯粹的可操作作用的"对象物"的"固体"。

用同样的方法分析汉语的表达方式,汉语在描述和"时间"相关的用语中,也将"时间"作为"固体"来描述将其概念化。以下的例(17)就是这样的表现。

(17) a. 光阴似箭[光陰矢のごとし]
　　　b. 岁月如梭[歳月は早く過ぎる(梭のごとし)]
　　　c. 放一段时间[しばらく時間を置く]
　　　d. 拖时间[時間を引き延ばす]

例(17)的语句可以看出,汉语在描述和"时间"相关的表现形式中,把"时间"概念化为可"移动的固体",同样也有把"时间"概念化为可"操作的对象物"的"固体"。这两种表现手法都有。从这一点来讲,汉语和日语具有相同点。但是与此同时,我们再来看看以下的例(18)和例(19)所描述的句子,对于此类的表达方式就不能够直译为相应的汉语来表达。

(18) a. 時間を削る
　　　b. ＊削时间(→减少时间)
(19) a. 時間をつぶす
　　　b. ＊弄碎时间(→消磨时间)

上述的例(18b)和例(19b)直译为汉语的时候不成立。从这一点可以看出,在表现方式中同样是将"时间"比喻为"动作"的"对象物"将其概念化,但是汉语和日语相比较,在此类的表述当中,汉语没有日语具有变化的多样性。也就是说,在这类描述"时间"的表达中,日语比汉语具有更灵活的可变性。

三、结语

正如莱考夫和约翰逊中所阐述的,隐喻不仅仅是简单的文章修饰,或者说是一种文彩,而是和我们的日常生活,特别是行为习惯、社会文化以及思考模式密切相关的。正因为这一点,所以我们可以通过对不同语言、文化背景下名词概念化的考察分析,看到同一个概念、同一种表达,或者同一个文化共同体的背后存在着不同的思考方式和行为模式。与以往的研究不同,本研究通过大量的关于"时间"表述的汉语和日语例句分析,从"物理实体"("流体"—"固体")的角度,对时间隐喻进行了考察。由此得出,对于"时间"的认知表现,汉语和日语既有相同之处也有异同之处。我们希望能够为汉日互译领域有所借鉴,能够为促进中日文化交流以及相互理解起到推动作用。

参考文献

龚萍:《从认知语言学角度看英汉语时间概念隐语的差异》,《长江大学学报》2005年第28卷第4期。

蓝杨:《朱自清〈匆匆〉汉英版本中时间概念隐喻探析》,《盐城师范学院学报》2012年第32卷第1期。

Kazuko, Shinohara 1999. "Epistemology of Space and Time: Analysis of Conceptual Metaphors in English and Japanese", *Educational Studies*, 41, pp. 195—213.

Lakoff, George and Mark Johnson. 1980. *Metaphors We Live By*. Chicago: University of Chicago Press.

Ning, Yu 2012. "The Metaphorical Orientation of Time in Chinese", *Journal of Pragmatics*, 44, pp. 1335—1354.

日本語用例出典:KOTONOHA(現代日本語書き言葉均衡コーパス)

中国語用例出典:北京大学中国語研究センター(CCL)語料庫

(林茜茜,中国传媒大学外国语学院讲师;
韩涛,北京外国语大学日语系讲师)

功能翻译理论下的德语委婉语翻译策略

○张世胠

一、引言

委婉语是人类语言使用过程中的一种普遍现象,是人们谈论那些令人不快或尴尬的事情时所使用的较为礼貌的说法。它是一种修辞格,更是一种文化现象。在古汉语中,委婉语则被称为"曲语",指说话时,迂回曲折,含蓄隐晦,但达到较好的语言交际效果。委婉语是世界上各个民族都有的语言单位和语言现象,是人们在社会交往中为谋求理想的交际效果而创造的一种适当的语言形式。许多文化都存在着共同的禁忌,如死亡、生理行为、生理缺陷、职业、疾病、外交辞令等,但由于文化传统的差异,相同的领域可能又存在着不同的表达或程度的深浅。

不言而喻,委婉语具有重要的社会功能:一方面,它可以维持语言禁忌的施使和效能;另一方面,它可以用来保持良好的人际关系,促进言语交际的正常进行。同时它也从一个侧面反映了一种文化、一个社会的价值观或崇尚心理。

就委婉语的定义而言,被引用较多的一是来自于斯托克和哈特曼等编著的《语言与语言学词典》:"用一种不明说的,能使人感到愉快的含糊说法,代替具有令人不悦的含义不够尊重的表达方法";另一种则来自法文版的《语言学词典》:"委婉语就是用婉转或温和的方式来表达某些事实或思想,以减轻其粗俗的程度。"

在德语中，委婉语的使用频率很高，无论是在日常会话中，还是在各种书面文字里，都有可能遇到这种语言现象。小到描述人们日常生活的吃喝拉撒，大到表达国家政治经济的成败兴衰，遍布于各种语体和语境中。

由于委婉语是语义的婉转表达，不那么直观、明确，而且在语言背后，它更多地是在传递一种跟历史文化以及风土人情密切相关的避讳心理，所以委婉语的翻译并非一种单纯的语言解码，同时也是一种文化解码。译者在进行委婉语的翻译时，通常面临着以下两个难点：首先，他必须能够识别出源语的委婉表达，也就是说，他要能理解晦涩、含蓄的用语背后所隐含的真正所指；其次，他必须作出正确的决策，如何将源语中的委婉表述恰当地用目的语表达出来。需要注意的是，在不同的文化环境中，人们对同一事物很可能产生不尽相同的心理感受，这也就意味着，在源文化语境中需要被避讳的事物很可能在目的语文化中被看作是中性的，可以被直接表述的。这就要求译者借助自身的跨文化能力采取正确的翻译策略。

本文以汉斯·费米尔（Hans j Vermeer）的翻译目的论作为理论基础，选取一定领域的德语委婉语作为分析语料，尝试在考虑中德受众语言及文化差异的前提下，如何合理地将德语委婉语进行汉译。

二、汉斯·费米尔的翻译目的论

(一) 目的论简介

从 20 世纪 50 年代起，西方翻译理论基本上是与语言学同步发展的。翻译理论家倾向于从语言学角度来看待翻译。然而，在 20 世纪六七十年代语言学理论一统天下的时期，欧洲翻译理论界并没有充分认识到翻译的本质不仅是纯语言方面的转换，而是建立在语言形式上的不同文化间的交流。随着翻译实践和研究的发展，语言学派也逐渐意识到其内在的弱点。出于对这种纯语言学翻译理论的不满，70 年代西方已经出现了面向译语文化的翻译研究趋向，打破了以前文本中心论的翻译研究传统，使译者更多地关注译文和译文读者，更多地关注译文的社会效应和交际功能。以新的视角重新审视翻译活动,德国功能派翻译理论摆脱了当时盛行的对等翻译理论的束缚,拓宽了翻译理论研究的领域,赋予了翻译更多的涵义。

功能派翻译理论奠基人凯瑟琳娜·赖斯(Katharina Reiß)在《翻译批评的可能性与限制》(*Possibilities and Limitations in Translation Criticism*)中首次提出翻译功能论。她把"功能类型"这个概念引入翻译理论,并将文本功能列为翻译批评的一个标准,提出理想的翻译应该是原文本与目标文本在内容、语言形式和交际功能等几个层面与原文建立起对等关系。她的学生汉斯·费米尔则进一步打破了对等理论的局限,摆脱了以源语为中心的等值论的束缚,提出以文本目的为翻译活动的第一准则,创立了功能派的奠基理论——目的论。目的论的核心概念是:翻译方法和翻译策略必须由译文预期目的或功能决定。费米尔根据行为理论提出翻译(包括口译、笔译)是一种人类的行为活动,并且具有人类行为活动的一般共性——这是一种受特定背景影响的有目的的活动。费米尔提出"翻译是一种人类行为",而"任何行为都具有目的"。因此,翻译是"在目的语情景中为某种目的及目的受众而生产的语篇"。

翻译目的论(Skopostheorie)是将目标(Skopos)概念运用于翻译的理论,其核心概念是:翻译过程的最主要因素是整体翻译行为的目的。在目的论框架中,决定翻译目的的最重要因素之一是受众——译文所意指的接受者,他们有自己的文化背景知识、对译文的期待以及交际需求。每一种翻译都指向一定的受众,因此翻译是在"目的语情景中为某种目的及目标受众而生产的语篇"。费米尔认为,原文只是为目标受众提供部分或全部信息的源泉。可见原文在目的论中的地位明显低于其在对等论中的地位。翻译目的论的两项基本原则是:(1)翻译的各方面的交互作用受翻译目的所决定;(2)目的随接收对象的不同而变化。按照这两项原则,译者可以为了达到目的而采用任何他自己认为适当的翻译策略。换句话说,目的决定方式(The end justifies the means)。

(二)目的论的三法则

1. 目的原则

目的论认为,所有翻译活动遵循的首要原则是"目的原则",即翻译应能在译入语情境和文化中,按译入语接受者期待的方式发生作用。翻译行为所要达到的目的决定整个翻译行为的过程,即结果决定方法。但翻译活动可以有多个目的,这些目的进一步划分为三类:(1)译者的基本目的(如谋生);(2)译文的交际目的(如启迪读者);(3)使用某种特殊的翻译手段所要达到的目的(如为了说明某种语言中的语法结构的特殊之处采用按其结构直译的方式)。但是,通常情况下,"目的"指的是译文的交际目的,即"译文在译入语社会文化语境中对译入语读者产生的交际功能"。(Venuti:2004)因此,译者应在给定的翻译语境中明确其特定目的,并根据这一目的来决定采用何种翻译方法——直译、意译或介于两者之间。

2. 连贯性原则和忠实性原则

连贯性(coherence rule)指译文必须符合语内连贯(intra-textual coherence)的标准,即译文具有可读性和可接受性,能够使接受者理解并在译入语文化及使用译文的交际语境中有意义。忠实性原则(fidelity rule)指原文与译文之间应该存在语际连贯一致(inter-textual coherence)。这相当于其他翻译理论所谓的忠实于原文,但与原文忠实的程度和形式取决于译文的目的和译者对原文的理解。

3. 忠诚原则(loyalty principle)

这是由诺德提出的。她发现目的论有两大缺陷:首先,由于文化模式的差异,不同文化背景中的人对好的译文有不同的看法;另外,如果目的原则所要求的译文的交际目的与原文作者的意图刚好相反,那么我们就会遵守目的原则而违背忠实性原则。因此,诺德就提出了忠诚原则来解决文化差异及翻译行为的参与者之间的关系。诺德认为,译者对译文接受者负有道义上的责任,必须向他们解释自己所做的一切以及这样做的原因。这是忠诚原则的一方面。该原则的另一方面则是要求译者对原文作者忠诚。译者应尊重原作者，协调译文目的语与作者意图。（诺德：2001）因此，忠诚原则主要关注翻译过程中译者与原作者、客户、译文接受者等参与者之间的关系。诺德提出译者应该遵循"功能＋忠诚"的指导原则，从而完善了该理论。

翻译目的论将翻译看作是一种交际行为和文化传递，认为翻译的目的应该是翻译过程中遵循的最高标准，译者在翻译过程中要根据翻译目的来选择恰当的翻译方法。

三、德语委婉语的汉译

本文对于德语中委婉语汉译的探讨正是以费米尔提出的翻译目的论为理论基础，把如何克服文化背景以及意识形态方面的差异，让汉语受众能够自然地理解并接受德语委婉语传递的信息，并且避免产生排斥情绪作为目的。因此本文的重点在于考量中德文化差异下的委婉语翻译，所以并没有涉及对文本的设定，而是依照不同的使用领域来探讨德语委婉语汉译的翻译策略。

（一）属于特殊范畴的政治类委婉语

无论在哪种文化或者语言环境中，政治语言都承载着特殊的作用。领导阶级或者一定的利益团体要实现对国家的掌控或者实现设定的目标，便不可忽视语言在信息传递中的重要作用。因此政治类委婉语不可避免地渗透着话语发布阶层或者团体的意志，他们希望通过这些委婉语的使用来影响社会中的其他成员，同时又要避免让后者产生反感情绪。

德国属于西方民主社会，对于政治家而言，语言有着更加重要的作用。他们要想在竞选中获胜或者让政治设想得以实现，就必须小心翼翼地避免触及民众的神经敏感带，必须用掩饰性的、模糊的用语来表达那些可能引起民众不满或抵触的概念。

在德国的政府公文中经常出现"受社会亏待者"（die von unserer Gesellschaft Benachteiligten）这一概念，实指社会中的穷人。如果我们按照原文的隐晦表达在中文里译为"受社会亏待者",却未必让人联想到穷人。因为与德国社会相比,贫穷在中国社会并非是如此可怕、如此需要避讳的一个概念。相反,当中文受众看到"受社会亏待者"这一表述,反而会感到陌生,甚至不明所指。所以为了达到语用对等这一目的,我们不妨放弃原文中的委婉手法,将这一表述直接译为"穷人"。

再比如,德语中习惯用"左翼"(Linksgewinde)和"右翼"(Rechtsgewinde)来指代党派。但不同于中国共产党内部用左派和右派来区分政治上的激进派和保守派,德国的"左翼"指代支持社会主义的党派,"右翼"则指代支持民族主义的党派。所以当中文受众看到"左翼"以及"右翼"这样的字眼,很容易联想起本国共产党内部的表述,而产生不准确的理解。所以建议把"Linksgewinde"和"Rechtsgewinde"更直接、更明确地译为"德国社民党派"和"德国民族主义派",或者在"左翼"或者"右翼"的译法后面添加这样的说明。

同样在经济领域也不乏这样的例子。德语中经常使用"爬行动物基金"来指代"政府的秘密资金"。这一用语最初源于俾斯麦执政时期用来对抗国家秘密敌人(爬行动物)的资金。毫无疑问,字面上对应原文的委婉译法会让中文受众不知所云。但是如果译为"政府的小金库",就能够很好地让中文受众会意。

此外,德国社会中各种名目的税收也让民众十分反感,于是孕育而生了不少表达税收的委婉语或替代语,例如贡献费(Beitrag)、赠送款(Spende)、捐赠费(Opfer)等等,甚至连税务局都被隐晦地称为"无声的股东"(Stiller Teilhaber)。但在中国社会,税收仍然是一个比较中性、并不让人十分敏感的概念。所以在翻译过程中为了帮助中文受众达到更好的理解效果,完全可以把上述委婉表达法直接译为"税收"、"税款"以及"税务局"。

(二)宗教领域

基于宗教产生的畏惧一直以来都是使用委婉语的一个重要原因。与在其他许多西方国家一样,基督教在德国占有非常重要的地位,它影响着人们生活的诸多方面,这些影响也在委婉语中得以体现。

由宗教产生的畏惧最常见的一种表现就是不敢直接说出上帝之名,以免破坏了上帝之名的圣洁或者担心滥用了神圣的称号。于是产生了一系列表示上帝的替代委婉语,如"至高无上者"(das hoechste Wesen)、"永生者"(der Ewige)、"主人"(der Herr)、"天上的父亲"(Vater im Himmel)、"造物主"(Schoepfer)、"万能者"(der Alleskoennende)等。而对于耶稣基督同样有不少委婉称呼,例如"救世主"(Heiland)、"大卫之子"(Sohn Davids)、"世界之光"(das Licht der Welt)、"来自拿撒勒的人"(der Nazarener)以及"人类之子"(des Menschen Sohn)等。每一个有关上帝或者耶稣的委婉称呼都能在《圣经》中找到出处,德国人在遇到这些称呼时也会非常自然地想到上帝或者耶稣,因为几乎所有的德国人都对语言背后的宗教背景熟记于心。但是如果将这些称呼的委婉意译为中文,却未必能在中文受众那里引起相应的联想,因为大多数中文受众并不熟悉西方的宗教背景。当然这也绝不意味着应该将上述所有委婉指代一律统统直接译为"上帝"或者"耶稣"。尤其是当这些称呼出现在文学作品中,它的翻译文本在语体上的对等性也至关重要时,译者需要尽可能地保留委婉称呼中的象征意义。也就是说,需要为传达象征意义的字面翻译添加补充说明,使中文受众不仅明白这些称谓的所指,同时也了解到隐藏在其背后的西方宗教背景。

类似的例子还有用来称呼《圣经》的"生命之书"(das Buch des Lebens)、"启示录"(die Offenbarung)和"神圣的文字"(Heilige Schrift);用来称呼教堂的"上帝的房子"(das Gotteshaus);用来称呼神父的"父亲"(Vater)、"牧人"(Hirt)、黑袍(Schwarzrock)等,以及用来称呼修女的"上帝的新娘"(Gottesbraut)和"天上的新娘"(Himmelsbraut)等。遇到这样一些委婉称呼时,译者首先必须明确是在怎样的语境中,出于何种目的再进行翻译。如果是在文学语境中翻译,则需要尽可能地保留原称呼的委婉特征;而如果出现在日常语境中,那么完全可以考虑直接译出委婉语背后实际所指的真正含义。

(三)社会生活领域

不论哪个社会都存在着一些会引起人不适,从而让人想要尽量避讳的事物。从这一意义上讲,委婉语就像是一种润滑剂,能将这种不适感降低到最小。由于中德两国有着不尽相同的社会风俗和道德礼仪,因此两国人民可能会对同一事物产生不同的看法观点或者情感态度;另一方面,他们有可能就同一个需要避讳的事物采用截然不同的委婉方式。接下来我们将从婚姻和家庭、年龄以及职业等方面的实例来探讨委婉语的汉译可能性。

1. 婚姻和家庭

不论在德国社会还是中国社会,忠实于婚姻都是公认的基本道德。因此人们试图将对婚姻的不忠用掩饰性的、间接的方式来表达,以免引起听者的不适。例如德国人会用"采邻居家里的樱桃"(Kirschen in Nachbars Garten pfluecken)、"拨弄别人小提琴上的琴弦"(Du fiedelst auf fremder Geige)或者"一把小提琴不满足于一根琴弦"(Eine kleine Geige ist mit einem Fiedelbogen oft nicht zufrieden)来隐晦地描述婚姻中的出轨。可是如果我们将这些隐晦的表述从字面上转译为中文,却很难让中文受众正确联想到其背后的真正所指。因为在中文的表达习惯中,摘樱桃或者拨弄琴弦和不正当的婚外关系毫不相关。这时译者只有放弃原文中的隐喻,而采用中文受众熟悉的比喻来传达委婉语所蕴含的意义。例如可以考虑采用"沾花惹草"或者"红杏出墙"之类的表述,既让中文受众准确理解了原文传达的信息,又保留了隐晦、比喻化的表达形式。

在德国社会,未婚同居并非罕见现象,但毕竟经过法律程序的婚姻才是完全符合社会准则的,所以德语中出现了一系列称呼来隐晦地表述未婚同居的关系,例如"野婚"(wilde Ehe)、"自由婚姻"(freie Ehe)、"时段婚姻"(Zeitehe)等。与德国不同,未婚同居的现象在中国并不那么常见,人们对此更多是抱以一种批判否定的而非中性的态度。人们也很少用隐晦的或者含蓄的称呼去美化这种关系。相反,如果让中文受众看到"野婚"、"自由婚姻"或者"时段婚姻"这样的表述,他们很容易感到困惑:这到底是什么样的婚姻?为了避免这种不解或困惑,译者可以直接译出委婉语背后所指的含义,即用"同居"来替代原文中的隐晦表述。

德语中对非婚生子女也有众多的委婉表述法,例如"爱之子"(Kind der Liebe)、"大衣里的孩子"(Mantelkind)、"爱的纪念"(Liebesandenken)或者

"勿忘我"(Vergissmeinnicht)等。上述委婉表达无一不表达出对非婚爱情的依恋，以及对这种非婚关系产生的结晶的包容。但在相对传统和保守的中国社会，非婚生子女往往被看作是一段不道德关系的证据。这也就意味着，按照德语原文字面翻译的表述很可能会与中国社会的道德理念相冲突，或者不被认可，所以直接译为"私生子"或许是更明智的选择。

2. 年龄

与中国社会不同，德国社会有着较为松散的家庭结构，很多老年人都不与子女生活在一起，甚至孤独一人生活。所以在德国社会，年老是一个被普遍避讳的概念，人们往往采用带有褒义色彩的委婉表达来指老年人，例如"年长者"(Senior)、"更成熟的青年"(reifere Jugend)、"年长的公民"(aeltere Mitbuerger)等，很少见到"老年"(alt)这一表述直接出现。就连养老院也往往采用"年长者的住所"(Seniorenwohnheim)或者"年长者饭店"(Seniorenhotel)来表述。在中国社会却有着截然相反的观念，年老不但不被忌讳，还经常看作被尊重，享有更高的声望。中文里的"老李"、"老王"是非常亲切且带有敬重之意的称呼，完全不会让人反感。因此，上文中隐藏"年老"这一概念的德语委婉语可以直接译为"老年人"以及"养老院"，更加符合中文受众的表达习惯。

3. 职业

随着社会的发展，人们对各种职业的看法也在渐渐发生变化，很多时候我们会采用委婉的说法来表示一些可能被人看轻的、没有受到足够尊重的职业。例如在德语中常用"室内装饰师"(Raumausstatter)来表示装修工人，"房间女护理员"(Raumpflegerin)来表示清洁女工，或者用"农业经营者"(Landwirt)来表示农民等。由于在中文语境中，人们同样希望对这样一些职业从语言上进行美化或者修饰，所以对德语委婉语的字面翻译恰恰可以满足中文受众的心理预期。不过需要注意的是，在直译的过程中也最好采用中文受众较为熟悉、较易接受的表达法，例如将Hausgehilfin译为"家政服务人员"就比"家庭助手"或者"家庭雇员"更为妥当。

四、结语

通过上述示例分析,我们已经可以得出一些可行的翻译策略,来帮助我们克服德语委婉语汉译过程中由于文化背景差异造成的障碍。当然,我们不可能罗列出各个领域中的全部委婉语,并一一为其找出翻译办法。本文只是希望可以将不同类型的委婉语进行区分,并让更多的译者重视文化心理因素在委婉语翻译过程中的重要性。

委婉语不仅是一种语言现象,更是一种社会现象。德汉两种委婉语既有共同之处,但又各具特点。对于不同的委婉语应采用不同的翻译法。现将德汉委婉语的翻译策略总结如下。

(一)直译法

对于在中德两个语境中都同样引起反感、需要采用隐晦表达的事物,可以将德语委婉表述直译为汉语,例如将 Hausgehilfin 译为"家政服务人员"或者将 Raumausstatter 译为"室内装饰师"。

(二)直译+注解

对于那些在中文中没有对应委婉称呼,但又必须保留其隐晦特性的委婉语,可以采用"直译+注解"的方式,这样才能让中文受众更好地理解其真正表达的含义。例如当我们将 Linksgewinde 译为"左翼"或者"左派"时,最好加以说明实际指代的是德国社民党派,以避免中文受众产生误解。

(三)采用中文里现有的委婉表达作为替代表述

我们经常发现中德两个语境虽然对同一事物都有避讳心理,但采用的隐晦表述方式却大不相同。在这种情况下,为了便于中文受众理解,同时有效地保留原文的委婉性,可以大胆使用中文里现有的委婉表达作为译文表述。例如,我们完全可以将 Du fiedelst auf fremder Geige. 译为"红杏出墙",而不必生硬地将其译为"拨动别人的琴弦"。

(四)放弃委婉,采用直接表达

由于中德文化的巨大差异,在德语中需要避讳的一些概念在中文语境中有可能完全是中性甚至是褒义的,完全不需要隐晦表述的。例如可以将Senioren直接译为"老年人"便未尝不可,"老"在中文里原本就包含有敬意。

不过关于上述翻译策略的使用并没有固定的原则。因为究竟选取哪一种翻译策略必须取决于我们的翻译目的,也就是说,必须要考虑我们的语言环境和语用氛围。因此,就同一个德语委婉语,我们甚至有可能采用不同的翻译策略。但是,只有当译者清楚地意识到中德语境对委婉语使用的文化异同时,他才有可能成功实现对委婉语的语言以及文化转译。

参考文献

Luchtenberg, Sigrid. 1985. Euphemismen im heutigen Deutsch. Frankfurt/Main: Peter Lang.

Nord, C. 2001. Translating as a Purposeful Activity. Shanghai: Shanghai Foreign Language Education Press.

Reiss, Katharina. /Vermeer, Hans J. 1991. Grundlegung einer allgemeinen Translationstheorie. Tuebingen: Max Niemeyer.

Venuti, Lawrence. 2004. *The Translator's Invisibility*. Shanghai: Shanghai Foreign Language Education Press.

刘宓庆:《翻译与语言哲学》,中国对外翻译出版公司2001年版。

罗选民:《跨文化视野中的异化/归化翻译》,《中国翻译》2002年第5期。

孙致礼:《中国的文学翻译:从归化趋向异化》,《中国翻译》2002年第23卷第1期。

杨仕章:《论译者的文化身份》,《外语与翻译》2002年第1期。

(张世佶,中国传媒大学外国语学院欧语系讲师)

基于中国传媒大学"3+1"背景下的法语翻译课程体系建构

○尹明明

摘 要 本文基于中国传媒大学外语人才培养的"3+1"背景,以法语专业为例,提出翻译课程体系建构的初步构想。旨在强调:面对社会对高素质翻译人才的迫切需求,作为启蒙阶段的大学翻译课程的创新建设和发展尤为重要。为此,需要依托学校特色,明确界定翻译教学的性质,优化翻译课程设置,注重跨文化教育机制的建立及师资建设等。

关键词 中国传媒大学"3+1";法语翻译;课程建构

一、引言

随着对外开放的扩大及国际交流的日趋频繁,整个社会对高水平翻译人才的需求日益迫切,对从事翻译工作的人员提出了更高的要求。与此市场需求相适应,高校在培养外语专业人才的实践过程中,翻译课程体系建构就显得尤为重要。传统翻译教学课程设置单一,教材陈旧,教学方法呆板,多注重文学翻译,对实用翻译的研究和重视不足,翻译理论难以在课堂上与实践相结合,难以适应市场化的需求。为此,需要改变传统的培养模式,因校制宜,促进翻译课程的创新建设和发展。本文基于中国传媒大学法语教学"3+1"背景下,如何构建合理高效的翻译课程体系提出了自己的一些思考。

二、翻译课程建设的背景与现实困难

中国传媒大学法语专业翻译课在大四上半学期开设，是高年级的核心课程，主要授课对象为按照学校"3+1"培育模式，大三学年已在法国进行为期一年留学的学生。考虑到学生在法期间语言技能大幅提高、视野开阔的客观现状，为了更好地实现国内和国外、大三与大四跨年级授课的良好效果，我们每次在开设翻译课程前均展开了问卷调查，学生普遍反映对此课程期待程度较高。这是因为，一方面，翻译是综合技能的体现；另一方面，在大四求职过程中，很多招聘单位（如新华社、央视西法频道、中国国际广播电台等）的笔试与面试均以翻译的形式进行，对学生的综合翻译能力提出了较高要求。

从现实层面来讲，2013年4月，中国传媒大学外国语学院与中央电视台外语频道签订了双向人才培养（实验）基地，双方将充分发挥央视外语频道和中传的资源优势，构建双向人才培养机制，培养造就更多的高素质传媒人才，提升中国传播能力。根据该协议，法语、西班牙语、俄语三个语种的高年级学生（鉴于学生大三留学国外的现状，一般为大四学生）经过选拔可入台实习，其主要内容为新闻编译，表现优异者可优先留台工作。鉴于央视是我国进行对外宣传的权威传媒机构，在此背景下，再次凸显培养优质外宣翻译人才的必要性。

上述客观现实既表明翻译授课的重要性与迫切性，也引发了我们对于目前翻译教学客观存在的困难的思考，主要表现为以下两点：

（一）"3+1"教学体制与跨年级翻译课程体系的有效对接

自2001年建立法语专业伊始，法语组老师便对专业学科建设规划做了改革性的调整并重新定位了人才培养的规格。在"学科建设应突出个性、集中有限资源、谋求特色发展"的理念推动下，我们根据学校总体教学大纲的安排，实行了"3+1"的办学模式，即国内学习与国外学习相结合、课堂教学与社会实践相结合的办学模式。在此办学模式的指引下，我们于2003年6

月与法国里昂第二大学建立了合作关系,法语本科大二年级的学生采取公派自费的形式前往对象国进行为期近一年的学习,实行本校与合作学校学分互换制,合作学校为学生开设了法国文化与社会、法国史、欧洲经济与欧盟机构等课程。学习成绩合格者获交流学校颁发的大学文凭,迄今已有2001级、2005级、2006级、2007级、2008级、2009级、2011级、2012级的近200名学生从此模式中受益。

翻译课在中国传媒大学法语本科阶段属于高年级必修课程,安排在大学四年级上半学期开设,每周四个学时,包括口译和笔译两大部分。如何将学生大三年级在对象国所增长的语言知识转化为翻译技能?怎样实现跨年级翻译课程的有效对接?这些都是翻译授课教师亟待解决的问题。

(二)权威翻译教材的缺乏

在翻译教学和翻译人才培养中,翻译教材的重要性不言而喻,因为它们既是教师设计和实施教学活动的重要依据,也是学生借以获得课程经验的中介和手段。纵观市面上的法语翻译教材,比较常见的有:《新编法译汉教程》(冯百才编著,外文出版社2003年版),《法汉翻译理论与实践》(罗顺江、马彦华著,外语教学与研究出版社2004年版),《法汉翻译教程》(许钧主编,上海外语教育出版社2007年版),《法语笔译实务(2级)》(徐伟民主编,外文出版社2005年版),《法语笔译实务(3级)》(刘成富主编,外文出版社2006年版)。这些翻译教材尽管各有特色,但其突出的共同问题却是多为文学翻译的基础性教育材料,注重文学欣赏,大部分引例来自文学作品,缺乏多样化文本特点。而学生走上工作岗位后所接触的中译外文字材料主要是广告、合同、产品说明书、旅游资料等,造成学习者难以学以致用。为解决学生所学与市场需求相脱节的窘状,多年来中国传媒大学的翻译教师仍以使用自编教材为主。

除了上述困难,根据教学法原则,翻译本科阶段的课程设置还需要考虑以下因素:培养目标(文学翻译?科技翻译?商务口译?谈判口译?)、学生水平与学习动机、可支配的教学课时数(学分)、教师情况以及教学条件等。

三、翻译课程体系建构的几个关键因素

(一)明确界定翻译教学的性质

实施翻译教学,无论教师还是学生,必须首先对翻译的实质进行明确的界定。巴黎高等翻译学校的翻译课教授勒菲阿尔以现代翻译理论,尤其是释义翻译理论为根据,界定了翻译的概念。他明确而简洁地提出,翻译就是忠实地转达原作的信息。翻译的忠实性不是语言之间字、词、句的对等,而是原文与译文的内容、风格、文笔的对应,使译文读者得到如原文读者一样的信息,以实现原作者的写作意图。关于翻译活动的本质,我国学者吕俊认为,翻译是一种跨文化的信息交流与交换的活动,其本质是传播,无论口译、笔译、机器翻译,也无论是文学作品的翻译,抑或是科技文体的翻译,它们所要完成的任务都可以归结为信息的传播。吕俊进而提出,无论是何种翻译,以何种方式进行,都是一种信息的传播过程,都是一个系统(信源)通过操纵可选择的符号在影响另一个系统(信宿)而得到传播的过程。其中包括"谁传播"、"传播什么"、"通过什么渠道传播"、"向谁传播"、"传播的目的是什么"、"在什么场合下进行"以及"传播的效果如何"这七个要素。这七个要素的互动就组成了传播的全过程,也就形成了翻译的全过程。

基于上述译论者对翻译本质的认识,我们不难看出,翻译教学与外语教学既紧密相关联又有所区别。从系统教学的角度来看,两者密不可分,主要表现在外语运用能力中的听、说、读、写是语言活动的全部内容,是进行交流和获取知识的全部途径。翻译是语言的切换能力,是对比研究和辨析思维的重要途径,是拓宽视野、转变思维方式、获得创新意识或者灵感的契机。言及两者间的区别,主要表现在翻译教学研究是如何在充分积累相关专业知识的基础上进行双语转换的一种教学,其目的是帮助学生提高双语透悟能力,学会迂回思考,掌握综合技能,使之成为能胜任翻译实务和翻译研究的专门人才。

(二)优化翻译课程设置,促进技能训练的阶段性与完整性

教学方法包括三个要素:教师、教材和学生。教师应根据学生的需求、水平、能力和教学培养目标确定相应的教学内容和方法。教师在翻译教学中要根据教学对象的水平和学习动机,充分利用各种教学手段和方法,按照教学法原则制定切实可行的教学大纲。

北京语言大学高级翻译学院院长、著名法语翻译专家刘和平女士曾撰文指出:"口笔译训练有各自的规律和特点,但同属技能训练。技能训练包括粗略掌握、改进提高及巩固和运用自如三个阶段。根据技能训练原则和方法,不同阶段训练不同的内容,这样才会形成技能训练的完整体系。"由此受到启发,我们在进行翻译课程设置时,首先需要考虑不同学习阶段的教学目标:大一、大二基础阶段的翻译练习基本是脱离上下文交际背景的孤立句子,主要为夯实语言基础服务;大三阶段利用学生在对象国学习的客观优势,激发学生利用语言技能实现跨文化交流的交际目的;大四阶段的翻译课要能够帮助学生掌握正确的翻译方法,培养良好的工作习惯,进一步强化翻译的双语转换技能。其次,翻译课程体系的构建是一个系统工程,需要由语言基础、翻译技能、专业背景和工具运用四种类型的课程组成。就具体的课程分配比例而言,语法、写作、阅读等基础性课程应当在中低年级的教学中占据较大比例,从而为翻译专业技能的培养奠定基础;而诸如笔译、口译等翻译技能课程是整个教学过程的核心环节,应当在中高年级的教学中占据较大比例。关于课程设置,可以适当地增加选修课的比重,如在2014年版《中国传媒大学法语培养方案》中,通识教育的选修课程包括语言学导论、中西哲学与文化名篇导读、中西文化比较、西方文学名著选读、国际传播等等,开设这些课程的目的旨在提高学生的汉语水平的同时,强调翻译学习的人文底蕴。

(三)注重培养学生的多元文化意识,注意跨文化教育机制的建立

香港中文大学教授、著名翻译家金圣华在其《认识翻译真面目》的演讲中提及翻译具有跨文化交流的特性,她说:"翻译本身是一种跨文化交流的

复杂活动。一国或一地的人民要了解他国、他地的文化,除了要学习外语、沉浸其中之外,当然唯有依赖翻译一途。跨文化交流,翻译是必经之路。"另一位享有盛誉的著名翻译学者许钧也说:"翻译是以符号转换为手段、意义再生为任务的一项跨文化的交际活动。"在全球化大潮的冲击之下,文化间的接触得以强化,文化差异日趋明显。面对现状,培养学生与外国人交往与合作的能力应置于人才培养的核心地位,"跨文化能力"已成为现代人才培养中一个不可或缺的着眼点。面对这一新的形势,在翻译教学实践中不仅要求学生通晓本国文化,而且要深谙其他民族的文化习俗,保证自己的翻译能够在把握和体现不同国家和民族的文化心理和语言习惯的前提下进行,以有效地促进不同语言背景的人之间的沟通与交流。为此,我们需要关注翻译课程教学和人才培育的各个环节,充分发挥专业技能培养和文化知识传授两者间的协调作用。

在中法翻译的文化对比中,汉语中的四字成语及古诗词应该如何处理,以使其符合法国受众的审美需求,是跨文化对比的一个突出课题。这些富有中国鲜明文化特色的成语或诗词是一把双刃剑,用得好,则锦上添花,令人拍案叫绝;用得不好,也会产生卖弄文字、堆砌辞藻的反面效果。有人甚至认为这是"中国翻译界的大是大非问题,是中国文化能否走向世界的关键"。这种说法或许有些夸大其辞,但从另一个角度也不难看出中国译者对此的重视程度。翻译这类事物时通常以"释义"与"传神"为主,注意把握好分寸,用得恰到好处应是译者们孜孜以求的境界。笔者在大四法语的笔译授课中曾列举国务院前总理温家宝在 2012 年 3 月第十一届全国人大五次会议答记者问时的一些四字成语及古诗词的翻译,来进行中法文化对比,如温总理使用了"精诚所至,金石为开"来表明大陆与台湾的关系现状(法语译文:avec une grande sincérité, aucun obstacle n'est insurmontable,直译为"只要双方坦诚相对,任何困难都能克服");又如温总理谈及自己的工作态度——"入则恳恳以尽忠,出则谦谦以自悔"(法语译文:au travail, on accomplit son devoir avec dévouement et diligence; au repos, on examine sa conscience avec modestie et sérieux。汉语中的"入"和"出"不能等同于法语中的"entrée"与"sortie",而应理解为"工作中"和"休息时",所以译者将其很好地处理为"au travail"及"au repos");再如"苟利国家生死以,岂因祸福避趋之"(法语译文:pour celui qui s'est décidé à servir l'Etat sans se soucier de sa vie, il n'est pas du tout question de reculer devant un malheur,直译为"对于那些决定不顾个人安危服务国家的人来讲,在困难面前是毫不退缩的")。通过以上实例,我们可以看到中国的特色成语或古诗词在译成法语时,有时可以译本义,有时可以译引申义。但无论采取哪种方式,都要求译者具备丰厚的跨文化底蕴。

(四)师资队伍建设——翻译实践及文化鉴别力

要在教学中培养学生的翻译能力,这就要求老师必须提高自身的素质和能力,"打铁还需自身硬",翻译教师应当具有一定的翻译实践,这样在授课时才能现身说法,增强可信度。勒菲阿尔对翻译主体应具备怎样的条件才能保证翻译的基本质量提出了自己的标准。在论及译者的素质时,他明确提出了以下几个条件:(1)译者的译语写作水平应相当于原作者的原文写作水平;(2)译者应当熟悉翻译文章的主题,才能跟上原作者的思路,用恰当的用语甚至行话重现原作者想表达的意思;(3)译者不仅懂源语,而且了解源语蕴含的深邃的文化;(4)译者掌握翻译技能,具有相应的理解、分析及综合能力。这些能力也应作为翻译师资队伍建设的标杆。

同时,在以市场需求为导向的翻译课程建设和多元化人才培养过程中,从教人员应当具有复合型特征,即不仅需要有较强的专业技能和丰富的翻译实践,还要与时俱进,善于结合当今时代各学科交叉融合的趋势,实现专业技能和跨文化知识的相互协调,从而有效地促进翻译课程教学效果的提升和多元文化人才培养模式的健全。需要明确的是,翻译教师教学生、教文化主题的过程也是教师不断更新自身的文化知识和观念、加深文化理解和领悟的过程。要完成这一任务,外语教师不仅自己需要具备充分的跨文化交际意识,而且要对学生本族文化和目的语文化有较深的了解,能够洞察两种不同文化的异同之处,学会合理鉴别,去粗取精,提高学生的文化修养。

四、结束语

翻译课程体系的建构是一项长期系统的工程,涉及众多的主客观因素,以上仅是笔者作为多年翻译授课教师的一点浅见,需要不断丰富和完善。中国传媒大学"3+1"培育机制及独特的校园传媒文化背景使外语专业的学生在长期的耳濡目染中自发地形成了跨文化的比较视野,如何依托主客观优势,利用传播学中的外宣翻译理论指导外语教学实践,进一步推动学校优质人才培养进程,将是一个长期的课题。

参考文献

刘和平:《论本科翻译教学的原则与方法》,《中国翻译》2009 年第 6 期。

王吉会:《浅析跨年级翻译课的衔接——以三、四年级法译汉笔译课为例》,《北京外国语大学法语系创建六十周年纪念文集》,外语教学与研究出版社 2014 年版。

祖婉慧:《加强翻译课程建设培养多元文化人才》,《前沿》2014 年第 1 期。

张云、曾凡桂:《英语专业本科翻译教学改革探讨——供需均衡原理引发的启示》,《外语与外语教学》2006 年第 7 期。

许钧:《当代法国翻译理论》,南京大学出版社 1998 年版。

刘成富:《法语笔译实务(3 级)》,外文出版社 2005 年版。

(尹明明,中国传媒大学外国语学院副教授)

浅析法语电影片名的汉译策略

○徐海燕

摘　要　随着信息全球化的发展和中法文化交流的深入,越来越多的优秀法语影片被引入国内。好的片名有助于影片的推广,因此电影片名翻译工作的重要性日益凸显。本文以近年来深受欢迎的法语电影译名为实例,分析了电影片名汉译中"归化"和"异化"策略的实际运用,主张将二者辩证统一,充分发挥各种翻译方法的优势和作用,创造出脍炙人口的佳作。

关键词　归化;异化;电影;翻译

随着全球化进程的加速,文化领域的中外交流和合作也日趋频繁。电影作为"第七艺术",它折射了特定国家、民族和阶级的某种主观意识形态,是一种传播文化、促进文化交流的重要手段。

同时,电影也需要面对市场,具有艺术性和商业性双重属性。它在传达内容的同时,对票房也有一定要求。电影片名如同电影的一张名片,对其票房的成功起着举足轻重的作用。一个好的片名,可以言简意赅地揭示影片的主题,激发观众的观影兴趣,对影片的推广产生积极的作用。因此,外语电影片名的汉译越来越受到重视。文化翻译研究认为,翻译不仅是跨语言交流,而且是跨文化交流;通过这两种交流手段,一种文化的内容才能转换成另一种文化。应该采用何种策略,既可以兼顾片名的文化性、商业性、观众的接受程度和社会效应等因素,又使译文符合"信、达、雅"的思想呢？由于中西方文化存在诸多差异,翻译界历来存在"归化"和"异化"两种翻译策略之争。

一、韦努蒂的归化、异化理论

1995年,美国著名翻译理论学家劳伦斯·韦努蒂在《译者的隐身》中提出了"归化"和"异化"这对翻译术语。归化(adaptation),是指将源语本土化,以目的语为归宿,即采用目的语的语言习惯和文化传统进行翻译。从法语电影片名的汉译角度来看,归化就是使中文片名尽量贴近中国观众的文化心理和审美标准,跨越最小的语言障碍和文化障碍去理解影片。例如,中国观众耳熟能详的法国著名喜剧大师路易·德·菲耐斯主演的影片《美食家》,法语原片名其实为 L'aile ou la cuisse(鸡翅还是鸡腿)。片名源于导演克劳德·茨迪去餐厅用餐时,服务员端上鸡肉后问他需要"鸡翅还是鸡腿",让他突发灵感决定以此为片名拍一部电影[①]。影片讲述的是法国《米其林美食指南》的"美食侦探"杜士曼先生的故事。他的工作是扮成普通用餐者到各大餐厅品尝菜肴并对餐厅进行专业评定。他儿子违反了父亲希望其继承衣钵的意愿,去马戏团当了一名小丑。杜士曼在享尽人间美食的同时,也做出了各种令人捧腹大笑的事情,最终父子俩联手共同对付了一位想并吞法国餐饮业的快餐大王。如果原片名直译,可能让中国观众不知所云。该影片上世纪80年代在中国上映,当时《米其林美食指南》在法国的地位及其运作方式还不为国人所知,将电影名称翻译为"美食家"则既揭示了影片的主题,同时也贴近中国观众的接受水平。

所谓异化(alienation),就是源语的语言形式、习惯和文化传统的处理以源语为归宿。鲁迅就提倡异化翻译,他认为翻译的第一目的是"博览外国的作品","它必须有异国情调,就是所谓洋气……"从法语片名汉译的角度来看,就是指采用音译、直译等方法保留法语片名的语言文化特点,用原汁原味和异国情调来吸引中国观众,并促使观众去体验和感受直至接纳译名所带来的外来文化。如电影《巴黎,我爱你》(Paris, je t'aime)、《替身演员》(La doublure)、《新桥恋人》(Les amants du pont neuf)、《玛戈王后》(La reine

---

① L'aile ou la cuisse (1976),http://histoiresdetournages.blogspot.com.

Margot)、《最后一班地铁》(Le dernier métro)等等。这些译名最大限度地保留了原来语言文化信息的真实性,反映了它们的文化特色。近年来,随着互联网的广泛普及,信息爆炸和全球化使读者对外来文化的接受能力在逐步提高。在这种背景下,异化法也日趋时髦和繁荣。

二、电影片名翻译的基本方法

"归化"和"异化"是翻译过程中处理语言文化的两种指导原则和手段,它们之间并非对立和矛盾,而是互为补充和对应。具体应该使用哪种策略则取决于翻译目的、语言习惯、目的语读者的接受能力。

基于归化和异化理论的指导,法语电影片名的汉译策略可以归纳为以下几种方法:直译、意译、音译和多种译法相结合。

(一) 直译

片名直译是根据源语和目的语的特点,最大限度地保留源语的内容和语言形式。当二者在功能上相对应时,直译最为简单有效。有些电影根据世界经典文学名著改编而成,其作品名称已经广为人知,采用直译既能表达原作品的意向,又能吸引广大的文学爱好者,例如《巴黎圣母院》(Notre dame de Paris)、《悲惨世界》(Les misérable)、《红与黑》(Le rouge et le noir)、《包法利夫人》(Madame Bovary)等;有的影片以大家熟知的历史人物或地名为片名,直译不仅不会带来文化障碍,而且可以激发观众的兴趣,例如《玛戈王后》(La reine Margot)、《圣女贞德》(Jeanne d'Arc)、《新桥恋人》(Les amants du Pont Neuf);有些电影的片名揭示了影片主题或内容,直译既忠实了原文,又能激起观众的好奇心,吸引他们去主动欣赏异域文化,例如《蝴蝶》(Le papillon)、《替身演员》(La doublure)、《只要在一起》(Ensemble, c'est tout)、《法国万岁》(Vive la France)、《怪兽在巴黎》(Un monstre à Paris),等等。

同时,直译不是简单的字对字翻译,在译出原文内容的同时,还要移植原文的形式美,并且使汉译名符合中国观众的审美观。因此在电影片名的汉译中往往运用成语或四字格，使得译文更地道、更容易为中国观众接受，其中的佳例有《不可触碰》(Intouchable)、《明日黎明》(Demain dès l'aube)、《爱你长久》(Il y a longtemps que je t'aime)，等等。

（二）意译

片名的意译是指在翻译过程中，受到译入语文化差异的影响，不得不采用求意弃形的方式。音译不等于"乱译"，其特点是"留其神弃其形"，以影片的内容把握为主，摒弃原片名的语言形式。以法语电影"La môme"为例，如果我们仅仅从字面上将其翻译成"小妞"，容易让人联想到电影内容可能与儿童有关。而实际上，这部电影记录的是法语香颂的不朽之作《玫瑰人生》的原演唱者、法国一代歌后艾迪特·皮雅芙的传奇一生。影片出品于2007年，此时《玫瑰人生》这首歌曲已经为不少国人所知，尤其受到年轻人的喜爱。因此，将其翻译成《玫瑰人生》，既代表着皮雅芙的经典之作，又暗喻着她不平凡的人生，可谓一语双关，堪称佳作。又如法国著名影星苏菲·玛索的成名作"La boum"，讲述的是她所饰演的13岁少女的朦胧初恋。片名译为《初吻》为影片增添了浪漫的色彩，与少女时代的苏菲·玛索那清纯的外表相得益彰，更能吸引中国观众的观影兴趣，比原片名"La boum"（家庭舞会）更胜一筹。

法语电影片名意译的范例还有很多，某些影片以不为中国人所熟悉的人物名为片名，例如"Cyrano de Bergerac"（西哈诺·德·贝热拉克），"Mariquise"（玛琦丝）分别被译为《大鼻子情圣》和《路易十四的情人》；还有一些影片原名或平淡无奇，或模糊难懂，例如"Je m'appelle Elisabeth"（我名叫伊丽莎白），"Les choristes"（合唱队队员），"Le grand bleu"（大蓝），"Persepolis"（波斯波利斯），这些电影的译制名分别为《真爱满行囊》《放牛班的春天》《碧海情天》和《我在伊朗长大》。

然而，也有部分法语电影片名的意译存在争议，例如法语电影"Jeux d'enfants"（孩童游戏）在国内一般翻译成《两小无猜》，它的另一个译名《敢爱就来》的语言形式似乎缺乏美感，不如《两小无猜》优雅和温馨；然而，观众看完影片后会发现，片中的男女主人公从孩童到成人，到恋爱，到成家，到立业，直至死亡,一辈子都在乐此不疲地玩一个"敢不敢"的游戏。因此,相比较而言,《敢爱就来》作为片名恰恰是最传神的宣言,并且与原法语片名相互呼应。

(三) 音译

音译是利用目的语的文字符号再现源语词语的发音。一般来说,电影片名中的人名、地名和重要建筑物名称,尤其是已经为观众所熟悉或具有重要意义时,可采用音译的方法,使观众体会异域风俗和文化的多样,例如《雨果》(Hugo)、《奥古斯丁》(Augustin)、《芳芳》(Fanfan)等。

(四) 直译、音译与意译相结合

在法语电影片名的汉译过程中,单纯采用直译、意译或音译的方法,有时会因为文化差异造成观众理解困难,或者直译不能揭示主题而无法吸引观众。因此,需要将片名的音、意、形、义相结合,既传达片名的文字信息,又发掘影片的深层含义。有一些电影片名不能完全通过照搬原文的直译方法来揭示主题、吸引观众,可以通过加词法来达到深入传达影片内容、增强片名感染力的目的,如"Taxi"(的士),"Le petit Nicolas"(小尼古拉),"Hors de prix"(无价),"Ernest & Celestine"(艾特和赛娜)分别译为《的士速递》《小淘气尼古拉》《真爱无价》和《艾特熊和赛娜鼠》。同时,为了使中文片名简短、精练、节奏感强,也可以在无损原意的基础上,通过减词法来摒弃陈词赘句或者中国人不熟悉的专有名词,例如"Astérix & Obélix：Mission Cléopâtre"(阿斯泰克斯和奥贝里克斯:克莉奥帕特拉的任务)中,Astérix 和 Obélix 是在法国妇孺皆知的漫画人物、高卢英雄,Cléopâtre 是埃及艳后的名字,但是这三个人名在中国的知名度远远不及"埃及艳后",因此被翻译成《埃及艳后的任务》更为观众所理解;另一部片名"Belphégor — Le fantôme du Louvre"(贝尔菲格尔——卢浮宫鬼魂)也被翻译成四字格《卢浮魅影》,删去了不为中国人熟知的恶魔名称,使片名变得精练和美观。

三、结语

总之,法语电影片名的翻译工作是一项跨文化的交际活动,应该在忠实于原片内容和尊重法兰西文化的基础上,做到符合汉语的文化特征和审美标准,达到形式优美、言简意赅,富有强烈的吸引力。在翻译过程中译者不能一味地归化或者异化,要在了解影片内容和背景的前提下,运用正确的翻译策略和方法,只有这样才能译出脍炙人口的经典佳作。

参考文献

顾嘉祖:《语言与文化》,上海外语教育出版社2002年版。

罗顺江、马彦华:《法汉翻译理论与实践》,外语教学与研究出版社2004年版。

束光辉、王兴孙:《翻译中的跨文化交际因素:异化与归化》,《社会科学家》2006年第4期。

许均:《文化多样性与翻译的使命》,《中国翻译》2005年第1期。

王焰、郑贤贵:《英文电影片名的翻译策略与翻译方法研究》,《西华大学学报》2005年第3期。

L'aile ou la cuisse (1976), http://histoiresdetournages.blogspot.com.

(徐海燕,中国传媒大学外国语学院讲师)

试析法语习语汉译过程的概念整合
○张　戈

摘　要　语言是人类表达思想和思维的手段。习语是在社会实践中提炼出的短语或短句,是语言的精华。法语习语是折射法兰西文化和价值观的重要语料。由于中文和法文习语的不完全对等及中法文化、语言的差异,翻译法语习语时,译者需要综合考虑语域、语体、文化、结构、褒贬、修辞等因素,以达到传神达意的效果。本文尝试利用吉尔斯・福康涅(Gilles Fauconnier)和马克・特纳(Mark Turner)提出的概念整合理论,分析法语习语在被译成汉语时,译者建立源语和译语文化语境之间的联系并对信息进行整合处理的动态认知过程。

关键词　法语;习语;概念整合

一、引言

习语,顾名思义,指一个国家或地区的人按照共同的语言习惯经过长时间使用后提炼得出的短语或短句。这类固定词组或短句是在语言的发展历史中逐渐形成的,一般不能任意拆开或重新组合。它们一般有固定的形式和意义,表示一个统一的概念,其中的各个组成部分和语序不能随意替换和改变,整个习语通常作为句子的一个成分出现在句子当中。可以说习语是语言中最稳定、最富有活力的有机组成部分,是文化内涵最丰富、最具民族特色的语料瑰宝。

习语的翻译方法有别于信息类、文学类或其他类别的语篇的翻译,原因在于：首先，习语的文化语义较隐晦，不能通过字面意义直接推导，而需要通过概念隐喻和概念转喻在习语的字面义与转喻义之间建立映射联系；其次，习语的文化语义内涵深刻，习语中的许多词汇体现着地域文化、民族文化和时代文化，需要译者对对象国的历史文化有较深入的了解；此外，习语形式上言简意赅，音律雅致，在语篇中常常起到高度概括或画龙点睛的作用，翻译成其他语言之后，不仅要还原其深刻的文化内涵，还要尽量保证语句的流畅和韵律的和谐，因此需要在"形"和"义"两者之间进行协调。

本文从习语的上述特征出发，首先探讨习语的文化语义内涵的特性，然后借助福康涅的概念整合理论，分析习语翻译过程中源语文化和译出语文化之间对应、转换或整合的过程，最后通过法语习语的汉译实例来总结习语翻译的认知规律和翻译策略。

二、习语的文化语义内涵

习语的概念涵盖范围广泛，包括俗语、谚语、熟语和俚语等，具有"结构的固定性和语义的整体性"（孙毅：2013）。词汇是一种语言中最能传递文化信息的语言单元，而习语作为人们在长期的使用中固定下来的一种惯用表达方式，积淀了尤为丰富的文化内涵。不同的国家，拥有不同的地理环境、社会历史、人文景观、生活方式和思维方式，就会在其语言里打上自己独特的文化烙印，使其带有"民族文化属性"（章彩云：2008）。

概括而言，习语的文化语义内涵具有"民族性"、"动态性"和"背景性"（章彩云：2008）。

（一）民族性

习语文化内涵的"民族性"首先表现为民族文化与人类文化在语义中的融合，例如汉语用"茶余饭后"来指轻松闲暇的谈话时机，而在法语中则有"entre la poire et le fromage"（直译：在梨和奶酪之间）的说法。原因是古代的法国人在正餐之后尾食奶酪（fromage）之前会吃一个梨（poire），以清洁口腔使味蕾重新变得敏感起来。此时酒过三巡，菜过五味，气氛热烈和谐，是就餐者身心最为放松的时刻,因此也是最能从容交流的时候。胡明扬先生曾经说过:"由于人类自身所处的客观世界是基本相同的,不同语言的词语在语义上有相通之处。"(胡明扬:1997)例子中汉法两个习语都能体现饭后是交谈最为有利的契机这一客观事实,但同时也体现了不同民族的文化又有各自的特殊文化色彩,也就是说,习语文化内涵的"民族性"也表现为民族文化,使语义产生特殊性。"不同语言各有一批文化限制词,由于社会历史文化不同,在另一种语言中找不到相应的词语。"(胡文仲:1988)例如,法语习语"l'été indien"(印度夏天,或译为"小阳春"),指入冬前的一小段风和日丽的天气。该习语最早来源于美国,如今为法国人广为使用,然而在汉语中,"印度夏天"则完全没有类似的内涵。

(二)动态性

习语的文化内涵是历史的积淀,它随着时代的变迁会在原有的内涵基础上发展出新的文化涵义,习语中的某些词会发生词义的缩小、扩大或转移,这种新的文化内涵往往比旧的内涵具有更加强大的生命力,这就是习语文化内涵的"动态性"。例如法语习语"la bête noire de quelqu'un"(某人的黑色兽,喻指某人的眼中钉)始于17世纪初,当时人们用"bête noire"指丛林里黑色凶猛的野猪。到了17世纪末,法国人用"bête noire"比喻令人生畏的警长,原因是那个时候的警长在执行任务时都穿着黑色制服。如今,"黑色兽"不再单纯喻指野猪或警长,而是涵盖了所有令人生畏和厌恶的人和事物。

(三)民族性

习语的文化内涵还具有背景性。很多习语的文化意义是在一定的历史和社会背景中产生的,例如法语习语中有很多源于古希腊神话、基督教文化或经典文学和影视作品,这对于没有相关知识的人而言,难以准确理解原文所表达的真实含义或感情色彩。如法语习语"la roue de la Fortune"(命运女神的轮子,代指命运的安排)就取材于古希腊神话。在古希腊神话中,命运女神(Fortune)能够根据自己的好恶和心情随意决定人类的命运,她在西方艺术家的画笔下是一个眼睛被蒙住、手持丰饶角、脚踩轮子、身插翅膀的女性形象。她脚下的轮子在不停地转，但由于眼睛被蒙住，她并不知道要将何种命运给哪个人。再比如"une auberge espagnole"（西班牙客栈）最初指旅客需自备生活必需品的简陋客栈，后来泛指汇集各地来客、能够满足人们各种喜好的场所。该习语的内涵也因 2002 年西班牙和法国合拍的一部电影"L'Auberge Espagnole"而广为流传。

三、法语习语汉译过程的概念整合

正是由于习语的文化内涵具有民族性和背景性，这就给习语的翻译带来了极大的困难。中、西方历史文化差异较大，不同民族的人由于生活经验和认识世界的异同，在词汇选择时自然存在着共性与个性。通过法、汉语言的对比，不难发现这两种语言之间在词义内涵的对应关系上存在的四大特征："词义对应，词义并行，词义空缺，词义冲突。"（罗顺江，2004）汉语语言表意功能强大，成语、俗语数目繁多，内容丰富，为法汉习语的翻译提供了一个相当宽阔的平台。很多法语的习语可以在汉语中找到相应的表达。但不同语言的习语，反映了不同的民族思想和文化，不能简单地做语言移植，需要结合词义的特点进行语义调整，才可能跨过源语的障碍。

（一）概念整合理论简述

概念整合理论是美国语言学家吉尔斯·福康涅（Gilles Fauconnier）和马克·特纳（Mark Turner）于 20 世纪 80 年代末首先提出的。福康涅把话语的意义构建看作是通过激活两个或多个空间并对其进行整合以产生新空间及形成新概念的过程。概念整合的基本网络模型由四个心理空间构成：两个输入空间（Input 1 和 Input 2）、一个类属空间（Genericspace）、一个合成空间（Blendspace）。各空间之间通过跨空间映射进行对应连接。在概念整合中，两个输入空间共有的抽象结构在投射到类属空间中形成普遍结构；合成空间除了包含类属空间中的普遍结构外，还包含两个输入空间选择性投射的特定结构以及合成空间本身通过组合、完善、扩展而建立起来的层创结构（Emergent Structure）。

(二)概念整合与翻译

法国翻译家乔治·穆南提出翻译过程中意义构建的关键是内涵意义。他指出,内涵意义是指跟语符相联系的主观的补充价值,牵涉到三类实际关系:一是表述者(发讯人)与语符之间的关系,亦即发话者倾注在语符上的情感态度,是一种心理的表达性价值;二是接受者与语符之间的关系,亦即接受者对语符的态度;三是表述者与接受者和语符之间的关系,此时内涵表现为一种极其社会化的情感因素,且是发话者与听话者共有的(Georges Mounin:1963)。翻译是译者将一种语言用另一种语言进行表述转换的过程,同时也是源语语义文化向译出语语义文化进行投射或移植的过程。译者在翻译的过程中不仅仅完成了两种语言符号形式上的转换,最重要的是要在两个不同的社会文化群体之间建立相互理解的桥梁,平衡语符、发讯人、收讯人之间的关系,实现意义构建。

孙毅在福康涅的概念整合理论的基础上提出了翻译的整合模式,清晰地展现了译者在翻译过程中的思维过程,如图1所示:

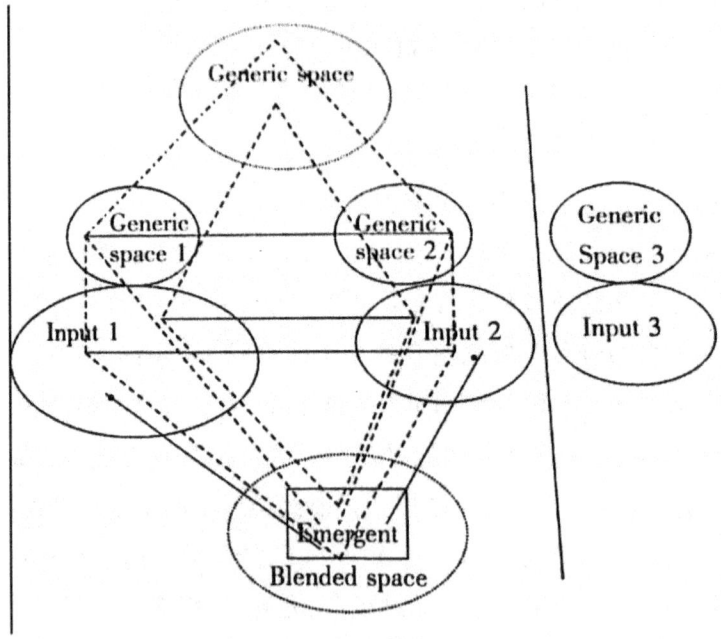

图1

其中，Input 1 为源语文本信息，Input 2 为译者心理空间（或称译出语空间），Input 3 为任何一个其他译者的心理空间，Genericspace 1 为源语文本中的某些文化蕴含词对应的文化空间，Genericspace 2 为源语文本中的文化词汇在译入语中的文化内涵空间，Genericspace 3 为任何其他译者对源语文本中的文化词汇的理解，Genericspace 是从 Input 1 和 Input 2 以及 Genericspace 1 和 Genericspace 2 中抽象出来的基本意义和共同的文化图式。当源语文本空间和译出语空间的概念不对等时，这些不对应的文化信息将直接投射到 Blendspace，通过与译者的知识结构以及译出语文化背景进行整合从而得到核心的层创结构，即完整的输出空间——译文。

（三）习语翻译的概念整合

人类在长期的生活实践中积累了丰富的经验，有些是各民族所共有的，有些是本民族特有的，反映到习语文化中就出现了表达方式不同但意义完全一致的习语，例如"Quand on parle du loup on en voit la queue."（直译：当人们谈论狼的时候就看到了它的尾巴，相当于汉语习语"说曹操，曹操到"）。翻译该习语时，如果只是从单词"loup"（狼）的文化语义内涵上进行剖析，则很难在汉语中找到与该习语意义一致的习语。概括而言，翻译习语的过程需要在以下三个层面进行概念整合：习语的逻辑信息、词汇的语义文化内涵、习语的喻意（即隐藏在文字背后的深刻含义）。笔者结合福康涅的概念整合网络以及孙毅的翻译整合模式，得出如图 2 所示的习语翻译概念整合框架。

图 2

其中"原文本空间"指源语习语的基本逻辑信息，包含词汇、句法结构以及交际背景；"译者空间"是源语习语在译者头脑中的直接印象，即习语逻辑信息的直译文本；"原文本文化语义空间"是"原文本空间"中的某些文化词汇所对应的文化空间，该空间为翻译该习语提供了源语文化背景；"译出语文化语义空间"指源语习语中的文化词汇在译出语文化背景中的文化内涵,当其与原文本文化语义内涵一致时,"原文本文化语义空间"就可以直接投射到"译出语文化语义空间",当两者不一致时,原文本文化语义内涵和译出语文化语义内涵会在"合成空间"通过替换、增补等方式实现概念整合,从而得到既体现源语内涵又符合译出语文化背景的恰当的翻译文本;"喻意空间"包含"原文本空间"中的基本逻辑信息与"原文本文化语义空间"中的特殊词汇的文化语义内涵共同作用抽象出的深刻喻意,同时也是译者根据自身经验以及译出语文化背景对原文本逻辑信息内涵的理解。如果译者的理解与原文本喻意一致,则"喻意空间"所抽象的喻意将投射到"合成空间",指导译者在本国语言文化背景下对源语习语进行润色,依照原文本语境整合出最贴切的译文;如果译者的理解与原文本喻意不一致,译者需遵照原文本的喻意,在本国语言文化背景中对原文本的逻辑信息进行充分解读,而后才能在"合成空间"完成译文表达的概念整合。下文将对法语习语汉译过程的三个层面的概念整合逐一进行举例说明。

1. 习语逻辑信息的概念整合

有些习语来自于人们对生活经验的总结,习语中并没有出现特殊的文化词汇,即从原文本逻辑信息中直接可以推断出其蕴含的深刻哲理,例如"pas de nouvelle, bonne nouvelle",直译为"没有消息就是好消息",该习语表达了人们对未知结果的期盼;又如"Qui ne risque rien n'a rien",直译为"不敢冒险就不会有收获"。翻译这类习语时,译者只需对习语的逻辑信息进行概念整合,验证直译文本在译出语文化中是否能被接受,是否能传达同样的内涵,翻译时一般采用直译法。当然,译者如果非常熟悉本国的习语,也可以选择与原文本喻意一致的现成习语,放弃译本与原文本词汇和句法结构上的对应,弃其形而留其意,例如"Qui ne risque rien n'a rien"也可以翻译成"不入虎穴,焉得虎子"。翻译过程中到底选择留神弃形的归化译法还是采取保留源语形式的异化法,取决于交际目的和交际情景,同时也随译者的知识结构和喜好而定。异化法翻译过来的习语要尽量做到言简意赅,音律和谐。许多由异化法翻译的优秀的习语译文都因其语言上的美感而被译出语群体广泛接受,逐步走向归化,例如"条条道路通罗马"。

2. 习语语义文化内涵的概念整合

鉴于习语语义文化内涵的民族性和背景性，法语的众多习语中都包含特殊的文化词汇，它们体现本民族认识世界的方式，例如在法国，白色象征着纯洁，红色象征着血腥和革命；还有一些文化词汇来自历史事件、宗教人物、神话故事、文学作品等，从中可以了解该习语的文化根源。针对这类习语，单纯从逻辑信息层面进行整合是不足以得出确切译本的，还需要在词汇的文化内涵方面进一步分析，将原文本中出现的文化词汇在译出语文化背景中进行验证，当该词汇在两种语言文化背景中具有相同的语义内涵时，译者可以采取直译法，直接将该文化词汇纳入习语的译本中。例如法语中用"un vieux renard"（一条老狐狸）形容一个人狡猾，在汉语中"狐狸"在形容人的时候也有同样的喻意。而习语"avoir la main verte"（直译：绿色的手），"vert"（绿色）一词在法语中有"灵巧能干"之意，特别指在园艺领域有一技之长，而汉语中绿色的意思恰恰相反，往往象征着活力、年轻、缺乏经验，翻译该习语时需根据汉语的文化背景将"绿色的手"替换为"能手"才能保证习语的文化内涵被正确地传递出来。

3. 习语喻意的概念整合

语言的经济性使用原则，倾向于将类似的体验用类似甚至是同样的语言形式来表达，或用凸显的行为来指一系列的事件，例如法语中"donner quelqu'un un coup de main"（直译：给某人一手）指"帮某人的忙"，用"手"这一具体部位来指代帮助某人的工具或方式；"gagner son pain"（直译：赚面包）"赚钱"，用"面包"这一凸显的事物代替生存所必需的物质条件。习语是人们认识世界的过程中所积累的经验的凝练，很多抽象的内涵意义来源于具体的生活实践，因此习语具有转喻和隐喻的本质。在这里，笔者将习语的转喻和隐喻意义统称为喻意，即字面背后的深层语义内涵。对喻意的概念整合是习语翻译中最为复杂的思维过程。以法语习语"avoir du pain sur la planche"（直译：板子上有面包）为例，该习语汉译过程的概念整合网络如图3所示：

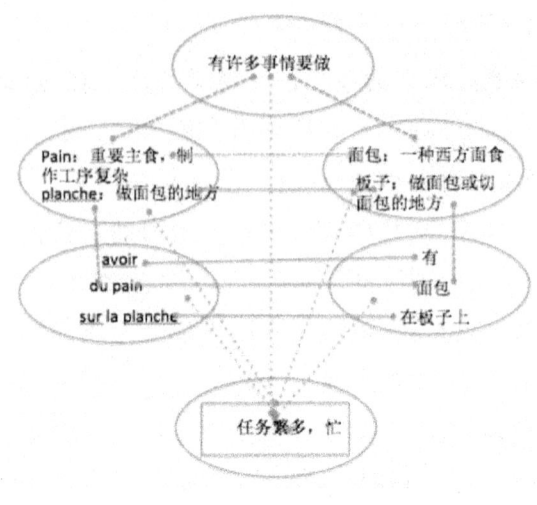

图 3

　　从原文本逻辑信息"板子上有面包"中,译者只能抽象出"需要做面包"或"需要切面包"这一事件,因为板子是做面包和切面包的场所。但"需要做/切面包"有何种喻意,从译出语文化中无法判断,因为在"译出语文化语义空间"中,"板子"和"面包"没有特殊的文化内涵。此时需要深入探索"原文本文化语义空间"中"面包"和"板子"之间的文化关联。众所周知,"面包"是法国人每天必备的重要主食。法国面包一般能储存很长时间,特别是在过去粮食等生活物资不怎么丰富的年代。"板子上有面包"对于法国人而言意味着"不为食物而发愁,有足够的储备"。随着时代的变迁,面包的形象有了巨大的变化,法国人不只满足于食物的储备,而是对面包的口味和品种有了更多的要求。面包的销量越来越高,制作工序也越来越复杂。如今,"板子上有面包"意味着做面包的工作才刚刚开始,后续还会有很多复杂的加工程序。此时,该习语不再喻指"有足够的储备",而是"有很多繁重的工作"了。通过上述分析,结合译者的理解,在"喻意空间"中可以抽象出"有许多工作要做"这一内涵。完成了对源语习语的理解之后,译者就可以在"合成空间"对"原文本空间"和"译者空间"以及这两个空间所对应的文化语义空间进行概念整合,润色译本了。汉语表达"有许多工作要做"最简单的一个词就是"忙",与该意义相关的习语有"忙得不可开交"、"手忙脚乱"、"忙得席不暇暖"、"日理万机"、"忙得焦头烂额"、"大年三十的案板——家家忙"等等。相比于源语习语,我们发现汉语中与"忙"相关的习语所表达的意象大多较为夸张,源语强调"工作繁多",而汉语强调"时间紧迫",如果采取归化译法,很难找到与源语喻意贴切的现成习语。鉴于此,译者可以采取异化法,直接从"喻意空间"中提炼出"任务繁多"或"忙"、"有的忙"(较通俗)作为译本。

四、结语

本文以法语习语的汉译为例,分析了习语翻译过程中译者对原文本信息的理解以及译文表达的概念整合过程。三个层面的概念整合不是完全独立的,很多情况下是并行发生的。习语语言凝练、结构稳定、意义完整,在翻译过程中常常因为译者的思维差异而使用不同策略,译文得到不同体现,同一个习语常常有多种形式的译文。不论采取何种翻译策略,译者都要尊重原文本传递的逻辑信息、文化语义内涵以及喻意,并综合习语实际应用的语境,灵活地选择能被读者理解的合适的译文,再现源语习语的内容、情感和意义。

参考文献

Georges Mounin, *Les problèmes théoriques de la traduction*, Paris, Gallimard, 1963, chapitre 13 et 14.
孙毅:《认知隐喻学多维跨域研究》,北京大学出版社 2013 年版。
罗顺江、马彦华:《法汉翻译理论与实践》,外语教学与研究出版社 2004 年版。
吕玉冬:《法语习语"源"来如此》,上海译文出版社 2011 年版。
章彩云:《语用词汇语义学论稿》,河南人民出版社 2008 年版。
胡明扬:《对外汉语教学中语汇教学的若干问题》,《语言文字应用》1997 年第 1 期。
胡文仲:《跨文化交际与英语学习》,上海译文出版社 1988 年版。

(张戈,中国传媒大学外国语学院讲师)

浅谈俄汉翻译中的语用问题

○徐洪征

摘 要 现代翻译理论注重如何从变化不定的语境中整体把握源语信息的动态系统。而语用学则研究语言的使用与理解,既研究发话人利用语言和外部语境表达意义的过程,又研究说话人对发话人话语的解码和推理过程。把语用学引入翻译领域,用语用学理论来指导翻译,可以从一个新的视角来解释翻译中出现的诸多矛盾和问题,从而使译文和原文达到语用上的等效。本文尝试运用语用学的语境、言语行为理论、关联理论等相关理论,分析俄汉翻译中的语用问题,探讨如何推断出原文的预期隐含意图并使其在目标语中再现以达到最终的语用等效,从而探讨语用翻译对外语教学的实践指导意义。

关键词 翻译;语用;等效;语境

一、现代翻译与语用学

翻译是一个理解与表达的过程。传统的翻译标准是"信、达、雅",而现代翻译则更加注重如何从变化不定的语境中整体把握源语信息,从而在译文中重建原文意义。也就是说,要使译文读者获得与原文读者尽可能相近的理解与感受。不仅从微观上要细致到句法和词法,还要从宏观上把握原作产生的社会、历史和文化背景因素,就是说,要分析原作的具体语境。

语用学研究语言的使用和理解,既研究发话人利用语言和外部语境表达意义的过程,又研究说话人对发话人话语的解码和推理过程。语用学的研究成果,比如预设、会话含意、关联理论、言语行为理论等,都为现代翻译研究提供了一定的理论和实践指导。何自然认为:"从语用学的角度看,译文无论作什么样的处理,只要它能实现语言交际的目的,它就是一种可行的语用策略,不宜轻易肯定某种处理方式,否定另一种处理方式。"[1]

语用翻译是近十几年才出现的新名词[2],同语义翻译相对应,是一种等效翻译。它是翻译理论中的新模式,也是语用学的新发展。语言学翻译理论的研究范围也逐渐突破句子层面的局限而深入到了话语的层面。

根据语用学理论,译者应关注原文的语境及所反映的社会文化因素,把握话语所蕴含的意图,并将其在译文中再现出来,从而获得语用等效。翻译中为了达到语用等效,其前提正是正确地认知和理解自然语言。正确理解自然语言,就必须通过语境来寻找信息的关联,即作出语境假设,然后再根据话语和语境的关联进行推理,求得语境效果。关联理论就成为当前指导语用翻译的新论。

关联理论认为:要正确理解自然语言,就要在接受自然语言信息的过程中,通过语境来寻找信息的关联,然后再根据话语与语境的关联情况进行推理,以求得语境效果。也就是说,准确理解原文的前提是原文的语境。要确定原文的暗含意义,译者就要通过对原文语境各因素的分析,寻找话语和语境之间的最佳关联。当然,寻找关联除了原文语言提供的逻辑信息、词汇信息和文化背景信息外,还需依赖于有关客观世界的一般知识。对于翻译活动来说,对语境的理解与否将制约翻译的成败。在翻译过程中,必须坚持动态的语境观。只有根据各自的认知环境进行推理才能得到一个完整的语境。

语境对于人们运用和理解语言起着重要的作用。在翻译过程中,必须考虑语境的语用因素,即对人们词语的使用能力作出合理的分析,以至于有效地使原文所表达的各种意图在译文中得以体现。语用研究对翻译现象有极强的解释能力。将语用学理论正确地运用到翻译中可以起到相互促进的

---

[1] 何自然:《语用学概论》,湖南教育出版社 1997 年版。
[2] 何自然:《语用学探索》,世界图书出版公司 2000 年版。

作用。

由此看来,翻译涉及语言文化的转换,其中有不可忽视的客观规律。语用翻译在很大程度上解决了其他翻译方法不能解决的问题。翻译研究应该将语用翻译、语境研究以及关联理论有机地联系起来。将关联理论应用于翻译研究,或者说在翻译过程中充分地考虑到语用、语境的因素,有利于再现原文的风格和韵味,使译文读者能尽可能获得原文读者所能获得的效果。

二、语境与翻译

马林诺夫斯基(B. Malinowski)把语境归纳为文化语境和情景语境,认为语言研究必须同时考虑语言使用者的文化和生活环境。利奇(Leech)认为语境就是指说话人与听话人共同拥有的背景知识。胡壮麟则将语境分为上下文、情景语境和文化语境。从语言的角度去观察语境,又可以把语境分为语言语境和非语言语境。

(一)语言语境

语言语境指语言的上下文,即"一句子在更大的语言段落中所处的位置"①。语言语境指的是在交际过程中某个语言单位表达某种特定的意义时所依赖的上下文,包括语义关系、语法关系、词法关系和句法关系,是对言语交际的话题或言语单位的编码起制约作用的信息。对于理解话语来讲,上下文能为理解段落中的词语或句子起到很大的帮助作用。例如:Дорогой сынок, если ты уж хочешь, чтобы я приехала, то я конечно, могу, хотя мне на старасти лет... — *Привет*! _ сказал Шурка. — Кто же так телеграммы пишет? — А как надо, по—твоему? (В. Шукшин) 译文:"亲爱的儿子,如果你想让我来,我能来,尽管年事已高。""什么呀!"舒尔卡说,"谁那样写电报呀?""那你说,该怎样写?"其中的"привет"(见面时问候语)用在具体语境的回答语句中则译为"什么呀",表示"吃惊、不同意"。

---

① 何兆熊:《新编语用学概要》,上海外语教育出版社2000年版。

显然,语言语境虽然在决定语言意义方面起着重大的作用,但是并不能解释变化多样的语言现象,所以我们必须把语言外的因素考虑进来。非语言语境指的是在交际过程中某个语言单位表达某个特定意义时所依赖的各种非语言的因素,如时间、地点、场合、话题、交际者的角色关系、身份、性别、地位、心理、时代背景、文化背景、自然环境、交际动机、交际方式等等。语境不是既定的,而是动态的。

(二)情景语境

情景语境,即篇章产生时的周围情况,包括时间、地点、参与者的关系、事件的性质(话题)、交际方式等。情景语境包括三个变项:语场、语旨和语式。语场指所发生的事,包括时间、地点、谈话话题、说话人及其他参与者所参加的整个活动;语旨指参与者之间的关系,包括参与者的社会地位以及他们之间的角色关系;语式指语言交际的媒介或渠道,如:是口语还是书面语?例如:Чай, пожалуйста! 在不同的语境中,可以翻译成不同的汉语。如果是饭店的顾客说的,即译为:请来一杯茶! 如果是出自饭店服务员之口,则译为:咖啡,请! 由此看来,翻译对词语意义的理解必须借助具体情境。由于语境的参与,形成"信息提供—语境参与—寻求关联—推导意图—完成翻译"的过程。

(三)文化语境

文化语境属于非语言语境。胡壮麟认为:"文化语境是社会结构的产物,是整个语言系统的环境,具体的情景语境则来源于文化语境。"[1]何兆熊在其《新编语用学概要》中提到:"文化语境是某一言语社团特定的社会规范和习俗。它包括当时的政治、历史、哲学、科学、民俗等思想文化意识,还包括同时代的作家作品。"[2]

对于真正成功的翻译者来讲,双文化能力甚至比双语能力还要重要,因

---

[1] 胡壮麟等:《系统功能语法概况》,湖南教育出版社 1989 年版。
[2] 何兆熊:《新编语用学概要》,上海外语教育出版社 2000 年版。

为词语只是在其发挥功能的文化中才具有意义。由于文化因素的影响,在翻译时无法保留源语的字面意义和形象意义,可将原文的形象更换为另一个读者所熟悉的形象,从而传达出原文的语用目的,译出隐含的意义。

可以说,文化语境从以下三个方面制约语用翻译:(1)文化语境可以影响翻译信息的获得;(2)文化语境可以误导翻译信息的获得;(3)文化语境可以阻碍翻译信息的交流。

因此,翻译已不仅是语言之间的转换,更重要的是文化之间的转换。正如学者所说:"翻译可以从语言内部和语言外部两个方向进行。人文学科与社会科学对人类历史以及当代社会的重新审视、跨文化交际的深入发展,为翻译界提供了研究从语言外研究翻译现象、探讨翻译理论的新思维方式。"①

三、语用翻译

(一)语用翻译的内涵

语用翻译是指从语用角度解决翻译中的实践问题,包括原文理解、译文重构、考虑译文中语境和文化因素、原文中语用意义的传达等等,也就是所说的"等效翻译",是翻译理论中的一个新模式。语用翻译同语义翻译相对应,是一种动态等效翻译,主要研究语用语言等效和社交语用等效问题。语用等效翻译意味着译者须力求使译文效果尽可能接近或等于原文效果,要从文化背景和具体语境中掌握原文的语用含义。

语用语言等效力求在保留原文内容的前提下,不拘泥于原文的形式,用最贴切、最自然的对等语将原文内容表达出来。实现翻译的语用语言等效,需要注意原文的语用含义,即言语的意向,包括字面含义和言外之意。而社交语用等效则指为跨语言、跨文化的双语交际服务的等效翻译,即译者在准确理解原作的基础上,根据原文提供的语境顺从目的语国读者的文化习惯,从而使读者易于接受。译者需要了解两种不同语言的语用原则倾向以及语

---

① 柯平:《翻译——社会文化环境的产物》,《中国翻译》2000年第2期。

用意义的差异,以求达到社交语用等效。

(二)语用语言等效翻译

语用语言等效翻译近似奈达(Nida;1960)提倡的"动态对等翻译",即强调"最切近目的语信息的自然对等"。具体说,就是在词汇、语法、语义等语言学的不同层次上,不拘泥于原文的形式,只求保留原作的内容,用译文中最切近而又最自然的对等语将内容表达出来,以求等效。它要求译者注意原作的"语用用意"。语用用意指的是言语的意向,分为"暗含的"和"明言的"两大类。翻译过程中要真正体会译者的语用用意。由于字面用意表达的往往不是原作的真正用意,翻译时根据语境辨认原词语的暗含用意十分重要。

(三)翻译中的社交语用等效

所谓的社交语用等效,指社会文化层次上的等效,要求译者对翻译所涉及的两种文化有深入的了解。译者在翻译之前需要对译文读者的认知状况以及所涉及的文化现象或意境进行评估。社交语用等效翻译是指为跨语言、跨文化双语服务的等效翻译。它要求译者具备跨语言、跨文化交际的知识和能力,要充分考虑源语言和目的语文化语境,以正确无误地理解源语的语义。若原作中的语用意义因两种文化的共性能被译文读者理解,实现等效翻译并不难;若原作中的语用意义因两种文化的差异性而不易为译文读者所接受,则等效翻译困难较大。译者必须熟悉两种不同语言的语用原则倾向,设法沟通语用意义的差异,以求达到社交语用等效翻译。

四、俄汉翻译中的语用问题

(一)原文的语用意义

我们可以归结为以下两个基本方面:一方面,分析原文在源语言文化中所具有的语用潜力;另一方面,揭示原文发出者的交际意图。

1. 原文发出者的交际意图

语用翻译的一个重要问题是如何在译语语篇中适当地再现原语篇所表达的语用意图。我们知道语言的运用都是言语行为。奥斯汀将言语行为分为言内行为、言外行为和言后行为。语用学家最感兴趣的是言外行为。确保言外行为的力度一致,即通过字面意义表达说话的意图,是语用翻译的一个中心原则。

在俄汉翻译中,需要推断出特定语境中语言的语用意义,并在翻译时实现这一意图的交际效果。例如:

— Зророво, хазяин — говорит громко приежай. — Петр молчит, посапывая, корыряет новую вершу. — Здравствуйте! — уже слабее повторяет проезжай: Переночевать нельзя ли у вас? (Ю. Казаков)

译文一:"你好,老板",过路人说。耶戈尔不作声,呼哧呼哧地继续编笼子。过路人就用缓和的语气问道:您这儿可以过夜吗?

译文二:"嘿。老板",过路人亲昵地打招呼。耶戈尔不做声,呼哧呼哧地继续编笼子。过路人就用缓和的语气问道:您这儿可以过夜吗?

译文二补充译出了话语的语气,用补偿性描述"亲昵地"较好地把握了原文语篇所表达的"言外行为"的力度,达到了与原文表意程度的一致。用"Здорово"(俄语中一般用来称呼熟悉的人)来招呼陌生人,语用目的是想"亲近"对方,遭到对方的"反对"时,立马改为"您"来称呼对方,且语气委婉。

当然,不同的语境决定原文文本不同的交际意图,实现不同的语用功能。例如:Здесь жарко! 可以直译为"这里热"。但还可以有以下语用含义:请求打开门窗;抱怨这地方太热;也可以作为比喻,指争论激烈。

2. 话语文本的语用意义

翻译是一种跨文化的交际,没有固定的模式。翻译的目标语言不应受源语言形式的影响,翻译者应该巧妙地运用各种灵活的形式来达到目标语言与源语言在语用意义上的对等,而不应只注重形式化的东西。除了要注意文本的主导功能外,还要考虑不同语言在表达同一类别话语时,在语言手段的运用上存在的差异。这同许多言语行为有关。如俄语中用间接的否定问句表达请求的方式,显得比较礼貌。例如:Вы не скажете, где находится театр? 译为:请问,剧院在哪儿?

(三)语用适应

译者针对译语语言文化中的读者,传达原文的各种语用意义,实现语用适应。翻译者应具备双语文化的知识储备,熟知目标语言和源语言的文化背景。为了使语句的翻译更为传神,翻译者应把目标语言的读者也考虑在内。语用适应不仅包括保证对等理解,而且要传达情感效果。例如:Одним выстрелом (убить) двух зайцев (直译:一枪打着两只兔子)。如果我们考虑到中文的对等理解,就可以用替换法译为:一箭双雕。Сумь раз примерь, один раз отрежь.(直译:七次量,一次裁)。考虑到"七"在俄罗斯文化中代表"多",而中国文化中用"三",可译为:三思而后行。

由此可见,不同的人对同一件事的认识是不同的,我们不可能期望源语言和目标语言有完全一致的地方,而只能用语用对等来解释和解决翻译中碰到的一些问题。根据翻译理论,我们应该翻译的是源语言的"意义"而非"形式",即所谓的"神似"。这个"意义"应该是源语言作者所想要传达的意义。为了达到这个目的,翻译者应有敏锐的判断力,根据翻译的目的和翻译面对的目标人群来决定,相应地减少或增加语用解释与说明,实现语用适应,取得原文一样的语用效果。俄汉翻译中传达语用意义的主要方法通常可以概括为:替换法、补偿法、描述性翻译。

综上所述,语用翻译对翻译教学具有实际的指导意义。在翻译教学中,教师可以把语用学的理论知识传授于学生,引导学生使用语用策略,解决其他翻译方法不能解决的问题。语用学中的"蕴含"、"预设"、"关联"等理论知识被运用到翻译实践中,解决了翻译中语用信息的处理,为翻译的研究提供了新的视角。关联理论和顺应理论,一方面可以帮助我们捕捉关联信息,考虑语境因素,准确地理解原文,提高我们的认知推理能力;另一方面帮助我们在翻译的层面上对语言的形式、结构、话语的产生和理解、文化差异、言语策略等作出顺应性的选择,从而获得等效的语用翻译。译文语言的重构在很大程度上受到文化语境的制约,要想取得等值翻译,还要引导学生必须克服不同文化语境带来的影响,加强文化知识的传授,积极顺应不同文化,从而提高翻译的效度。

参考文献

何自然:《语用学概论》,湖南教育出版社 1997 年版。
何自然:《语用学探索》,世界图书出版公司 2000 年版。
何兆熊:《新编语用学概要》,上海外语教育出版社 2000 年版。
胡壮麟等:《系统功能语法概况》,湖南教育出版社 1989 年版。
柯平:《翻译——社会文化环境的产物》,《中国翻译》2000 年第 2 期。

(徐洪征,中国传媒大学外国语学院欧洲语系副教授)

"危机事件"中的新闻记者[①]

○〔俄〕B.M.阿尔洛夫著　谢飞译

摘　要　近年来,俄罗斯成为危机事件高发的国家。所谓危机事件,通常是指军事行动、自然灾害(如火山爆发、水灾、雪灾、地震等)以及人为性灾害(如火灾、交通事故、刑事案件等)。库尔斯克号沉没、莫斯科人质案、北奥塞梯地区的学校绑架案,以及与格鲁吉亚的军事冲突等众多事件使俄罗斯成为传媒关注的焦点,同时这些新闻事件也考验着俄罗斯的大众传媒和新闻工作者。

关键词　危机事件;新闻记者

"危机情况"新闻学目前已经是俄罗斯新闻学界的一个分支。这一术语的出现以及业界对其的研究产生于20世纪90年代,也就是在苏联解体之后。当时发生了许多政治冲突和流血事件,"危机情况"新闻学也由此产生。它主要的研究对象是由军事行动、宗教和其他武装冲突所引发的新闻事件,也包括一些突发的自然灾害和灾难性的"特殊事件"。由此可知,"危机情况"也就是非正常情况,大多是武装冲突地区或灾难现场。在"危机情况"下采集信息要求记者具备特殊的专业知识和技能,掌握搜集、验证、整合与分析信息材料的特殊方法,以及善于在危险区域采访和报道并具备将此过程中的危机最小化的能力。

[①] 本文摘译自 B.M. 阿尔洛夫的《危机情况新闻学》。B.M. 阿尔洛夫,俄罗斯国立乌拉尔大学新闻系副教授,语言学副博士。

虽然"危机情况"新闻学这一术语是在20世纪90年代才出现的，但是在俄罗斯，它却早就有着丰富的土壤。1889年、1992年和1993年都曾出版过专业性的战争报道文集。这些资料不仅反映出记者们的专业性，同时也记录了他们的勇敢事迹。在前线战场上，记者冒着生命危险为读者获取信息并全面记录了事件发生的经过和当时具体的军事、政治和历史背景。许多优秀记者，例如格捷卡姆波夫、达契科、维尔捷列夫斯基的报道是大家都非常熟悉的。苏联解体后，国家社会生活的民主化使联邦和地方记者可以更加透明地报道武装冲突和具有破坏性的自然灾害。这些新闻事件考验着大众传媒和新闻工作者，而致力于这一方向的记者则必须了解"危机事件"中的行为准则并具备熟练的专业技能。

一、出发前应做好充分的准备工作

记者在前往事发地点之前应尽量多掌握该国和地区的相关信息，了解被派往地区的地形、地貌，当地的经济形势，政治和地理状况，居民的宗教信仰，冲突背景和历史根源或者是事故的潜在因素（发生自然灾害或人为性灾害时）。因为无法提前预测即将遇到的情形，所以在做准备工作的时候要尽量细致和全面。除了掌握必要的客观材料外，同事的经验、相关专家的建议、一些报道类似冲突问题的出版物、网络信息等都可以成为记者了解情况的资源，这些会为采访工作带来便利。

(一)路线的准备

记者的行进路线和时间表应该是精心准备的，要与地理地形和（汽车、铁路）行车路线相关联。这个时间表最好与记者出发的行程相吻合，并且方便与编辑部联系，同时也能够让编辑部随时可以联系和寻找记者。在制订路线时一定要考虑想要拜访的地点和这些地点之间出现变化的可能。如果采访路线会途经军事行动的地点，则必须遵守安全的原则。如果是受到灾害影响的地形和地势，则要提前考虑用通讯工具提供帮助。

记者的调查采访线路应该是相当严谨的，在线路的选择上最好能够得到官方机构的帮助。如果是特别危险的地方,到达现场后,记者要考虑到紧急疏散或撤离的问题。

(二)材料的准备工作

记者在前往灾难发生地时,随身携带材料的准备工作是完成采访任务非常重要的部分,每一份材料都具有特殊的意义。

首先,记者携带的文件应该是有序的:

1. 护照(本国的或者是国际的)。

2. 编辑部证明文件,应该标注媒体的名称和记者的职务与地位。在证明文件中应该有记者的照片、文件期限、媒体领导的亲笔签名和印章。文件中写明记者的职责,并应符合记者此行的目的。

3. 记者的任务应该有详尽的计划,尽可能记录细节。

4. 出差任务应该尽可能建立书面形式档案。

其次,记者最应该携带的文件:

1. 当地知名人士(如政治家、著名企业家、社会民族机构的领导人等)的推荐信。

2. 信用证明。

3. 记者参加一些组织的证明。

4. 能够代表自己的名片。

此外,在前往军事冲突地区时,记者最好不要随身携带的东西有:

1. 任何可以让记者妥协的照片。

2. 地图,上面详细记载军事警备部队的编制和分布。

3. 军事行动的参加者名单,反恐方的主帅照片。

4. 与编辑部联系的表格。

二、报道危机事件的记者是经过严格培训的

俄罗斯所有的媒体都有一个严格的规定:报道武装行动和种族冲突的记者必须经过专门的培训。媒体所有记者都必须参与"危机事件"的报道,

以增加经验,因为"危机事件"是不可能预先设计和安排的,这可以培养记者的应变与反应能力。在得到关于火灾、爆炸、绑架人质的消息后,记者应该第一时间赶到事发地点。如果需要长时间采访,应该派出采访车,并联系取得通行证和采访的许可。在编辑部的碰头会上,记者应多方听取意见。

第一,到达事发地点后,记者应该对周围的环境进行评估,并且与在场的权利保护机构的代表取得联系,以保证在事件发生过程中记者权利的实行。

第二,记录下自己到达现场的第一印象和现场当时的情况,以便在节目播出时使用。音响材料应该至少有 2 分钟,如果听到了爆炸、哀嚎或者是其他特别的声响,也可以录更长的时间。

第三,尽量在人群中寻找事件的目击证人,他们可以真实还原事件,别忘记请目击者亲自说出自己的姓名并在本上记录下来。在使用这些材料之前要考察它的准确性,以防产生不良的后果。

第四,作为记者,不应打扰救援人员的抢救,不能主观地擅自报道一些自认为是对的事情,应该在救援人员的工作不是很紧张的情况下主动向他们询问事情的原委。

第五,可以与报道此事的其他同行交流观点和官方信息,所有传媒报道的客观事实都应该是一致的,但是每个记者对事实的解读和背景资料的运用则可以不尽相同。

第六,记者在事发现场最好采取手机连线的方式与直播间取得联系,为观众报道事件的最新进展。在报道冲突问题的时候,应该非常严谨地对待每一个词,比如,美国的记者从来不说"黑人如何如何……"

第七,如果是直播现场连线,应该仔细倾听主持人的提问,不能凭空想象回答问题,对不清楚的问题可以告知在后续报道中再进行解释。

第八,返回编辑部后,仔细整理所有在现场收集到的材料,从中选取最具价值的信息。注意不要让以前已经播过的消息再次出现。

此外,记者应该注意把握播报时机,及时与编辑部保持联系。在电话线路中断的情况下,编辑部可以通过其他通讯手段与记者保持联系。

三、记者在危机事件中需要具备自我保护意识

目前,记者已经成为高危职业。据两家世界性权利保护组织在跟踪调查之后指出,对于记者来说,2006年是最危险的一年。"无国界记者"组织的调查数据显示,2006年有61个国家的81名记者在执行报道任务时死亡,这个数字仅次于1994年的103名。而国际记者协会的资料则更加触目惊心,他们的数据表明,2006年至少有155名记者在执行报道任务时死亡,这个数字超过了近10年记者死亡人数的总和。因此,记者在执行危机事件报道任务时要加强自我保护意识和措施,尤其是报道恐怖主义的活动时,这些显得尤为重要。

在报道危机事件时,尤其是身处武装冲突地区,记者任何时候手里都不能握有武器,记者真正的"武器"就是话筒、照相机、笔和纸。在南斯拉夫战争中,有记者收集了一个手榴弹的保险栓作为纪念,在被搜查的时候,这个保险栓就差一点让他送了命。记者在参加反恐行动时,应采取如下措施进行自我保护:

第一,如果反恐领导人建议记者参加行动并作为自己的媒介,记者应拒绝这个建议,因为这与记者的职业道德相抵触。

第二,在实施反恐的区域内搜集信息时,应该随身携带并第一时间出示编辑部的证明或者其他证件来证明记者的身份和职权。

第三,当双方发生冲突时,应尽量掩护自己,不要暴露在恐怖分子的视线之内,因为狙击手是无法分辨你是记者还是反恐人员的。

第四,手中不要持武器,也不要穿着与反恐人员一样的迷彩服或者制服;如果恐怖分子已经直接威胁到记者的生命安全则另当别论。在这种情况下,记者有权独立决定自己的命运,或者保持中立地位,或者手持武器加入战斗。

第五,在成为人质的情况下,应立即宣布自己的职业身份,想办法将已经做好的胶片或者录像带转交给编辑部,以便将成为人质的信息尽快传达编辑部和相关权利保护机构。

(谢飞,中国传媒大学外国语学院讲师)

人类的尺度①

○〔荷〕Salomon Kroonenberg 著　蒋加惠译

> ……他对我说:"世界在前进。"
> "是的,"我说:"它在前进,但是是围绕着太阳。"②
> ——加布里埃尔·加西亚·马尔克斯,
> 《苦妓追忆录》,2004

一万年前,春天翩然而至。斯堪的纳维亚半岛上闪耀的冰冠如同阳光下的积雪一般消融。波罗的海急速吞噬了它一度失守的海域。海平面迅速上升,淹没了越来越多冰河时代干涸的陆地。在长达十万年间,一旦北海结冰,就必定留在葡萄牙的海岸上过冬的海豹,最终却也不得不游回瓦登海。欧洲西北部的极地荒漠突然间变绿了。植物的种子被昆虫带到北方,随后阿尔卑斯山南麓的树木从温暖的藏身之处逐一复苏:先是桦树,接着是松树,然后是栎树,最后是山毛榉。这是一场速度的竞赛:越轻的种子越快到达北方。

我们的祖先脱下兽皮外套,吃完最后一头猛犸象,在日渐变绿的中东地区思考怎样才不用经常性地寻找新的狩猎场和鱼塘。他们把最优质的草种收集起来,埋入同一片土地,并很快发现,他们的收成比过去好了很多。

---

① 本文为荷兰作家 Salomon Kroonenberg《人类的尺度》(*De menselijke maat*) 第一章。原文请参阅:Salomon Kroonenberg. *De menselijke maat*. Atlas, 2006.
② 原文此处为西班牙语。

他们的新发明迅速席卷整个欧洲。植物、动物、人类，无一不受骤然变暖的气候左右。

我们现正生活在仲夏时节。人类的进化使其对自身既充满自信又感到岌岌可危。气候基本处于稳定状态，但我们依然担心气温在一个世纪后会稍稍上升一度。海平面几乎不再上升，但我们依然将其视为对生命的威胁。我们的人口因一万年前农业生产力的提高而猛增，然而我们却靠服用避孕药来避免这一现象的发生。我们为周围物种的多样性担忧，可事实上从古到今我们还从未有过如此之多的物种。我们的土壤里生长着来自伊拉克的谷物、产自墨西哥的玉米和安第斯山脉的土豆，我们的花园里长满了来自土耳其的郁金香和马达加斯加的杜鹃花，我们水族箱里的热带鱼游来游去，人们对异国宠物的需求大幅增长。我们为遭遇的灾难担忧，而之所以酿成如此的灭顶之灾，恰恰是由于我们自己把家园迁移到了火山上、活动的地壳板块上、塌陷的海岸上和水灾泛滥的河流边。正是我们毁林使江河运送了更多的水流；正是我们开采泥炭使陆地降到了海平面以下，以致海水可以淹没陆地。我们杞人忧天，内心充满负罪感。

但我们却没意识到我们还只生存在夏季，这个事实使这份负罪感显得奢侈。仲夏时分的大自然对我们很和善，使我们得以终日只为气候的小小峰值和模糊的海面变化曲线而忙碌。这源于我们仍按照人类尺度的标准来衡量大自然。要知道，一万年后便是秋季。极度的欣喜就此结束。冰冠再度登场，海平面再次下降，海豹不得不重返葡萄牙。花园里的杜鹃花被冰封，反对使用皮草的人士撤退到阿尔卑斯山后，火山爆发的威力超越了在短暂的人类文明史上的任何一次喷发。直到那时我们才会意识到，自然界的尺度比人类的尺度大得多。

怎么人们对此熟视无睹呢？我们怎能视而不见地把所有问题移交给后代呢？我听到了反对的声音：但这与事实完全相悖！我们恰恰已着手未来；我们总在为后代考虑，为建设一个可持续发展的世界而奋斗。在《我们共同的未来》中，"可持续性"被定义为"能够满足当前的需要又不危及下一代满足其需要能力的发展"。"哦，是吗？"我不得不问，"那么涉及几代人呢？可持续性是指持续多久呢？"答案是：我们的孙辈也必须能够享受这笔财富。

还有更好的例证能够诠释人类尺度的狭隘性吗？孙辈！所有那些记得我们曾来这世上走过一遭的人们都应该幸福，否则我们会因为用尽了一切的资源而负上罪责。两代人，五十年。此后的问题就该由后代自己解决了。我错了吗？让我们看看罗马俱乐部于1971年发布的报告。那里面有一张很有意思的图表：人类眼中的时空标尺。看看它下面写的什么。

"远在未来"的意思是：我们下一代的一生，即坐标横轴。报告显示，2100年是他们的界线。就连易洛魁族人都很有远见：他们的族长必须考虑他们的生存行为对未来七代人所可能产生的影响。假设每两代人之间间隔25年，那么也许他们正好算到2200年。然而，作为最权威的预测机构之一的政府间气候变化专门委员会（简称IPCC）还不敢效仿。让我们来看看他们的图表。在有关气候的讨论中，下列图表大概是被引用得最为广泛的。他们预测了温度与海平面在未来的变化。制图堪称精准美观，只可惜依旧只到2100年。自罗马俱乐部以来，尚未有人敢进一步对未来进行更深入的研究。事实上，这甚至可被称为退步，因为与那时相比，我们在人类进程上又已前行了30年：显然在日期上到达了他们预测的界线。

我理解他们为什么没有预测得更远。他们的曲线图如同被捅了的马蜂窝一般散播开去。预测的结果大相径庭，从而大大增加了未来的不确定性。我们同样不能预测十天后的天气状况，因为那之后的不确定性太大了。就是这样。

可是尽管我们连十天后的天气都无法预测，我们还是可以推断，夏季过后是秋季。对于这一点，我们完全不需要知道两周或是一个月后的天气如何。我们对更大范围的周期性，即地球围绕太阳运转的轨道，认知充足。这是天文学上的周期循环，并已延续了45亿年之久。因此，无论两周后的天气是好是坏，无论地球是否会因人类的行为而全球变暖，季节的交替依然照旧。只是我们无法预测将会迎来的是严冬还是暖冬。

基于相同的原理，我们现处的仲夏时节过去后，气候会逐渐变冷，向下一个冰河时代过渡。对此，我们完全不需要知道2100年或2200年会比现暖和还是寒冷，因为天文学上的循环不仅促使季节更替，也推动着冰川期与间冰期的轮替。这就是米兰科维奇循环。但它只在更广的时间范围内适用。

在为期 10 万年的完整周期中，气候贯穿始末。而这个周期循环也已持续了大约 45 亿年。近年来，全球变暖在抑制季节更替方面无所作为，同样的，想要阻止下一个冰河时代的到来也就成为了天方夜谭。也许下一次的冰河时代会因为人类的活动而变得不那么寒冷：一个所谓的冰河时代，但它还是会到来。正如我们能够预料冬季何时到来一样，我们也能确切推算下一次冰河时代到来的日期：23000 年后，我们的第一千代子孙正处于冰河时代中期。

政客考虑的是下一次选举，政治家考虑的是下一代。可又有谁会考虑第一千代呢？没有人。这本书也是一部请愿书，旨在倡导人类把眼光放得更为长远。在回顾过去方面，我们做得很出色，以致能够畅游在人类乃至星球的历史长河之中。那么为什么就不能向前看一点呢？因为今天曾是昨天的明天。那样，我们甚至完全不必要考虑几十亿年后太阳毁灭、地球降温的那一刻，就连赫伯特·乔治·威尔斯所著《时间机器》中的公元 802701 年我们也可以暂不考虑。不，还是让我们试着以现有的对地球演变的了解遥望一万年后吧！

为什么我们要那么做呢？首先是有鉴于某些迄今为止仅单向发展的趋势——例如气候变暖——可能会逆转：朝着下一个冰河时代演变。我们看到了这个为期多年的循环中更大的一部分，现如今，它已超越了人类的尺度。在脑海中有了对长远未来的认知后，我们或许也会相应更改短期内的举措。也许四百代人以后，那时的人们会为我们今天向大气排放了二氧化碳而感到庆幸：这使得秋季不那么寒冷。

其次，我们想要看得长远是为了能更准确地预测灾难性的自然现象。因为灾难越凶猛，发生的几率也越小。地震、洪水、火山喷发和陨星偏离轨道一类现象来势越猛，那么与下一次发生同样规模灾害的时间间隔也越大。里氏八级地震的破坏性较七级地震高出十倍，但发生的几率也仅为七级地震的十分之一。这呈对数关系。以我们对地质史的了解，曾经可能发生过的最大灾难，在有记载的短暂人类文明史中我们还从未经历过。这也同样超越了人类的尺度，但未来的人们会经历到的。

那又为什么是一万年呢？从心理学角度而言，有两座有关思考未来的里程碑，即乔治·奥威尔的《一九八四》和 2000 年，而它们都已过去。我们现在所处的时期,即全新世,自一万年前开始。本章的内容也正是从那个"春天"开始。纵观地质史,我们可以了解到,当今这类间冰期所持续的时间通常比一万年长不了多少。该是考虑秋季的时候了。此外,拦海大坝为荷兰抵御万年一遇的风暴潮;河流的堰坝也必须能够支撑一万年;一万年内喷发过的火山被视为活火山;在美国,放射性废物必须被埋藏一万年之久;我们的近亲——弗洛勒斯岛上的侏儒——于一万多年前绝迹。

以"代"为尺度的思考事实上就是人类尺度的思考。但我们必须尝试着以自然界的对数比例尺考虑问题:不是着眼于一百年,而是一万年;不是将比例尺放大至一千年,而是放大至一万年。因为在这一万年中,至少有某一发生概率为千年一次的事件会再度发生。

对多数人而言,"一万"是一个抽象的概念。他们指责我们说:"一万年!这是典型的地质学家的用语。你们总是动辄上百万年!"但恰恰也是这些人,并不反感中一百万的彩票。于是,他们恍然大悟一万欧元与一百万欧元有何区别。只是我不得不提,有专门的社会工作者指导人们应当如何支配一笔一百万欧元的奖金。我真感到自己正是这样一个社会工作者,只不过我教导人们的是地质学给予人类最丰厚的馈赠是何尺度:深邃时间。

那是1968年。屋外是狂怒的学生浪潮。我坐在实验室里,透过显微镜观测砂岩薄片。那都是些棱角分明的沙砾,是一条宽阔的荒漠河流的沉淀物。河水曾流经的区域正是今天庇里牛斯山的所在地。一个细节引起了我的注意。我转过一个倍数较高的物镜,聚焦在一块清晰的圆形石英颗粒上。那个颗粒中有东西在动。我的第一反应是"这不可能"。这块岩石已有两亿五千万年的历史了,没有丝毫的生命迹象。可事实并非如此。它不是蚂蚁,不是我那岩石薄切面上的蚜虫,它在这片砂岩薄片的内部,在这石英颗粒的内部。我换上一个倍数更高的物镜。颗粒中有一个极小的洞,里面充满液体。而这液体中有一粒小得不能再小的红色圆球。它被一股看不见的湍流驱使着上下跃动。这个运动没有目标,没有方向,持续时间长达两亿五千万年。我忘记了手中的实验,忘记了我的任务,忘记了我周围的其他学生,生平第一次沉浸在遥不可测的深邃时间中。

(蒋加惠,中国传媒大学外国语学院讲师)

暴风雨之前①
——甲板上的谈话
○〔俄〕赫尔岑著　凡保轩译

> 何谓上帝、人和世界？是为大秘密么？
> 不是，然无人乐听此言，是以成秘密。②
> ——歌德

"……您的观点充溢着勇气、力量和真理，甚至不乏幽默感，我很欣赏，然而我不能接受它。或许，这要归咎于机体和神经系统。除非您能更换血管里的血液，您是不会有追随者的。"

"极其可能。可是您开始喜欢我的观点了，您在找生理原因，还在求助于天性。"

"不过，可能并非为了获得安宁，摆脱苦恼，如歌德般，高踞俄林波斯圣山之巅，坦然俯瞰世事汹涌，无动于衷地欣赏这混乱之进程，看着它扰攘不休、欲罢不能。"

"您话中带刺，可我不是您说的这种情况。如果我曾经努力去理解生活，则我这样做并没有任何特定目的，我只是想明白些什么，想看得更远些。所听、所读到的一切都没能给出满意的回答，都没解释清楚，而相反，它们自

---

① 本文为俄国作家、思想家赫尔岑《彼岸之声》(А. И. Герцен, «С того берега»)第一章。原文请参阅：А. И. Герцен. Собрание сочинений в тридцати томах, т. 6. Москва: Издательство Академии наук СССР, 1955.
② 原文为德文。

相矛盾甚或荒谬。我没有去寻求过安慰,也没有绝望,这是因为那时我还年轻。现在,我极其珍视任一次瞬间的慰藉,任一次短暂的欢悦,而它们却越来越少了。那时我只寻找真理,寻找力所能及的理解。我不知道是否懂得了很多,明白了很多,也不承认我的观点特别令人快慰,可是我平静多了,不再因为生活没有给予她所不能给予的而气愤难平,这就是我练就的一切。"

"而我,就个人而言,则既不想平息怒火,也不想抑制痛苦——这也是人的权利,我不想放弃它们。我的愤怒就是我的抗议,我不想和解。"

"您也根本就找不到和解的对象。您说不想抑制苦痛,这也就是说,您不想接受您自己的思想所能发现的真理——也许,它并不要求您受苦。您预先拒绝了逻辑,而只允许自己在接受还是否定后果之间选择。还记得那位终生都不承认拿破仑是皇帝的英国人吧?可这并不影响后者两次加冕。如此固守同世界的割裂状态,这不仅不合逻辑,而且是陷入了虚幻之境。人总是喜欢强烈的效果、影响,特别是悲剧性的,喜欢磨难,那很崇高,人甘愿因之遭到不幸。这并不算完,虚幻之上便是极度怯懦。请不要为我的用词生气,因为害怕认识真理,许多人宁愿受苦而不愿去弄清本质。苦痛转移着、控制着、抚慰着……是的,是的,是在抚慰着人,而主要问题是,正像所有的事务一样,它妨碍人深入地理解自己、理解生活。帕斯卡说过,人们打牌是为了不至于一人独处。我们不断寻找着这样那样的牌局,甚至甘愿一次次输掉,只要能够忘记真相。我们的生活就是一次次逃避自我,准确地说是我们无法摆脱良心的谴责,为此惊惧不安。人一旦学会站立,就会开始叫喊,以便不要听到内心的声音。他忧伤不已,于是迫切需要摆脱;他无所事事,于是要想法消遣;因为憎恶孤独,他跟谁都交朋友,什么都读,喜欢惹事生非,最后以草草结婚收场。这是风平浪静的港湾了,家庭里的和平与战争不会给思想留下多少位置,居家之人想得太多似乎有些不成体统,他不应如此游手好闲了。一个人如果连这种生活也过不成,他就会沉湎于一切——美酒、古钱币学、赌博、赛马、女人、吝啬、行善,他甚至会遁入神秘主义,成为耶稣会士,投入荒谬的苦行生活。然而,较之于那蛰伏心中的危险真理,这种生活于他们还是要轻松得多。我们不敢深入专研,因为害怕看到其求索之物的荒缪,就在这种对探索的恐惧中,在这些强作的忙乱中,在这些虚假的不幸中,我们用臆想的羁绊一步步裹住自己,懵懂一生,在荒诞与琐事的烟尘中死去,至死不悟。多么奇怪:只要不涉及内在的、生命的问题,人们在所有方面都是既聪慧敏锐,又勇敢无畏。比如,他们会把自己当作自然的旁观者,潜心研究,因为这里需要的是另一类准则、另一种方法。如此害怕真理、害怕求索岂不遗憾?不错,许多梦想会黯然失色,我们将不是更轻松,而是更加沉重,可是反正我们也不可能更道德、更可敬、更勇敢。假如人们能像注视自然一样互相打量,他们当会大笑着走下自己的台座和议席,把生活看得简单些,不再为生活没有执行他们高傲的命令、实现他们个人的臆想而怒不可遏。比如您,曾经期待于生活的完全不是它所给予您的,您却不去评价它所给予的,却只是对它充满了愤怒。这愤怒看上去不错——它带来一种锐气,让人奋勇向前,让人去行动,去斗争;可是它毕竟只是一种初级推动力量。不能仅仅去愤怒,不能在哀叹失败和内心的冲突与失望中碌碌一生。您坦率地告诉我,您凭什么确信,您的要求肯定就是真理?"

"它们并非我的臆想之物,它们是在我胸中不自觉地生长出来的。其后,我对它们思索得越多,它们的公正、理性就越发明显——这就是我的证明。这决不是什么怪胎,也不是癫狂。成千上万的人,可以说我们整整一代人几乎都在为此受磨难,不过轻重有别而已,因为环境、发展的程度各异——我要说,发展程度越高,则受难越多。普遍的不幸,这就是我们这个时代最显著的特征。难耐的苦闷压抑着现代人的心灵,他意识到精神的软弱无力,这一点让他饱受折磨,他也找不到任何值得信赖的东西,这更是让他未老先衰。我把您看作例外,此外,您的淡漠也让我觉得可疑,它更像是一种冲淡了的绝望。这样的淡漠,只有那种不仅没有了希望,同时也没有了绝望的人才会拥有;这是不自然的平静。你多次重复说,自然的一切行为都是合乎真理的,那么它在这样的不幸和重负中也应该是符合真理的,这一事实的普遍性赋予了其自身某种权利。您要承认,根据您的观点,实在很难反驳这一点。"

"哪里谈得上反驳,于我而言,最好的选择就是赞同你的意见。显然,你谈到的沉闷现状有权得到历史的辩护,然而它更有权找到摆脱自身的出路。磨难、痛苦,这是在召唤人投入斗争,这是生活的警报,警示我们注意危险。

我们生活其中的世界正在死亡,也就是说,生活的现行形式正在死亡。对于如此老朽的躯体,任何药物都绝无回天之力。要想让后继者呼吸舒畅些,就必须将之埋葬,可是人们却千方百计企图使之痊愈,延缓死亡。你肯定看到过这样的情景,如果家中躺着濒死者,那浓重的忧郁,那难耐的、令人焦虑的不可知就会在家中弥漫。怀抱的希望会让无望更加强烈,所有人的神经都紧张异常,于是健康人也病了,生活停滞了。病人的死亡会让生者松一口气,他们会流泪,然而那致命的等待没有了。不幸就在眼前,一清二楚,无可挽回,斩断了一切希望,于是生活开始医治一切,寻找抚慰,新的循环也就开始了。我们生活在漫长而艰难的垂死挣扎时期,这一点足以解释我们的苦恼了。更何况上几个世纪特别培育起了我们发达、病态的忧郁而苦闷的个性。三百年前所有简单的、健康的、鲜活的东西都还备受压制,思想才刚刚开始敢于发出自己的声音,它的境况就像中世纪的犹太人,必须狡猾而表现得温良驯顺,谨小慎微。我们的智慧正是在这样的影响下形成的。它长大了,在这病态的氛围内部发育成熟,自然而然地从天主教神秘主义转到唯心主义,并保留了对一切自然之物的恐惧,继续谴责受到蒙蔽的良心,追求那些虚无缥缈的幸福。它与生活仍然是对立的。在浪漫主义的忧郁中,它把自己培育成苦难而与世隔绝之物。自幼被恐吓的我们,是否真的早已不再拒绝那些最无辜的冲动?当我们在自己内心发现那些没有被列入浪漫主义名册的激情时,我们是否早已不再惊悚颤栗?你方才说过,折磨你的需要是自然而然发展起来的,这既对又不对——一切都是自然的。饮食糟糕、气候恶劣的话,淋巴结结核就会很自然地长出来,但我们仍然视之为躯体的某种异物。教育对付我们,正如汉尼拔的父亲对付自己的儿子那样,它让我们在认识之前就立下了约言,为我们套上了精神枷锁。我们却认为这东西是必需的,因为那些假仁假义迷惑了我们。我们很难摆脱过早被嫁接的东西,最终也懒得去探明究竟。在我们具备理解能力之前,教育先行欺骗了我们,让孩子相信那些不可能之物,割断了他们与对象间自由的、真实的联系。成长中我们发现,思想也好,日常生活也好,一切都不是那么井井有条;我们被灌输说可资依赖的东西腐朽而脆弱,而那些被警告为毒药般的东西却恰恰有益健康。我们饱受摧残,备受愚弄,习惯了服从权威,被指明方向,只是随着年龄渐长,我们才开始挣脱出来,每个人都凭借自身的力量寻求真理,一路充满着斗争和错误。因为急切地想要知道真相,我们在门外侧耳倾听,竭力透过门缝观望。我们蒙昧而装腔作势,把真理当作谬误,把对谎言的蔑视当作粗鲁。我们既不能理顺内在的生活,也不善于安排外在的生活,然而我们却不乏额外的要求,也不吝抛弃更多的东西。我们鄙夷那些可能的,再因为被那些不可能的东西鄙视而怒火中烧;我们怒视自然的生活条件,却屈从于一堆胡言乱语。难道说这就是智慧吗?我们的全部文明就是这样:她是在精神的内斗中成长起来的;挣脱教派和修道院之后,她不是走向了生活,而是一掠而过。正如浮士德,看一看,反省反省,然后就远远离开那些粗陋的大众,躲到客厅、科学院和书本之中。她一路高举着两面旗帜:一面旗帜上写着"心灵的浪漫主义",另一面则是"智慧的唯心主义",我们生活的杂乱无章即源于此。我们不爱简洁明了之物,我们的传统就是不敬重自然,而是企图掌控它。我们企图用咒语医治病人,病人没有好转,于是我们万分惊讶。物理学的独立性让我们觉得受到了侮辱,我们想要的是炼金术,是魔法。然而生活与自然对这一切漠然视之,它们走着自己的道路,只有当人学着用它们的方式来行动时,才会顺从于人。"

"看来您把我当成德国诗人了,而且是上世纪的诗人。他们恼恨自己竟还有一副躯壳,还要吃饭;他们寻找非人间的女郎,寻找'别样的自然、另一个太阳'。而我既不想要魔法,也不想要那些秘密的宗教仪式,我只想从那种精神状态中走出来——这种状态在你的身上显然更强十倍——只想摆脱精神的虚弱无力状态,摆脱不可侵犯的可悲信念,摆脱混乱。在如此状态下,我们已经不再明白,谁是敌人,谁是朋友;不论我转向哪里,看见的不是被虐者,就是施虐者,这让我厌恶。要有多大的魔力,才可以让人们明白,他们活得这样糟全是自己的过错?比如,如何才能跟人们解释清楚,不应当抢劫赤贫的人,在饿得奄奄一息的人旁边大吃大喝是可恶的;而杀人,无论是暗夜之中在大道上秘密劫杀,还是光天化日之下在锣鼓喧天的广场上公然屠杀,都是丑恶之极的;还有,言行不一是可耻的……一句话,你简直无法让人们明白那些自希腊七圣以来已经被口头与书面无数次宣扬过的新真理——而且,我相信那些真理即使在希腊圣贤时代也已经不新了。道德家们、教士们在圣坛上喋喋不休,诠释道德、罪过,宣读福音,又宣读卢梭——谁也不反对,可是谁也不那样做。"

"说实话,这没有什么好遗憾的。所有这些说教、布道之词多半荒谬,也根本执行不了,比日常生活更加混乱。不幸的是,思想总是远远地跑在前面,人民跟不上自己导师们的步伐。就拿我们的时代来说,一些人触及了革命,可是这一革命无论他们自己、还是人民都无力完成。先行者以为,只要振臂一呼:'离开床榻,跟我们走',一切就会动起来。他们没有发现自己身后其实空无一人,统领着虚拟的队伍,大步向前。终于他们恍然惊醒,于是开始向落后者喊叫,挥手召唤他们,厉声责难他们——可是晚了,相距太远了,声音传不到那里,况且他们所操的也不是民众的语言。我们痛苦地承认,我们生活的世界年迈昏聩,腐朽贫弱,它显然无力登上自己向往的高峰,也根本就无所作为。我们怜惜旧世界,我们习惯了它,就像习惯了父母的宅邸,我们在竭力毁掉它的同时又维护它,于是就把它那根本不相称的形式强加给了自己的信念,却没有发现,这些信念的第一个艾欧塔①就宣告了旧世界的死刑。我们穿的衣服不是按我们的尺寸,而是按祖辈的尺寸裁剪的;我们的脑袋是在前代环境的影响下成熟的,它胜任不了太多的事情,其所见多是立于一个错误的角度。人们历尽艰辛才获得了现代生活方式,在封建主义的疯狂和沉闷的压抑折磨之后,这种生活在人们看来是如此幸福、安逸,人们害怕改变它。在现代生活形式中,人发福了,住惯了,习惯又成为依恋,于是视野收缩了……思考的范围狭隘了,意志衰颓了。"

"美妙的图景!请允许我补充说明,在这些适应现代秩序、心满意足的人身旁,一边是贫困、未真正开化的人民,愚昧、落后而饥肠辘辘,他们在为生存作无望的斗争,拼命工作,却食不果腹;另一边则是不经意间遥遥领先的我们。我们是土地测量员,竖起了新世界的地标,却甚至从未看到过打好的地基。所有的期望,全部的生命,一切都流逝了(又是怎样流逝的啊!)。如果说还有什么东西保留下来的话,那就是对未来的信心。我们为未来大厦的建设清理出了位置,我们死后,很久很久以后的某个时候,它会落成,里

---

① 希腊字 I 的名称。

面将宽敞而舒适——他人会享受到这些。"

"然而,没有理由认为,新世界将按照我们的计划建成……"

……年轻人不满地动了动脑袋,看了一会儿海。海上依旧风平浪静,浓厚的乌云在头上近乎凝固,而且如此低沉,轮船的烟尘弥漫开来就与之混成一体了。海黑沉沉的,空气混浊不堪。

"您对我,"他沉吟了一下说,"就像强盗对旅客所做的那样,抢走了我的一切。可您依旧嫌少,您不放过我御寒的最后一件破衣烂衫,把我从头到脚剥个精光。您迫使我怀疑很多东西,我只剩下未来了,您却又剥夺了它。您把我的希望洗劫一空,就像麦克白一样,您杀死了梦境。"

"而我却觉得自己更像一个外科医生,在割除腐肉。"

"似乎更贴切,外科医生割掉身体的病变部位,可是并不用健康的来取代。"

"然而会一路救死扶伤,让人从痼疾中解脱出来。"

"我们知道您所谓的解放。您打开监狱的大门,试图把囚犯推向原野,并让他相信,他自由了;您毁掉了巴士底狱,却不推出任何东西以取代这堡垒,只留下空空荡荡的土地。"

"假如能如您所言,那简直太好了。不幸的是处处有废墟、垃圾妨碍,让人举步维艰。"

"妨碍什么?我们的使命到底为何?我们的旗帜在哪里?我们信从与不信从的又各自是什么?"

"我们信从一切,就是不信从自己。您在寻求找到旗帜,而我在寻求丢弃它;您渴望得到指示,而我觉得,到一定年龄了依旧被人指使着去阅读是一种耻辱。您刚刚说,我们竖起了新世界的地标……"

"这些地标将被否定和分析的习气连根拔起。您看待世界的阴沉态度是我无法相比的,您平静下来只是为了更加可怕地表现时世之沉重。如果连未来也不是我们的,那我们的全部文明就是一个谎言,就是二八少女的幻想,她自己到二十五六岁年纪时都会嘲笑这个幻想——这一切都是无稽之谈,我们的努力是可笑的,我们就像是在等待那位多瑙河农夫的降临。不过,或许您想要说的正是让我们抛弃文明,拒绝文明,回归蛮荒吧。"

"不,拒绝发展是不可能的。怎么能让我不知道我所知道的?我们的文明是现代生活绽放的最美花朵,谁又会放弃自己的发展?可是这与实现我们的理想有何关系?为什么未来必须演绎我们制订的计划呢?"

"这么说来,我们的思想引导我们走向了那些不可实现的希望,走向了荒谬的理想。带着它们,就像带着我们最后的劳动成果,我们乘船前行,却遭遇风浪,于是船要沉了。未来不是我们的,现实也与我们无关,却又避无可避,我们同这条船生死相连,能做的只能是束手待毙,等待海水灌进来的那一刻。谁要是觉得无聊,谁要是更勇敢些,他完全可以纵身入水。"

> 世界在倾覆,
> 恰如破船在怒海中沉浮,
> 必将被深渊吞没——
> 让我们泅水逃生,尚或有救!①

"我也不祈求更好的结果了,只是泅水逃生与投水自杀之间是有区别的。您这首歌提到的青年人的命运是可怕的,非常的受难者,没有信仰的蒙难者,就让他们的死亡震动他们生活其中的环境吧,揭露它,使之蒙羞。但谁告诉过您,除了死亡外就没有别的出路、别的途径来挣脱这老迈濒死的世界呢?您这是在辱没生活。抛弃您所不属于的那个世界吧,如果您的确感觉自己与之格格不入的话。我们不用去拯救他,而要把自己从危机重重的废墟中解救出来,而在拯救自己的同时,您就拯救了未来。您同这个世界有何共同之处?这个世界的文明吗?可是文明现在属于您,而不是这个世界。这个世界培育了文明,或者最好说文明培育于这个世界之中,世界甚至在文明的理解上也是无辜的。这个世界的生活方式让您憎恨,而且,说真的,的确很难喜欢如此荒谬的世界。您的苦难这个世界根本就没有料到,您的喜悦他则茫然不识。您还年轻,而他老了。您瞧瞧,他那套在贵族宫廷破旧内侍制服中的身躯瘦骨嶙峋,特别是在30年之后,他的面色黯淡无光,灰暗如土。这是希波克拉底之脸,据此大夫们可以判断,死神已经举起了镰刀。这

---

① 贝朗瑞诗句,原文为法文。

个世界有时徒劳地想竭力重新抓住生活、控制生活,摆脱疾病的折磨,重享生活的欢欣,然而他做不到,陷入沉重的、热病般的半睡半醒状态。人们在谈论法朗吉、民主、社会主义,他在听,却什么也听不懂。有时这些话会让他发笑,他会一边摇头一边回忆起他本人曾几何时信仰过的理想,然而后来他变得理性了,早就不再信仰那些了……因此无论对共产主义者还是耶稣会士,牧师还是雅各宾分子,罗特希尔德兄弟还是饥寒交迫的人们,他统统抱以老年人的漠然态度。他无动于衷地看着眼前发生的一切,同时手中死死攥住一些法郎,为这些法郎他可以去死或成为杀人凶手。就让这位老人在养老院安度天年好了,您对他无计可施。"

"这不太容易,况且也让人厌恶。能逃到哪里去?这全新的、完备的宾夕法尼亚在哪里呢?"

"用新砖去建旧房吗?威廉·佩恩①把旧世界载到了一片全新的土地上,北美不过是旧文本的修正版,别无新意。而罗马的基督徒则不再是罗马人了——这种内在的脱离更加有益。"

"专注于沉思,剪断把我们与祖国、现代联系起来的脐带,这一思想流传很久了,但却没有实现。每次失败之后,每次丧失信仰之后,人们都会产生这一思想,神秘主义者和共济会会员、哲人们和光照派均依赖它。他们全都指出过需要内在的脱离,可是谁也没有做到。卢梭吗?他也曾退隐山林,避世远遁,却又深爱这世界,因为他不能没有它。他的门徒们在国民公会中继续了他的生活,他们斗争、受难,处决别人,也把自己的头颅送上了断头台,但是他们既没有离开法国,也没有离开沸腾的现实斗争。"

"他们的时代与我们的毫无共同之处,他们的前方充满希望。卢梭和他的门徒设想,如果他们的博爱思想实现不了,那是因为物质障碍——不是言论受到了束缚,就是行动不自由——于是他们挺身反抗所有阻碍其思想实现的东西,这完全合乎逻辑。任务可怕而艰巨,但是他们胜利了。胜利后,他们想,那么现在……可是'现在'他们被带上了绞刑架,而这恰恰是他们最

---

① 威廉·佩恩(William Penn,1644—1718),宾夕法尼亚英属殖民地的创始人,北美英属殖民地统一的早期支持者之一。

好的结局:他们满怀信仰地死去了,他们在战斗、努力、陶醉中被巨浪卷走,至死坚信,当一切归于平静之时,他们的理想会实现,尽管没有了他们,但理想却定将实现。这个风平浪静的日子终于来临了,这些献身者也早就被埋葬了,他们是多么幸运啊!否则他们将不得不看见,他们的事业没有推进半步,他们的理想依旧是理想。欲使囚犯成为自由之人,拆掉巴士底狱的石墙还远远不够。您把我们同他们相比,却忘了,我们知道他们死后五十年间的事情,我们是见证人,见证了所有理论上睿智的期望被嘲弄,见证了历史的邪恶之源如何肆意嘲弄这些科学、思想、理论,见证了这一邪恶之源如何由共和国造就了拿破仑、由1830年革命造就了交易所的繁荣。作为全部过去的见证人,我们不可能再拥有前辈的希望。在更加深入地研究了革命问题之后,我们现在要求的比他们曾经要求的更多、更广,而他们的要求则与从前一样,依旧是空中楼阁。一方面,你会发现他们思想上的逻辑连贯性及其成就,另一方面,则是其思想对世界全然无能为力的事实——世界又聋又哑,无力按照救赎思想所要求的那样去掌握它、实现它。不是因为救赎思想本身表达得太糟糕,就是因为它只有理论的、书面的意义,正如从未走出少数教养有素者小圈子的罗马哲学。"

"然而您觉得到底谁正确呢?是理论思想?它千真万确就是如此历史地、但又是自觉地发展起来并形成的。或者是当代世界的事实?它否定上述的思想,却又与之一样,是过去的必要结果。"

"二者都完全正确。这种紊乱源于,生活有自己的胚芽,与纯理性的辩证法不一致。我提及了古代世界,这就给您举个例子:古代世界没有实现柏拉图的共和国和亚里士多德的政治学,而是建起了罗马共和国,又实现了其占领者的政策;它也没实现西塞罗与塞内加的乌托邦,而是实现了伦巴第人的伯爵封地制度和日耳曼法。"

"您也预言我们的文明将会有罗马式的灭亡吧?真是令人备感欣慰的思想,美妙的前景……"

"前景既不美妙,也不糟糕。世上一切都是暂时的,这一思想众所周知,您为何会为之感到惊讶?不过,只要人类种族还在继续生存,没有彻底中断,文明就不会灭亡——人有着良好的记忆。难道罗马文明于我们而言不是还存在着吗？它正与我们的文明一样，远远延伸到了其所处的生活环境之外，正因为此，它一方面如此繁荣昌盛，光辉灿烂，而另一方面却不能真正地实现。它把自己的因素带到了现代世界，它带给了我们很多东西，但罗马最切近的未来是在别的牧场上发芽生长的——在受迫害的基督徒藏身的地下走廊里，在野蛮的日耳曼人游牧的森林之中。"

"在自然中一切都是目的明确，而文明，这高级力量，这时代的王冠，本源于其中，却是漫无目的，难道只有逐渐脱离现实并最终消逝，身后只留下一些不完整的回忆吗？那时人类会倒退，涌向一边，于是又重新开始生长，以再次绽开那多瓣的花朵并就此完结——因为花朵虽繁盛，却丧失了结籽之能力……您的历史哲学中有某种让心灵纷扰难安的东西——为什么要做这些努力？各民族的生活成为徒劳的游戏，人们搬沙运石，垒筑不停，而一切都会毁于一旦，轰然倒地，于是人们挣扎着从废墟中爬出来，开始重新清理地面，用苔藓、木板和倒掉的柱头重新搭造茅屋，用数个世纪的漫长劳动换来再度倒塌的命运。难怪莎士比亚称历史是傻瓜讲述的乏味故事。"

"这是您的感伤之见。您就像那些僧侣，他们相遇时，除了阴沉的'请牢记死亡'之外，再也找不到更好的话告诉对方了；或者说，您像那些多愁善感的人，他们一想起'人生而为死'就会泪流不止。只看结局，而不看进程本身，这是重大的错误。既然植物会毫无意义地逝去，它何以需要那鲜艳华丽的花朵、醉人的芳香？然而自然毫不吝啬，也不蔑视过客和显存之物，它时时处处都竭力为所能为之事，达到极致，获取充足的芳香、愉悦、思想……直至同时触及发展的极限和死亡。死亡遏止、抑制了过于诗意的幻想及其激烈的创造。花儿可能朝放暮谢，自然并没有赋予玫瑰、百合以燧石般的坚固，然而谁会为此怒斥自然呢？我们试图推广到历史世界的正是这个简陋而平淡无奇的观点！谁把文明仅仅作为一种附加物？它的围墙在哪里？它没有止境，与思想、艺术一样，它绘制生活的典范，渴望实现自身风习的荣光，但是生活并没有义务去实现它的幻想和思想。况且假如实现了这一点，那也不过是一种东西的改良版本而已，而生活则喜欢新事物。罗马文明比野蛮人的社会高级、人道得多，然而在它的不和谐中出现了某些方面发展的萌芽，这些方面在罗马文明中根本不存在。同时野蛮也占据了优势，无论什么国民法典,还是罗马哲人们的睿智之论,都无济于事。自然喜欢它的所获并追求最好的,也并不想侮辱现存之物。在本身精力未竭之前,在新事物还在成长之时,现存之物尽管生存下去。这就是为什么自然的作品很难排成一条直线。自然痛恨编队前进,它总是向四方拓展,并且从来也不按正确的队列步调行进。野蛮的日耳曼人天真素朴,潜力反而大于教养有素的罗马人。"

"我怀疑您是否能等到野蛮人的入侵和民族的迁徙。"

"我不喜欢猜测。没有现成的未来,它是由成千上万种必然与偶然条件的总和形成的,其中包括人的意志——它赋予未来意想不到的戏剧结局和舞台效果。历史是即兴之作,罕有重复,它采用任何偶然因素,同时叩响千万座大门……而它们也会打开……谁知道呢?"

"或许,也包括波罗的海的大门吧——那样俄罗斯不就可以冲向欧洲了?"

"有可能。"

"瞧,我们总是在自作聪明,却又回到了那个松鼠轮子,回到了维柯老头所谓上升与下降的循环。我们又回到了瑞亚的悲剧,她不停地生育,却置子女们于可怕的苦难中,眼睁睁地看着他们被萨图恩吞食。瑞亚只是变得诚实了,不再用石头换掉婴儿,而且也不值得费力,新生儿中既无朱庇特,亦无玛尔斯……这一切有何目的?您绕过了这个问题,没有解答它。设若必为父亲所食,孩子们值得降生吗?总之,值得玩这种蜡烛的把戏吗?"

"怎么不值得!况且又不是您为他们付账。您困惑不已的是,并非所有的游戏都能玩到底,可是没有这一点,它们就会沉闷枯燥透顶。歌德早就揭示过,美丽易逝,因为只有易逝之物才能是美的——这让人们很难受。人有一种本能的偏好,即企图保全喜爱的一切:出生了,于是希望永生;爱上了,于是希望终生都能如坦露心曲的时刻那样去爱并被爱。当他发现 50 岁时情感不如 20 岁时那般纯真、动人,他就会指责生活。但是这种凝滞不动与生活的精神相悖,生活无意顺应任何私人的、个体的因素。生活总是整个地表露在当下,尽可能赐予人们攫取愉悦的能力,却并不为生命和愉悦提供保险,不为它们的延续负责。而恰恰是于万物不间断的运动中,于无处不在的变化更替中,自然得以生生不息,并因之而青春永驻。因此每一个历史瞬间都是自足而完满的,正如每一年都有春夏秋冬,有时风雨交加,有时艳阳高照。因此每一个时期都是崭新而鲜活的,充满着自己的希望,乐享自身的福祉或承受灾难,现实正是属于时代本身。然而人心不足,人们企图让未来也成为他们的。"

"令人痛苦的是,人即使在未来也找不到自己渴盼的码头。他忧心忡忡地看着眼前无尽的道路,却发现,即使在一千年、两千年的不懈努力之后,目标依旧遥不可及。"

"然而歌手所唱之歌,其目的何在?……不过是乐音,乐音从她的胸膛发出,一旦响起,即时消散。如果您除了借之愉悦外,竟要寻求些别的、期待别种目的,您能等到的是,歌手停止歌唱后,您会留下回忆并懊悔,懊悔自己除了聆听之外还期待着什么……您会被一些恶劣地控制生活的范畴所迷惑。您认真想一想:这个目的是什么——是一个计划还是一道命令?谁制定了它?它向谁公布了?它是否是一种责任?如果答案是肯定的,那么我们实际上是玩偶还是人?是精神上自由的存在还是车轮?于我而言,把生活,继而也把历史视作已达目的,要比视之为达到目的的手段更容易。"

"简而言之,即自然和历史的目的就是您和我了?……"

"部分是,还要包括一切现存之物。一切都包括在内:所有昔日努力的遗产,未来一切的胚芽,演员的灵感,以及公民的力量,还有少年的欣悦——他当下正悄然前往隐秘的凉亭,幽会等候在那里的女友,姑娘羞怯而全身心地投入到此情此景,既不考虑未来,也不考虑目的……还有月光下快乐游动的鱼儿,以及全太阳系的和音……一句话,正像在封建爵位之后,我能大胆地注上一连串'等等……等等'。"

"对于自然您的意见完全正确,然而我觉得您忘记了,有一条红线贯穿在历史的全部变幻和混乱之中,将之连接成一个整体。这条线就是进步,或者,您也许不同意进步之论?"

"进步是自觉发展不可分割的本质,而这一发展并未中断过。这是社会生活促成的人类积极记忆和生理的完善。"

"难道您看不到其中的目的性吗?"

"完全相反,我看到的是其后果。如果进步是目的,那么我们又是为谁而劳作?这个莫洛赫①是谁?劳动者努力靠近他,他却不给予奖赏,而是随之不断后退。民众向之高呼:'必死的人们欢迎你',而为了安慰这些精疲力竭、注定灭亡的民众,他仅仅报以一丝苦涩的讥笑,敷衍说他们死后地上一切都将变得美好起来。难道您也要让现代人必遭女像柱的可悲命运吗?它们支撑起凉台,那上面将会有他人在某个时候翩翩起舞……或者说让现代人必作一群不幸的劳动者,身陷齐膝的污秽之中,拖拽着运载神秘金羊毛的驳船,只在旗帜上标上一行谦恭的题词'进步在于未来'?疲惫不堪的人们在途中不断倒下,另一些生机勃勃的新人接过了绳索,然而道路,就像您自己说的,仍与开始时一样没有尽头,因为进步无止境。只这一点就足当让人警觉。无限远的目的不是目的,而是,如果您愿意,可称之为诡计。目的应该近一些,至少应是薪酬或者劳动中的愉悦。每个时期、每一代、每一种生活都曾经或正在拥有自己的全部,并一路兴起新的要求、试验、手段,一些能力依靠另一些能力完善起来,最后大脑物质本身也改善了……您笑什么?是的,是的,脑素在改善……于您这位理想主义者而言,所有自然的存在都是那么尖锐、露骨,让人吃惊,正如某个时期的骑士们同样无比惊讶:农奴竟然也想要人权! 歌德在意大利比较了古代公牛和现代公牛的颅骨,发现现代公牛的骨头较薄,而大脑中较大半球的颅腔稍大,显然,古代公牛更强壮,而现代公牛在与人的驯从相处中大脑得到了发展。您凭什么认为人比公牛更不善于发展呢? 正如您所认为的,这类种属的成长不是目的,而是代代相承、种族绵延的特性所在。每一代的目的都是其自身。自然不仅从来不把各个世代当作达到未来的手段,她根本就不关心未来。她就像克娄巴特拉,可以把珍珠溶解在酒中,只要在当下能够开心,她体内跳动的,是印度流浪舞女和酒神节女祭司的心灵。"

"她也很可怜,不能实现自己的天赋! 她是吃病号饭的女祭司,服丧的舞女! ……在当代她非常像忏悔的马大拉。或者,就是脑袋偏离了正道。"

"您不是在讥嘲,您之所言比您所认为的有道理得多。较片面的发展总

---

① 古代腓尼基人所信奉的太阳、火、战神。祭莫洛赫神时以儿童为祭品。

会导致被遗忘的其他方面发育不足。心理方面过于发达的孩子体格发育不好,身体虚弱,数个世纪以来扭曲的生活让我们一直在向孩子灌输唯心主义,教他们习惯那种矫揉造作的生活,因而破坏了平衡。我们曾经强大、有力,甚至陶醉于自己的异化,陶醉于自己的理论化世界,而现在我们跨过了这个阶段,这种异化于我们就是不可忍受的了。同时,与实际环境可怕地割裂开来了,而无论从哪一方面看,却又无人对此负有过错。自然鼓足了劲儿,以期在人类身上超越兽类的局限,而人类实现了超越,甚至一只脚完全跨出了自然生活——他做到这一点是因为他是自由的。我们喋喋不休于自由,为之骄傲,同时却又抱怨无人拉着我们的手引领前行,抱怨我们会犯错误且要承担自己行为的后果。我想重复您的话,人的大脑偏离了唯心主义,人们开始觉察到这一点,正朝着另一个方向前进,他们将摆脱唯心主义,正如也曾摆脱过别的历史疾患——比如骑士精神、天主教、新教……"

"不过您得同意,这种通过疾病和偏离获得发展的道路非常奇怪。"

"然而须知道路本就是未定的……自然用最普遍的准则略略暗示出自己的前景,而让人类、环境、气候、无数的矛盾来自行决定具体的进程。斗争,自然力量和意志力量的相互作用赋予每一个历史时期以充分意义,而意志的结果是难以预知的。假如人径直走向某个结果,那么就不会有历史了,有的只是逻辑,人类就会跟动物一样,作为成品止步于天真的既有状态。这比人的现存状态更糟。所幸这一切皆不可能,亦不需要。动物的机体在慢慢发展自己的本能,在人类身上发展则走得更远……理智在成长,成长得艰难而缓慢——因为自然内外本都没有它,必须努力去获取;也只能借之以理顺生活,因为没有剧本。而假如有现成的剧本,生活立时就丧失了全部意义,变得多余、枯燥、滑稽;塔西陀的痛苦和哥伦布的欣喜若狂都会变成儿戏,是出洋相。伟大人物都将下降到舞台英雄榜上,无论演得好坏,这些舞台英雄都注定会朝着一个已知的结局前进,并到达那里。而历史中的一切都是即兴作品,随处活跃着意志,一切都发生在即刻,没有成品。前方既无界限,亦无既定路线,有的只是条件,是崇高的不安,是生活的烈火和对战士的永恒召唤,召唤他们尝试自己的力量,前往他们想去的远方,只要有路可通——而在没有路的地方,天才则会在那里首次踏行出来。"

"如果不幸找不到哥伦布呢?"

"科尔特斯①会代他做到。需要时天才几乎总能应运而生,不过他们并非不可或缺。人民会在晚些时候到达那里,通过别的、更艰难的道路到达。天才是历史的华丽装饰,是它的诗篇,它的国家革命,它的跳跃,是其创造的高峰。"

"这都很好,但我觉得,在如此不确定而任性的情况下历史可能绵延千古,也可能明天就戛然而止。"

"毫无疑问。如果人类种族生存的时间极其漫长,人们是不会因为无聊而死去的。尽管人们大概会遭遇某些藏于人类天性之中的极限,遭遇无法逾越的生理条件,人终究是人,可是,决不会缺乏事业、营生。我们所做的四分之三都是重复他人曾经做过的,由此您可以看到,历史可以延续千百万年。另一方面,我一点儿也不否定历史可能就在明天终结。管他会发生什么!恩克彗星可能撞上地球,地质灾变可能扫荡地表,倾覆一切,某种气体可能会在半个小时内就让人无法呼吸——于是历史就完结了。"

"唉,多么可怕!您在吓唬我,就像吓唬小孩子,但我告诉您,这不会发生。鼓足劲儿发展三千年,只为在美妙的未来因某种硫化氢气体窒息而死,真是太值得了!您怎么会发现不了,这简直荒谬之极?"

"我很惊讶,您怎么至今还不熟悉生活的道路。在自然中就像在人的心灵中一样,蕴藏着无穷多的力量和可能,只要条件齐备,足以唤醒它们,它们就会发展起来并一直发展到不能继续发展为止。它们预备由自己来占满世界,但是它们也可能中途被绊住,改变方向,终止乃至毁灭。一人之死,其荒谬程度并不亚于全人类的灭亡。谁保证我们的星球是永生的?在太阳系的某场革命中,同天才苏格拉底之于毒芹一样,它得以保全的几率很小。然而或许不会给它这种毒芹……或许吧……我是由此开始的。事实上,于自然这一切都无所谓,它毫无损失,从它那里什么也夺不走,不论千变万化,一切都包罗其中。它可以怀着最伟大的爱埋葬人类,而从丑陋的蕨类植物和半俄里长的蜥蜴重新开始——大概还会有某些取自新环境、新条件的改进。"

---

① 埃尔南·科尔特斯(1485—1547),西班牙殖民者,在墨西哥建立了西班牙殖民地。

"可是,于人而言却远不是无所谓。我想,要是马其顿的亚历山大知道他变成了油灰,正如哈姆莱特所言,他可一点都高兴不起来。"

"谈到马其顿的亚历山大,我可以让您放心——他永远不会知道这一点了。不错,于人而言生存与否绝非儿戏,这正昭示出,必须利用好生命,现实的生命。难怪自然总是用自己的全部语言不停地引导我们走向生活,在所有人耳边低语,重复它的箴言:牢记生命。"

"不过尽是无用之功罢了。我们牢记着,我们活在无以名状的苦痛中,烦恼不停地折磨我们的心灵,生活如钟点一样单调沉闷……当您清楚身边的整个世界都在崩溃,不知何时可能会把自己压死在什么地方,您就很难愉快起来,也难以让自己醉而忘忧。也就只好如此吧,不然,垂老临死之际,只好眼睁睁地看着破旧而摇摇欲坠的高墙顽固地挡在那儿不倒掉。我不知道历史上哪个时期如此令人窒息,从前也有斗争,也有苦难,可是也有某种变化,至少能够怀抱信仰赴死。我们却既没有了可以为之而死、也没有了乐于为之而活的东西……只有时代本身能自得其乐!"

"那么您觉得在崩溃中的罗马活得轻松些吗?"

"当然,它的灭亡与取而代之的世界一样显而易见。"

"于谁显而易见呢?难道您以为,罗马人会跟我们一样观察那个时代吗?吉本无法摆脱古罗马对每一个强大心灵所产生的那种诱惑。请回忆一下,它垂死挣扎了多少个世纪,只是因为我们掌握的事实、人物都少得可怜,因为千篇一律,我们才无法看清那个时代而已!这些死寂、灰暗的时代于现代人同样可怕,因为其中的一年也是三百六十五天,因为当时也有激情澎湃的人,却难免凋萎,迷失于高墙崩塌的混乱之中。时人发出过多少悲痛叹息之声!他们的呻吟今天依然让心灵惊恐不已!"

"他们可以去受洗。"

"基督徒的处境当时同样悲惨,他们藏身地下四百年,胜利遥遥无期,牺牲者却历历在目。"

"可是他们有狂热的宗教信仰支撑——而且它证实了自己是对的。"

"不过,胜利后第二天就出现了异端,异教世界打破了他们友爱的神圣宁静,基督徒含泪追寻过去遭受迫害的时代,阅读殉教圣徒志,称颂有关的回忆。"

"您似乎在说，一向都是如此糟糕，恰如当前，并以此安慰我。"

"不，我只是想提醒您，我们的世纪并非苦难的极点，您对过去的苦难评价不足。思想从前也是迫不及待的，它渴望当下，它憎恨等待，然而生活并不会去满足抽象的思想。生活不慌不忙，缓缓前行，因为它的步伐很难被矫正。思想者的悲剧处境正源于此……但是为了不再次离题，现在请允许我给您提一个问题，您缘何会觉得我们周围的世界将如此牢固而长久？……"

硕重的雨点打在我们身上很久了，低沉的雷声渐响，闪电更趋夺目，即刻就大雨如注了……人们全都跑回船舱。轮船轧轧作响，颠簸得让人简直无法忍受，——于是谈话没有再继续下去了。

Roma，via del Corso

1847 年 12 月 31 日

（凡保轩，中国传媒大学外国语学院副教授）

跨文化视阈下的口译浅谈

○洪　丽

近年来,两任总理记者招待会捧红了张璐和孙宁两颗口译明星。他们不仅以扎实的英文功底见长,更以不可小觑的国文功夫折服众人。领导人们在外交场合中巧妙运用古典诗词、谚语等中国文字,体现了自身的文化水平,更展示了中国文化之深厚内涵,但同时对口译者提出了极大的挑战。口译者需要对源语深度了解后,迅速找到符合目的语习惯的表达方式,以免引起不必要的误解,而多数差错表现在不同文化背景的理解上。因此,一名优秀口译者的标准不仅仅满足于语言训练,更应该注意跨文化意识的培养。以下是笔者关于跨文化视域下口译工作的几点看法:

一、口译是一种跨文化交流

广义而言,跨文化交流是指来自不同文化背景的人之间相互交流的一种行为情景,在双方语言不通时,口译便成为这种交流行为的载体。根据百度百科的解释,口译是一种通过口头表达形式,将所感知和理解的信息准确而又快速地由一种语言形式转换成另一种语言形式,进而达到完整并即时传递与交流信息之目的的交际行为,是现代社会跨文化、跨民族交往的一种基本沟通方式。为了更好地与那些有别于我们文化背景的人进行交流,我们不仅需要了解对方的文化,而且需要了解我们自己的文化。有专家认为,学习掌握一门外语,在较好的语言环境下,大约需要5年的努力;而透彻理解一种文化,则需要20年,甚至更长的时间。这无疑对口译者提出了严峻的挑战。他们本身必须是真正意义上的文化人,要以文化传播为己任,成功地促成各项跨文化交流。

进行有效跨文化交流,首先要充分认识文化之间的差异化。与个人的差异类似,文化的差异也会使人们产生距离。例如,尽管人们共同面对着生死等哲学命题,但解决这些问题的方式却深深植根于各自的文化之中。一个成功的跨文化交流者既能欣赏文化的相似性,又能接受文化的相异性。其次,避免产生民族优越感,也就是总把自己的民族看作比别的民族优越的倾向。这种倾向在东西文化相遇中表现得尤为明显。文化交流要得到一个积极性的结果,必须要在平等的基础上进行。最后,要有强烈的愿望与不同文化的人交流。人类学家及语言学家爱德华·霍尔曾指出:了解外国文化的最佳理由是激起一种活力和意识感——一种唯有当体验到强烈的对比和差异时才会产生的对生活的兴趣。

在口译过程中,口译者的跨文化意识的高低一定程度上决定了口译质量的优劣。在语言转换中,为避免机械地直接翻译,就需要口译者熟悉对方的思维模式及语言表达方式。这其中最难的部分莫过于一些谚语、习语的表述。特定文化下长期积淀的民间语言多数为口头语言,一般不常见于书本,口译者在学习期间遇到的可能性较小,因此需要平日点滴积累。例如,李克强总理讲话特别喜爱打比方,在众多比喻中,最难翻译的应该是"(改革贵在行动)喊破嗓子不如甩开膀子",孙宁很巧妙地借用了英语"Talking the talk is not as good as walking the walk"的习惯说法,让外国人一下子就能听懂,这应该是此次记者招待会上最出彩的翻译之一。

二、释意理论对口译的指导意义

释意理论于 20 世纪 70 年代由巴黎高等翻译学校的达妮卡·塞莱斯克维奇教授和玛丽亚娜·勒代雷教授提出,是为数不多的口译研究中的主流理论,对口译教学具有指导性意义。释意理论将逐字翻译和句子翻译称为语言对译,将篇章层次的翻译称为篇章翻译或翻译。其建立的翻译程序是:理解原文;脱离源语语言外壳;用另一种语言表达理解了的内容和情感。该理论中的"认知补充"概念很关键,认知补充即认知知识与语言知识结合的过程。语言和话语在同认知语言结合前可谓宏观符号,没有实际交际意义。在任何情况下,文章的理解都不能只依靠构成文章的语言。其理解在任何场合都需要语言知识和语言外知识的结合。译者不能满足于翻译语言,因为文章的词汇相加综合并不等于意义,意义的产生有赖于译者认知知识的参与。鲍刚认为"口译人员只能复述源语的内容要点,译出关键词语的主要内涵意义信息,对数字、术语等重点词语信息进行代码转换或传译,并在力所能及的情况下对部分语言内部信息适当予以传达"。[①]

尽管释意理论本身是否已经成为一种理论还是仅作为一种辅助性解释受到一些质疑,但其"认知补充"的概念要求口译者的目的就是沟通讲话人和受话者,使交流得以进行。因此,语言形式的传达不居首位,要以领会原话者的内涵并以目的语接受者能接受的言语传递为首要任务。译员要翻译的是言语的意义而不是语言形式。这就要求口译者扩大认知知识,并且牢牢把握跨文化交流的特征及规律。正如王佐良先生所言:"口译员要处理的是个别的词,他面对的则是两大片文化。"

徐永煐先生曾提出"两种语言一个思想的 V 形过程",也即翻译是由表及里,又由里及表的工作。"里"是一个思想,而"表"是两种语言。这是 V 形的进出过程,V 形底部的尖端代表一个思想,上面的两端代表两种语言。译者若只在 V 形两端,不经过底部作者的思想,就会陷入形式主义和机械主义。就口译而言,底部就是双方发言者的思想,代表着各自背后的文化。口译者若对任何一边的文化认知不够,都会造成不可挽回的负面后果。

三、口译者的文化认知水平有待提升

一般而言,外国语言专业毕业的口译者大学期间分配在外语方面的学习时间较长,而忽视了母语的深化学习,从而造成母语水平下滑的现象。林语堂先生在《论翻译》一文中指出:"翻译是一种艺术。该艺术所倚赖的:第

---

① 鲍刚:《口译理论概述》,旅游教育出版社 1998 年版,第 113 页。

一是译者对于原文文学上及内容上透彻的了解;第二是译者有相当的国文程度,能写清顺畅达的中文;第三是译事上的训练,译者对于翻译标准及手术的问题有正当的见解。此三者之外,绝对没有什么纪律可为译者的规范,像英文文法之于英文作文。"①接着林先生将翻译标准之三方面与严复提出的"信、达、雅"相比,进一步指出译者所肩负的责任:第一,译者对原著者的责任;第二,译者对中国读者的责任;第三,译者对艺术的责任。三样的责任心具备,然后可谓具有真正译家的资格。林先生对母语的要求以及对读者的责任,对当今口译者依然具有现实指导意义。如今中国文化需要走出去,而跨文化交流正是输出的最好平台,口译者的文化认知需要不断提升,其中对文化自觉的认识最为重要。只有从高广的视角看待文化问题,才能找到学习的原动力。

著名国学大师南怀瑾先生曾精辟地指出:"我们的国家几千年来,是仁义博厚,恪守宽容忍让,希望天下人类,真能达到和平共存的世界,既没有侵占其他国家的利益,更没有压迫其他民族的野心,同时也没有自认为是天下第一的狂心。"②正是在这种"各美其美"和"美人之美"的主张下,"文化自觉"的理念被学者放到了文化研究的重要位置。著名社会学家费孝通先生认为,"文化自觉"是指生活在一定文化中的人对其文化应有的"自知之明",明白它的来历,形成的过程,所具有的特色和它发展的趋向。这就是老子所言的"知人者智,自知者明",肤浅地认为中国文化就是前秦诸子之学或是儒家之说,而不去刨根问底,找到我们这个民族的文化根源及其特征,我们就没有底气回应世界其他文化的撞击。在全球化时代,是什么使中国人称为中国人?成为中国人意味着什么?什么是中国文化?它的意义在哪里?这些问题都是作为这个时代的文化人需要思考的,也是一代青年大学生所需要增强的文化意识。如果没有文化对青年的培养和塑造,没有一种文化精神支撑青年的人生价值观选择,他们就会失去奋斗目标而成为消极、迷茫的一代。

---

① 林语堂:《论翻译》,载罗新璋、陈应年编《翻译论集》,商务印书馆 2009 年版,第 491 页。
② 南怀瑾:《原本大学微言》,远方出版社 1998 年版,第 551 页。

由于早期接受了西文教育,费孝通先生经常自谦地认为自身国学知识的匮乏,讲中国文化的时候,不容易体会到深处的真正的东西。他认为在和西方世界保持接触、积极交流的过程中,要把我们的好东西变成世界性的好东西。他强调首先是本土化,然后是全球化。国家有心办教育,学生有心学知识,把今后的世界所需要的人培养出来。这些人有比较高的文化素质,不忘人类发展的远大目标,懂得不同的文化怎么相处,而且善于把中国文化中的好东西发扬出来,补充到世界现代化的过程中去。显然,费老的嘱咐提出了一个严峻且迫切的问题:中国文化的好东西是什么?怎样让我们的下一代学子承袭这些熠熠生辉的文明精神?

中国现代著名的思想家、教育家梁漱溟先生所描述的20世纪初东方文化面临的压迫让人感到扼腕,"东西方文化问题,并非东方化与西方化对垒的战争,完全是西方化对于东方化绝对的胜利,绝对的压服!这个问题此刻要问:东方化究竟能否存在?"在苦研中国文化之精要后,他就其特征总结道:"中国文化独立创发,慢慢形成,非从他受;中国文化自具特征,自称体系,与其他文化差异较大;历史上与中国文化若后若先之古代文化,或已夭折,或已转易,或失其独立自主之民族生命。惟中国能以其自创之文化绵永其独立之民族生命,至于今日岿然独存;从中国已往历史征之,其文化上同化他人之力最为伟大;由其伟大的同化力,故能吸收若干令邦外族,而融成后来之广大中华民族;自身内部具有高度之妥当性、调和性,已臻于文化成熟之境者;中国文化放射于四周之影响,既远且大。"[①]这番对中国文化的彻骨剖析应该常为现代人习得,一代一代传延绵存。在历史长河中,世界古文明如滚石般滑过,有的遗迹还在,传承没有了;有的连遗迹也不多了,只剩下传说;有的连传说也没有了,失去了最终的记忆。而唯有中华文明是特例,传承显豁,甚至构成一个庞大的记忆系统,也许这种传承性就是中国文化的特征之一。

---

① 梁漱溟:《中国文化的命运》,中信出版社2010年版,第32页。

四、结语

当今,国际传播呈现跨国界、跨语言以及跨文化的特征,从前只强调由国家控制的"内外有别"的宣传策略,现如今在全球化经济一体化的催生下,各国频频调整其国际传播大方略,不惜倾举国之经济实力以迎合全球化语境,从而最大化赢得国际话语权。其中,软实力的表征——文化力量被几番强化。各国文化认别"和而不同",呈现多元化趋势,在全球化进程中表现多为"师夷长技以制夷"的学习、包容、自身精进的演进过程。口译作为跨文化交流的载体,以"快、准、顺"作为衡量标准,要求口译人员必须在极短的时间内完成理解源语和信息转换并把源语翻译成目的语传达给受众。女翻译张璐以其对国学文化内涵的深度理解,高端驾驭两种语言,体现了一种文化自信;而男翻译孙宁则以其对中国文字诙谐妙语的深入体悟,游刃有余地贯穿于两种语言之间,还在每次回答完问题后替李克强总理补上一句"THANK YOU",体现了一种高度的跨文化交流意识。他们为口译工作设立了更高的标准,也即跨文化意识的重要性。口译者只有承认了文化的差异性、相对性以及共生性,才能有效发挥桥梁作用。

参考文献

许均、袁筱一:《当代法国翻译理论》,南京大学出版社1998年版。
徐永煐:《论翻译的矛盾统一》,载罗新璋、陈应年编《翻译论集》,商务印书馆2009年版。
林语堂:《论翻译》,载罗新璋、陈应年编《翻译论集》,商务印书馆2009年版。
鲍刚:《口译理论概述》,旅游教育出版社1998年版。
南怀瑾:《原本大学微言》,远方出版社1998年版。
费孝通、李亦园:《中国文化与新世纪的社会学人类学》,《北京大学学报(哲社版)》1998年第6期。
梁漱溟:《中国文化的命运》,中信出版社2010年版。

(洪丽,中国传媒大学外国语学院教授)

从传统到现代
——翻译研究的三大发展趋势

○唐惠润

摘　要　近十年来,翻译可以说是国内发展最快的学科之一。翻译在全国高校遍地开花,与之相关的翻译研究也发展迅速,逐渐从以文本研究为主、语言学理论为基础的传统翻译研究过渡到具有数字化、多元化、跨学科特征的现代翻译研究。

一、引言

全球化的发展、各行各业与国际接轨的需求以及国际交流的日益增多,促进了翻译行业的极大繁荣。全国翻译本科和硕士专业建设遍地开花,翻译迅速成为外语类学科中超越外语语言文学和语言学的热门学科。与此同时,与翻译相关的研究也越来越多元化、深入化。以文本研究为主、语言学理论为基础的传统翻译研究很难满足时代发展的需要,现代翻译研究界逐渐体现出数字化、多元化、跨学科的发展趋势。

二、翻译研究的数字化发展趋势

在新时代,日趋成熟的计算机和互联网技术已经极大地改变了翻译过程和翻译人员的工作模式。简便的计算机文字处理,海量的互联网资讯,可以免费使用的在线词典,各类机辅翻译软件,新兴的在线翻译服务以及各类术语库、语料库的研发,无不极大地提高了翻译的效率,正如迈克·克罗宁(Michael Cronin)在《数字化时代的翻译》一书中所阐述的那样,翻译行业正在发生一场数字革命。

这样一场数字革命不仅催生了在线翻译等新的翻译形式,也催生了一大批与翻译技术相关的研究,包括:人工翻译和机器翻译的对比研究;对机器翻译和计算机辅助翻译研发过程中涉及的语言问题和技术问题的研究;对翻译工具如翻译记忆库、术语库、双语语料库以及翻译平台特别是网络翻译平台的研发与运用的研究;甚至还包括在线众包翻译模式的研究。虽然这些研究很多都还处在起步阶段,但是从发展趋势来看,在不久的将来它们极有可能成为翻译研究的重点领域。

现代翻译模式在提高效率的同时,也带来了一系列相关问题。一方面,术语库、语料库的大量建设和投入使用极大地提高了译文复用率,减少了"偶然性内容"(Micheal Cronin,2013)的生成,提高了效率,节约了交流成本。另一方面,大量翻译工具的免费服务在很大程度上降低了翻译从业人员的门槛,导致很多劣质的翻译文本在网络上被大量复制使用,使得翻译质量更加难以控制。因此,如何提高翻译质量、控制语料库的语料来源以及提高翻译工具的准确性,成为目前翻译实践中亟待解决的问题。

同时,翻译工作模式的改变也对翻译教育和翻译人才的培养模式提出了新的要求。在未来的翻译人才培养中,除了要提高学生的语言能力、翻译能力、交际能力和文化素养,还必须考虑纳入计算机辅助翻译教学、语料库翻译教学和网络翻译教学等课程,培养学生对于现代信息技术的运用能力。在近来蓬勃发展的翻译专业和MTI硕士专业建设中,对相关课程设置和人才培养模式的研究也将成为热点。

三、翻译研究的多元化发展趋势

综观近年来与翻译相关的学术文章可以看出,目前国内的翻译研究越来越呈现多元化发展趋势,各行各业不同的文本翻译为专业翻译研究提供了多元的文本研究对象;零翻译、深度翻译等多样的翻译策略也为翻译研究注入了新的活力;口译的发展使得笔译研究一家独大的状况得到改变;翻译主体、翻译技术、翻译管理、译介研究、翻译测试和翻译批评等相关研究的发展也使得翻译研究领域不断拓宽。

传统的翻译研究集中在文本研究上,尤其是文学文本,主要探讨翻译的两种语言是否能表达同样的意思,不同译本之间风格有何不同等等。尽管纽马克早在上世纪80年代就提出了文本类型理论,但是直到近十年来,不同类型文本的专业翻译研究,如影视文本翻译研究、法律文本翻译研究、外宣文本翻译研究等等才进入百花齐放的春天。

现代翻译研究对翻译方法的探讨也日益深入。在翻译的历史中,关于直译还是意译的探讨持续了很多年。直译的目的是最大限度地忠实原文,以作者为中心,然而有时会导致译文晦涩难懂。意译的目的是最大限度地帮助读者理解原文的意思,以读者为中心,却常常失去了原著的风格。因而,最好的翻译不会拘泥于使用某一种翻译方法,而是直译和意译相结合。

1995年,美国学者韦努蒂(L. Venuti)提出了"同化"和"异化"两种不同翻译策略(王璐,2010)。同化策略,有时也称归化,目的是使译文尽可能接近译入语,帮助读者理解,以读者为中心,但翻译过程中常常会失掉源语言的原汁原味。而异化策略则强调要尽可能保留译文的异域风格,以源语言为中心,但有时候也会对读者造成理解困难。

在翻译发展的早期,由于各国间交流不多,相互了解甚少,翻译策略多以同化或归化为主。而在当代,随着全球化的发展,各国相互交流越来越多,人们对于异域词汇和文化的包容和接受程度也越来越高。再加上文化相对主义盛行,各民族文化要求平等,因此异化策略得到越来越多的运用,出现了零翻译研究。

但是,由于各国经济发展的不平衡以及文化交流不对等的现实的存在,使得各国对于外来语的接受程度参差不齐,因此,需要根据译入语文化对源语言文化的了解和接受程度来选择不同的翻译策略,常常需要采用归化、异化相结合的策略,这使得深度翻译(thick translation)研究成为一种新的趋势。

同时，随着各国政治、经济、文化、军事等方面国际交流的日益频繁，除了对文本翻译的大量需求，口译行业得到蓬勃发展，与口译相关的翻译研究也大量涌现。虽然目前笔译研究仍然占据研究成果中的主要地位，但是口译研究具有极大的发展空间，并且呈现越来越突出的发展趋势。

现代翻译研究不再局限于文本研究，也不再局限于语言层面的研究。随着时代的发展和国内外翻译研究的深入，越来越多的学者认识到翻译绝不仅是单纯的语言转换过程，而是一项有多种因素参与的复杂活动，不仅涉及翻译者、翻译过程，还涉及翻译的社会背景、文化背景、翻译产品的传播渠道和社会功能等因素。因此，近年来，在传统的文学翻译研究、对比翻译研究、翻译史和翻译理论研究等的基础上，出现了越来越多的翻译主体研究、翻译技术研究、翻译管理研究、译介研究、翻译测试、翻译批评研究等等。

对翻译主体的研究不再局限于单一的主体性研究，如译者的主体性、译者的动机、译者的心理等等，而是越来越多地涉及主体间性和交互主体性研究，包括对译者与原作者的关系、译者与读者的关系的研究。

翻译技术研究近年来也呈增多趋势，研究主要集中在对机器翻译、计算机辅助翻译以及翻译工具研发过程所涉及的一些语言问题和技术难点的研究。尽管目前翻译技术研究还处在比较初级的阶段，缺乏系统的理论体系，在数字化时代，翻译技术的发展和研究无疑将会变得越来越重要。

翻译管理研究不仅包括翻译项目管理中的翻译人才管理、质量管理、时间管理、术语管理、翻译建模等，还有翻译管理的流程、翻译项目团队建设、翻译企业管理模式研究等等。已经有学者开始探讨翻译人才翻译项目管理能力的培养以及各高校 MTI 专业建设中对翻译管理相关课程的需求。但是，目前这个层面的研究在整个翻译研究体系中尚处于比较边缘的地位，原因可能是大部分学者研究的翻译活动多为个体翻译，对于大量涌现的团队合作翻译、公司翻译、在线众包翻译等形式还缺乏系统的认识。随着整个翻译行业的发展，翻译管理研究将成为现代翻译研究中很重要的一个分支。

译介研究在文学翻译研究的基础上更多关注翻译产品的传播效果，与中国文学"走出去"关系紧密。近年来，虽然中国综合国力不断增强，国际地位不断提高,但是很多优秀的中国现当代文学作品在国际文化舞台上始终接受度不高,这并非仅仅是翻译质量问题,很多情况下是由于译者和译著出版商对跨文化语境下的读者群、对译著在异域文化中的传播特点了解不够深入造成的。2012年莫言获得诺贝尔文学奖为译介研究提供了极好的成功案例,想必译介研究应该还会继续升温。

此外,翻译测试研究和翻译批评研究也方兴未艾。翻译测试一直是翻译研究中的一个难题,对于蓬勃发展的翻译教育和行业管理非常重要。近几年,从试题设计到评分量表的制定再到测试效度的评估都有学者涉及,但是还缺乏比较权威的测试体系,亟待研究者们更新完善。

翻译批评是翻译理论应用于翻译实践的重要途径,能够帮助翻译学理论反思和提高翻译质量(穆雷、蓝红军,2010),是翻译研究中不可缺少的一个板块。目前的翻译批评研究虽然在实践类批评和构建多重批评视野方面有了一些积极的探索,但是还未建立批评理论体系,相关研究还有待进一步深入。

四、翻译研究的跨学科发展趋势

较之传统的翻译理论研究,现代翻译研究跨学科的趋势越来越明显。

20世纪在西方是翻译的世纪。在20世纪的上半叶,由于语言学的极大发展,翻译研究也有了前所未有的发展。随着现代语言学的建构,结构语言学、功能语言学、话语分析、对比语言学、社会语言学等理论都被应用到翻译研究当中,学者们从语音、语义、句法甚至篇章语言的不同层面来探讨译文和原文的等值性,形成了翻译研究的语言学转向。

有相当长一段时间,翻译研究离不开语言学的研究,语言学理论为很多翻译学者的研究提供理论依据。到了新世纪,随着认知语言学的发展,我们的翻译研究与认知科学的结合逐渐成为一种时尚,出现了翻译的认知隐喻研究、翻译的语用研究、和合翻译学、变译论等一系列带有浓厚本土色彩的译学和译论。

到了20世纪下半叶,学者们很快意识到翻译研究不应局限于单纯的语言文字的转换或是翻译风格、翻译策略等问题,翻译活动作为一个跨文化交际过程,越来越多地从文化层面上审视、考察。就连语言学派内部的翻译研究也开始关注语言的文化层面。翻译研究逐渐演变为一种文化研究,从而形成了翻译研究中的文化转向。

当翻译被放到一个宏大的文化语境中探讨,学者不仅关注在跨文化交际和传递中所涉及的一系列文化问题,诸如文化误读、信息增添、信息失落等,还逐渐看到了翻译研究中语言学科以外的其他学科的因素,比如文艺学、哲学、社会学、心理学因素等等。人们开始从文化意象、女性主义、生态社会学、跨文化传播学等不同的角度去探讨翻译的价值与功能,这种结合使得翻译作为一门新兴学科具有多学科的性质。

五、结论

综上所述,翻译学科正在日趋成熟。翻译的数字化革命催生了新的翻译形式,也拓宽了翻译研究领域,并且为翻译研究提供了语料库等研究工具和方法,从而体现了翻译研究的数字化发展趋势。多元的翻译文本、多元的翻译策略、多元的翻译方式使得翻译研究的对象日益多元化,同时对翻译主体、翻译技术、翻译管理、翻译人才培养等多角度、多层面的研究,更使得翻译学科呈现明显的多元化发展趋势。翻译学科与语言学、哲学、跨文化交际学、社会学、认知科学和计算机科学等不同学科的结合,不仅拓宽了翻译研究者的视野,帮助他们学习和利用其他学科不同的研究方法和手段,丰富了翻译研究理论,更重要的是,这种跨学科、综合性的发展趋势将有利于翻译学科不断融合超越,走向更新、更前沿的学术阵地。

参考文献

Cronin, M. *Translation in the Digital Age*. London/NewYork: Routledge, 2013.
蓝红军、穆雷:《2009 年中国翻译研究综述》,《上海翻译》2010 年第 3 期。
穆雷、蓝红军:《2010 年中国翻译研究综述》,《上海翻译》2011 年第 3 期。
穆雷、邹兵:《中国翻译学研究现状的文献计量分析(1992—2013)——对两岸四地近 700

篇博士论文的考察》,《中国翻译》2014 年第 2 期。

王璐:《关于翻译方法和策略及其相互关系的思考》,《江苏工业学院学报》2010 年第 2 期。

王祥兵、邹兵、伍志伟:《2012 年中国翻译研究评析》,《上海翻译》2013 年第 3 期。

谢天振:《当代西方翻译研究的三大突破和两大转向》,《四川外语学院学报》2003 年第 5 期。

许钧、穆雷:《探索、建设与发展——新中国翻译研究 60 年》,《中国翻译》2009 年第 6 期。

喻锋平:《国内外翻译研究转向及范式转换综述》,《外语与外语教学》2012 年第 1 期。

张思永:《国内翻译主体研究综述》,《中国海洋大学学报(社会科学版)》2007 年第 2 期。

(唐惠润,中国传媒大学外国语学院英语系讲师)

图书在版编目(CIP)数据

非通用语特色专业教学与研究.第3辑/洪丽,黄美华,凡保轩主编.
—北京:中国传媒大学出版社,2015.6
ISBN 978-7-5657-1254-8

Ⅰ.①非… Ⅱ.①洪… ②黄… ③凡… Ⅲ.①外语教学—
教学研究—高等学校 Ⅳ.①H09

中国版本图书馆 CIP 数据核字(2014)第 311066 号

非通用语特色专业教学与研究(第3辑)

主　　编	洪　丽　黄美华　凡保轩
责任编辑	欧丽娜
责任印制	曹　辉
封面设计	风得信书籍装帧
出 版 人	王巧林
出版发行	中国传媒大学出版社
社　　址	北京市朝阳区定福庄东街1号　邮编:100024
电　　话	86—10—65450528　65450532　传真:65779405
网　　址	http://www.cucp.com.cn
经　　销	全国新华书店
印　　刷	北京京华虎彩印刷有限公司
开　　本	710mm×1000mm　1/16
印　　张	15.375
版　　次	2015年6月第1版　2015年6月第1次印刷
书　　号	ISBN 978-7-5657-1254-8/H·1254　定价 58.00元

版权所有　　翻印必究　　印装错误　　负责调换